신문고의 문화유산

윤하정 바로보기

신문고의 문화유산-**윤하정 바로보기**
김병중 지음

초판 인쇄 2020년 07월 10일
초판 발행 2020년 07월 15일

지은이 김병중
펴낸이 신현운
펴낸곳 연인M&B
기 획 여인화
디자인 이희정
마케팅 박한동
홍 보 정연순
등 록 2000년 3월 7일 제2-3037호
주 소 05052 서울특별시 광진구 자양로 56(자양동 680-25) 2층
전 화 (02)455-3987 팩스(02)3437-5975
홈주소 www.yeoninmb.co.kr
이메일 yeonin7@hanmail.net

값 25,000원

ISBN 978-89-6253-495-5 03810

윤하정 바로보기

신문고의 문화유산

김병중 지음

연인M&B

인간은 역사를 만드는 존재다. 그것은 단순한 사실의 축적이 아니라 과거와 현재를 미래로 이어 가며 가치 있는 것을 잘 가꾸고 보존해 나가기 때문이다. 역사적 문화적 가치를 발굴하고 보존해 가는 사람들이 많을수록 나라다운 나라가 되고 정신다운 정신이 구축될 것이다.

금번 발간되는 「윤하정 바로보기」는 그동안 방치되어 있던 윤하정(允下亭)이라는 정자가 눈으로 보이는 건축물보다는 눈에 보이지 않는 신문고 정신이 더 가치가 있다는 것을 알게 한다. 정자와 산송 사건 관련 서류와 실화소설 등을 살펴보면 평민의 정의가 권문세가의 불의를 이기게 되는 과정 속에서 발견되는 신문고 정신(agora)과 선비 정신(scholar)과 휴머니즘(humanism) 등을 쉽게 찾아볼 수 있다.

지자체에서 숨어 있는 문화유산 발굴을 위해 골골샅샅 전수조사를 끝내고, 보수가 시급한 것을 정하여 적극 관리해 가고 있는 것은 매우 바람직한 행정이다. 신문고 정신이 이 시대의 키워드가 되어 가고 있는 만큼 책에서 다루고 있는 등록 정자의 분석이나 우복 뚜벅길, 뇌물액 계산법과 형제간 이름을 같게 지은 이유 등은 매우 신선하고 차별화된 느낌을 갖게 한다. 연암 박지원은 '비슷한 것은 가짜'라고 했으니 비슷하지 않은 유적과 유물이 더 가치가 있을 것이라는 생각이 들기도 한다.

사람이 정자를 짓지만 그다음에는 정자가 우리 정신을 짓는다. 집을 짓는 사람보다 집에 뜻을 두는 사람을 문화인이라고 한다면 우리나라는 이미 문화국가의 반열에 들어선 것이 아닐까? 국민청원제도의 효시인 신문고, 진정한 민주주의의 가시적 징표가 새롭게 다루어지게 되는데 대해 뜨거운 박수를 보내드린다.

2020. 6.

서울대학교 명예교수/문경대학교 석좌교수/한국잡지발전연구원장

김 안 제

둥둥둥, 누구를 위하여 북을 울리는가?

억울한 사연을 임금에게 직소하던 신문고 제도가 도입된 지 어언 600년이 넘었다. 옛날 격쟁신문고가 마지막 정의였다면, 현재 국민신문고는 가까운 친구 같고, 예전이 민의상달 기능이었다면, 지금은 참정권 행사의 하나로 보고 있다. 하지만 우리는 눈앞의 사건에만 연연하고 가치 있는 신문고 역사와 묻혀 있는 유적에 대해서는 너무 소홀하지 않았던가?

신문고 격쟁 승소를 기념해 지은 대한민국 최초의 정자라는 〈윤하정〉의 역사적 사실과 관련 자료를 조사 검토하면서 그 안에는 쉽게 간과해선 안 될 가치들이 존재하고 있음을 확인하게 되었다. 약자의 정의가 세운 〈윤하정〉과 130여 년 전 소송 관련 23가지 한문본 문서인 〈우복산 필사본〉, 이것을 이야기로 기록한 실화소설 〈신설지〉, 그리고 우복산 길지를 도는 둘레길인 〈우복 뚜벅길〉을 발견하게 되어 이를 많은 분들과 공유하고자 책으로 묶게 되었다.

전문가적 소양은 부족할지라도 가치가 있다고 인정되는 부분에 대해서는 최선을 다해 수집 정리하였다. 부끄럽게도 이제 더 이상 무엇을 할 것인지 손에 잡히는 것이 없는 그때가 바로 책으로 묶어야 할 때라는 생각이 들어 출간을 결심하게 되었다. 아직 훌륭한 가치를 다 찾아내지 못했고, 많은 사람들이 찾는 국민신문고같이 잘 알려지지도 않았다. 다만 가장 훌륭한 정신은 아직 써지지 않은 정신이고, 가장 훌륭한 유적은 아직 발굴되지 않은 유적이라 믿으며, 멀리서 들려오는 신문고 북소리에 다시금 머리를 깊게 숙인다.

2020. 6.

김병중 큰절

부록

윤하정 산송(山訟)에 대한 이해(理解)와 시대정신 고찰(考察)

1. 윤하정(允下亭) 건립 개요

'윤허(允許)하다'라는 말은 '임금이 어떤 일에 대해 신하의 청을 허락하다.'는 뜻을 가지고 있으며, 그 유의어로 '윤하(允下)'라는 말이 사용된다. 문경군 농암면 종곡리 우복산(종곡산, 도발산) 아래 소재한 '윤하정(允下亭)'은 順天人 김성의(金性義)와 安東人 김병옥과의 산송 사건이 발단이 되어 백성이 임금에게 두 번이나 신문고를 울리게 된 큰 사건의 결과물이다.

서기 1883년, 김성의는 권문세가의 불의한 금권과 간교한 모략에 굴하지 않고 국민 청원 제도인 신문고를 울려 고종 임금의 산송 조사 지시와 함께 피고 김병옥이 부인의 묘를 이장하게 된다. 이에 분개한 김병옥은 권력을 업고 허위로 신문고를 울려 죄 없는 자신을 오히려 김성의가 무고했다며 재격쟁으로 상소문을 올려 그를 처벌해 달라는 사건이 벌어진다. 끝내 두 번의 격쟁으로 임금 앞에서 진실을 가리는 싸움을 벌인다. 결국 10여 년간 불굴의 의지와 눈물겨운 투쟁 끝에 정의가 불의, 지조 있는 청렴한 선비가 안하무인의 칠백 석 부자를 꺾는다. 이 전무후무한 산송의 승소 역사를 기념하기 위해 1946년 8월 김성의의 후손인 김상련, 김상건 형제가 지은 정자가 바로 윤하정이다.

선산의 허락을 황성에서 내리시니	**先山蒙允下皇城**
터를 열고 정자 지어 윤자로 이름하다	**闢土構亭以允字**
푸른 묏뿌리 하늘 연해 청화산 드높고	**碧峀連天華岳屹**
누런 벼 땅에 가득 큰 들이 평안해	**黃禾滿地大郊平**
형과 동생 나누어 맡아 함께 힘 모았고	**弟兄分掌同齊力**
소장이 합심하여 각기 정성 드리다	**少長合心各獻誠**

헌 함 밖에 장강 물 흐름 다하지 않아   **檻外長川流不盡**
천추에 고가의 명성 울어 보내나니   **千秋鳴送古家聲**

윤하정이 소재하고 있는 우복산에는 김택수(金澤壽, 配 수원백씨, 김성의의 조부)의 묘가 있다. 이 묘소는 소의 뒷발에 해당되는 손꼽히는 음택이기도 하고, 부분적으로만 보면 호랑이가 내려오는 듯한 맹호하산형(猛虎下山型)으로 주룡(主龍, 主山의 줄기)이 뚜렷하여, 용이 승천하듯 상하로 기복이 있고, 구렁이처럼 살이 통통하게 쪄 집안이 부귀영화를 대대손손 얻게 되는 명당 자리로 소문이 나 있기도 하다. 이 자리가 순천김씨 대정파(大井派)에게는 5대 독자(敵萬→日暹→東鉉→澤壽→大範→性義)의 종지부를 찍고 자손 번성과 기개 있는 양반으로 자리매김하는 터전이 된 영지와 같은 곳이다.

1800년 정월(정조 24) 이렛날, 당시 김택수(영조, 己丑 1769년생)는 부인(白淳, 辛卯 1771년생)과 문경 종곡 고을에 살았는데, 겨울 눈이 펑펑 내리던 그 밤에 큰 일이 벌어지고 말았다. 한밤중 김택수(31세)가 소변을 보러 밖으로 나갔는데 한참이 지나도 방으로 돌아오지 않았다. 부인은 불길한 예감이 들어 불을 켜고 밖으로 나가 통시 쪽으로 가다 보니 돌연 사람 발자국이 사라지고 큰 짐승 발자국만 선명하게 남아 있었다. 부인은 혼비백산하여 마을 사람들을 동원, 횃불을 밝히고 그 발자국을 따라나섰다.

얼마쯤 지났을까? 우복산 중턱으로 올라가는 소나무 밑(지금의 산소 자리)에 보기만 해도 오금 저려 오는 위용 있는 큰 호랑이가 김택수를 물어다 놓고 눈에서 불을 뚝뚝 흘리고 있었다. 마을 사람들이 횃불을 들고 다가가자 호랑이는 김택수를 남겨 둔 채 산 위쪽으로 유유히 사라졌다. 당시 김택수는 몸에 상처 하나 입지 않았으나 며칠 뒤 세상(정월 10일)을 떠났고, 호랑이가 물어다 놓았던 그곳에 묘지를 쓰게 되었으니 이곳을 최고의 명당이라 불렀다. 이후 홀로 된 부인에게서 태기가 돌아 유복자(大範, 壬戌生 1801)가 태어났으니, 천만다행으로 대가 끊길 뻔한 위기를 넘긴 놀랍고 신령한 일이 생겨난 것이다.

이 소문이 삽시간에 주변 고을에까지 퍼져 나갔고, 그 묘소를 천하의 명당자리로 손꼽았다. 그 뒤로 우복산 주룡에 묘를 쓰면 정승이 난다는 말이 생겨나고, 권문세가에서는 이곳에 묏자리를 얻기 위해 호시탐탐 눈독을 들이기 시작했다. 산소로 향해 내려오는 능선(主龍)

이 호랑이가 먹이를 구하려고 나타나는 형으로 그 앞에는 개의 형상이 있어야 명당에 해당되는 데, 이 산에서 발아래로 내려다보면 개바우와 사자바우, 선녀바우가 자리하고 있어 명당으로서 조건을 잘 갖추고 있다. 계룡산의 경우 호랑이가 아름다운 여인을 물어다 놓은 명당으로 유명한데 비해, 우복산의 경우 호랑이가 김택수의 목숨을 담보로 축복의 명당을 순천김씨(順天金氏) 후손들에게 내려준 셈이다.

2. 산송(山訟) 사건의 의의

산소를 지키는 일은 단순히 묘지 하나를 수호하는 개념이 아니라 가문을 지키느냐 포기하느냐와 깊은 관련이 있다. 우복산 산송 사건의 시작은 소송 당사자인 김병옥이 불법으로 쓴 묘지가 김택수 산소의 주룡을 누르는 곳에 위치한 것이 문제가 되었다. 당시 풍수에서는 주룡이 눌리면 명당 기운이 사라지고 만다는 것이 싸움의 발단이 된다. 그러나 가문 대 가문의 산송 사건은 겉으로 드러난 것의 일부일 뿐, 그보다 더 중요한 것은 정의 대 불의, 청렴 대 부패, 평민 대 권문세가의 싸움으로, 김성의는 옥살이와 구타, 회유와 협박 등을 이겨 내며 임금의 거둥을 막고 신문고 격쟁까지 실행하게 된다.

문경 지방에서 한양까지는 당시 말을 타고 빠르게 달려도 사흘은 족히 걸리는 먼 길인 데다가, 신문고는 대궐 앞의 북을 쳐서 억울함을 알리는 것이라면 격쟁은 임금 거둥 행렬을 막고 징을 울리는 것이었으니 사정에 따라서는 기회 포착도 어렵고 임금을 호위하는 병졸들의 창에 목숨을 잃을 수도 있는 위험한 거사였다.

승정원과 한성부와 관찰사, 어사, 현감 등에게 제출된 고소장과 상소문은 물론 판결문, 지시, 보고와 독촉 등의 관청 문서(감결, 서목, 입계, 촉관, 보장, 징치관문, 격쟁문, 내부 품의서 등)들이 23차례나 오가는 목숨을 건 쟁송이었다. 김성의는 김병옥의 무고로 인해 2번이나 감옥에 갇히면서도 자신의 가문을 잘 지켜 낸 당대 경상도 고을에서 양반 정신을 거양한 큰 사건으로 알려져 있다. 조선시대에는 가문 간의 경계나 소유권 관련 산송 사건이 많았으나 이 사건처럼 한 사람은 진실에 목숨을 걸고, 다른 한 사람은 욕심에 목숨을 걸며 양자가 사생결단의 각오로 왕명에 의거 법적 판결을 구하는 사례는 드문 일이다.

"소지(所志)"는 조선시대 관부에 올리는 일종의 민원서로서 현재 우리나라 국립박물관 민속문화재 유물로 지정(유물번호 015389)하고 있고, 이 건과 비슷한 시대인 1885년 8월 이용순이 담양부사에게 올린 진정서(송문오가 할머니 무덤 근처에 투장함을 엄히 조치)인 "산송소지(山訟所志)"(유물번호 민속 033387), 산송에 관계된 일을 서면으로 상관에게 보고하거나 또는 그런 보고를 하는 "보초(報草)"도 유물(유물번호 015316)로 지정 관리하고 있는 것을 보면 당시 산송 사건의 자료들이 어느 정도의 가치를 지니고 있는지 대략 짐작이 간다.

조선 후기 사회에서는 일반인들이 관에 소지(所志)를 올리면 수령이나 관계 해당 관원은 소지의 내용을 살펴본 뒤 판결을 내려야 하고, 소지를 올린 사람에게 그 소지를 돌려주어 판결에 대한 증거 자료로 소중히 보관하도록 하였다. 이 산송 사건에서도 승소를 한 김성재에게 그동안 오고간 상소문과 소장 등(장첩)은 돌려주고, 공문 등은 최종 판결을 한 성주 김정견의 지시에 의거 필사하도록 조처하였다. 그 당시 1892년 4월 김성재는 우복산 산송 서류 일체를 필사하였고, 그것을 순천김씨 가문에서 지금까지 잘 보관해 오고 있다. 이 유물은 시대의 사회상과 법적, 제도적 현상을 생생하게 반영하고 있어 국가 차원의 보관 관리가 필요함을 느끼게 된다.

3. 우복산 산송(山訟)의 약사(略史)

계미년(고종 20, 1883) 4월 초순경 가은 왕릉에 사는 김병옥(安東人, 선산 사람, 칠백 석 부자)이 김성의(順天人, 헌종 2~고종 24, 1836~1887)를 찾아와 우복산(종곡산, 도발산)에 묘 한 좌를 빌려 달라고 하였다. 이에 김성의는 정중하게 거절하였다. 하지만, 동년 4월 9일, 김병옥은 상두군과 호상꾼 수백 명을 거느리고 와서 우복산 주룡에다 불법으로 아내의 묘지를 만들었다. 이 과정에서 김병옥은 작업을 말리는 김성의의 가족들과 하인 등을 심하게 구타하였다.

이에 분개하여 며칠 후 김성의는 문경 본관 성주(문경현감)에게 소장을 제출하였다. 그러나 성주는 묵묵부답으로 아무런 조치나 진전이 없었다. 당시 안동김씨 세도정치(조선 순조, 헌종, 철종 재임기간 60년)의 위세가 워낙 대단하여 이들에게 대항하여 진실을 밝히기란 계란으로 바위 치기였다. 김성의가 심사숙고 끝에 선택한 마지막 방법으로 한성에 올라가 목숨을 건 신문고 격쟁 상소를 결행하게 된다.

당시 신문고는 억울한 사연이 있는 경우 상언(上言)이나 격쟁(擊錚)의 방법을 동원하여 왕이 직접 사연을 듣고 해결해 주는 직소제도였다. 하지만, 주로 한양에 거주하는 소수 지배층의 사적인 이익을 도모하는 데 많이 사용되어 먼 지방에 거주하는 평민들에게는 기대치가 그리 높지 않았다. 오히려 사사로운 원한과 무고로 인한 신문고 상소는 곤장 수십 대를 맞는 엄벌이 뒤따랐다. 그럼에도 김영재는 아버지의 지시를 받고 왕의 정보를 미리 파악한 후 죽음을 무릅쓰고 거사를 벌이게 된다.

계미년(1883) 8월 13일, 김성의의 명을 받고, 맏아들 김영재(30세)는 고종 임금이 동구릉(당시 동칠릉)에 거둥하는 길을 막아섰다. 상언이나 격쟁 중 하나만 선택하지 않고 억울한 사연이 임금에게 올바로 직언될 수 있도록 가슴에는 상소문(上言)을 품고, 한 손에는 망치, 다른 손에는 징을 들고 도복을 입은 차림으로 용감하게 왕의 행차 앞에서 격쟁(擊錚)을 하였다. 이때 호위병들이 저지하는 창에 몸을 조금 다치기는 했으나 하늘이 도운 탓으로 가까스로 죽지 않고 군졸들에게 포박되어 형조로 압송된다.

이튿날 승정원에서 한성부로 이송, 담당 홍판윤이 김영재의 상소문을 읽은 후 17일 경상도 관찰사(도지사)에게 피해자 측의 내용을 조사하라는 지시공문이 떨어졌다. 그리고 9월 18일 관찰사가 문경현감에게 공문으로 조사 지시를 하였지만 현감은 한 달이 지나도록 감감 무소식이었다. 이를 보다 못해 김성의는 순상(관찰사)을 찾아가 처리가 늦음을 항의했고, 이후 어쩔 수 없이 김병옥은 분묘를 파내게 되었다. 이때 가까운 타인 분묘 두 좌도 파내고 일이 깨끗이 종결되는 듯했다. 당시 김성의의 집에서 부리는 김수균(하인)이 주인의 억울함을 해결하려고 동분서주하며 다니느라 지팡이가 다 닳아 한 자밖에 남지 않을 정도로 척후병 역할을 다했다.

그러나 갑신년 4월초(1884) 김병옥의 맏아들 김우용이 한성에서 신문고를 울려 거짓으로 상소문을 올린다. 자신들이 본래 이 산 주인이며, 김성의가 진실을 숨기고 기만하여 임금에게 허위 사실을 상고했다며 강력한 처벌을 요구하였다. 한성부에서는 이 말을 사실로 믿고 김성의를 소환, 평안도 양득현 천 리 먼 곳으로 귀양을 보내라고 지시하였다. 이에 김성의는 귀양을 가기 위해 고마청에 대기하고 있고, 김영재는 한양 천 리 길을 달려가 담당 사관을 찾아 사실대로 진술함으로써 김우용의 상소문이 무고라는 사실로 밝혀져 김성의는 귀양에서 해제되었다.

그 뒤 한성부에서 신문고를 울려 허위로 상고한 김우용을 법에 따라 평안도로 귀양을 보내라고 지시하였다. 그러나 김성의는 "죄는 미워해도 사람을 미워해서는 안 된다."며, "이제 결말이 났으니 귀양을 보내는 보복은 아름답지 못하다."고 반대하여 그것을 받아들이면서 귀양이 취소되고 겉으로는 소송 사건이 무리 없이 종결되는 듯했다.

하지만, 김성의 가족들은 소송이 끝난 지 2년여가 지났지만 승소 이후 산소는 원상복구가 되었으나 워낙 김병옥이 권모술수가 능하고 완악하여 언제 어떤 일을 꾸밀지 몰라 늘 불안에 시달렸다. 이런 와중에 병술년(1886) 여름이 되자 갑자기 유행병이 돌아 김성의 집안에는 감당치 못할 병마가 몰려오게 된다. 7월 10일 김성의 부인, 7월 13일 김성의 작은아들 김학재(金學在)가 사흘 간격으로 세상을 떠났고, 설상가상으로 8월 1일에는 김성의 큰아들 김영재(金濚在), 이듬해 6월 6일에는 김성의 본인까지 세상을 떠나니 한 집에 빈소가 4곳이나 들어섰다. 그야말로 집안이 상전벽해요 풍비박산이 나고 말았다. 이때 가족이라고는 김성의 막내아들 김성재(金聲在, 1866년생)[1]가 21세였을 뿐, 슬하에 3명의 조카들은 13세(商德 1874), 10세(商璉, 1877), 6세(商建, 1881)에 불과하였다.

이런 상황을 포착한 김우용이 호기를 기다렸다는 듯 순천김씨 집안에 어른이 없음을 노려 경인년(1890) 6월 송사를 재개하였다. 민승용에게 산을 적법 매수하였다며, 산 값과 이장비 등의 피해액인 3천 냥을 지급하라는 소를 제기하였고, 김우용에게 매수된 본읍 성주가 장교를 시켜 김성재를 소환 통보했다.

김성재는 돌아가는 상황이 심상치 않음을 알고 13세밖에 안 된 큰조카(상련)를 불러 “나는 소송을 추진해야 되니 네가 대신 옥에 들어가 있으라.” 했고, 아직 철부지 미소년에 불과한 김상련은 “제가 숙부님을 대신하여 형벌을 받을 것이니 사실을 주장하십시오.”라고 답하며, 문경현 감옥소에서 3개월간의 지옥 같은 옥고를 치르게 된다.

이후 김성재는 황급히 한양으로 올라가 한성부 판윤을 찾아 죄가 없다는 내용이 담긴 공문을 받아와서 천신만고 끝에 성주에게 제출하였다. 그러나 성주는 상급 관청의 공문을 받았지만 이를 시행하지 않고 적당히 폐기해 버렸다.

이런 성주의 불법적인 처사에 분개하며 김성재는 이를 악물고 다시 상경길에 올랐다. 반드시 정의가 불의를 이긴다는 일념 하나로 마음을 굳게 먹고 사력을 다해 밤낮으로 걸었

1) 김성의의 삼남으로 1892년 4월 〈우복산 산송몽〉 한문본을 필사하였으며, 소송 후반기에 들어서서는 김성의 가문의 최고 연장자로 본 소송을 마무리하였다. 원 이름은 김영재(金韺在)로 큰형인 김영재(金濚在)와는 한문 이름만 다른 동명이인이며, 형제간의 구분을 위해 김성재(金聲在)로 불렀다.

다. 워낙 먼 길을 숨가쁘게 달려가다 보니 몸은 파김치가 되고 안성 일죽에 이르러 병이 나서 정신마저 혼미 지경에 이르렀다. 하지만 옥에 갇힌 어린 조카를 하루 빨리 출옥시켜야 한다는 생각이 머리에서 떠나지 않아 그다음 날 말을 빌려 타고 길을 가로지르듯 달려가 다시 한성부에 도착하여 성주가 공문을 없앤 사실을 고하고 재발급을 요구했다. 이에 한성부에서는 대노하며 공문을 고의적으로 소홀히 다룬 정황으로 보아 김우용을 징계함이 마땅하다 지시했으며, 이 공문이 성주에게 도착되자 마자 김상련은 곧 석방되었다.

이후 1년이 지난 뒤인 신묘년(1891) 11월에 다시 김우용이 선산군수(겸 암행어사, 일명 수어사또)에게 무고하여 또 김성재를 소환하게 된다. 김상련(15세)이 초례 후 집으로 돌아오니 이미 숙부(김성재)는 감옥에 갇히고 어린 동생들뿐이어서 조사장(趙査丈) 어른 댁을 찾아가 여러 날을 고뇌하며 긴 상소문을 쓰게 된다. 그리고 상소문을 어사에게 제출하여 법적 판결을 받게 되는데, "아홉 해가 되도록 계속하여 흉계를 꾸미고 서로 송사가 끝나지 않으니 가슴 아픈 일이라, 두 사람을 엄하게 징벌하여 송사를 다시 못하게 하는 것이 합당하다."며, 김성재를 곧 석방시켜 주었다.

이듬해인 1892년 봄, 김우용이 또 새로 부임한 현감을 매수하여 또다시 송사를 기도하였다. 본관 성주인 김정견의 딸을 이용하여 계책을 꾸미는데, "돈 3천 냥을 김성재에게서 받아주면 넉넉한 식량을 얻어 겨울을 따뜻하게 보낼 수 있다."는 뜻이 담긴 편지를 딸이 아버지에게 보내도록 하였다. 그러나 성주는 딸의 사연을 받은 후 조금도 흔들리지 않고 그간의 송사 내용을 면밀히 파악한 다음 쌍방을 소환하였다. 그리고 "이치가 바른 자는 승소하고, 이치에 맞지 않는 자는 반드시 패소한다. 이것은 하늘의 이치"라며, "김우용은 결단코 용서할 수 없다. 그러나 그동안 송사로 인해 칠백 석 가산이 모두 탕진되었으니 더 논할 것이 없다."고 판결하였다.

그리고 성주는 오히려 김성재에게 "금 백 냥을 내면 좋겠다."고 하였고, 김성재는 그 돈이 김우용에게 간다는 사실을 알고 불쾌했지만 관령이 법의 집행이므로 이를 어기는 것은 백성의 도리가 아니며 무일푼이 된 김우용을 개과천선하여 살라는 의도로 지급하는 것이어서 이에 응한다. 상종 못할 원수지만 비록 죄인이라 하더라도 최소한의 생계는 도와주어야 한다는 점에 공감한다는 것은 흔하지 않은 휴머니즘(人本主義, humanism)의 발현이라 할 수 있다.

성주는 신묘년(1892) 11월 16일 선산 수어사또가 판결문에서 지시한 "이른 바 김우용과 김성재를 하나같이 엄중히 다스리고, 따로 고소를 취하하게 하여, 다시는 분쟁을 일으키지 못하게 하라. 끝까지 추구하여 재발을 방지함이 옳은 일이다."는 지시를 이행하고자 김성재에게서 받은 그 돈을 김우용에게 주고 "다시는 이 송사를 기도하지 않는다는 각서를 써라." 하였다.

그러나 패악한 마음을 가진 그는 처음에는 불응하였다. 성주가 크게 꾸짖자 김우용은 소송을 재개하지 않겠다는 각서를 써서 김성재에게 넘겨주었다. 성주는 재발방지를 위해 김우용의 송사 전후 문서를 김성재가 보는 앞에서 불태우고, 그동안 송사한 순천김씨의 장첩[2)]은 그대로 넘겨주었다. 그 이유는 후일 다시 송사를 재개할 경우 증거 자료로 사용하라는 뜻으로 장첩과 함께 관련 공문서를 필사하도록 허락하였다. 김성재의 산송 서류 필사(필사본 보관 중, 수결 1곳)를 끝으로 극악무도한 부자의 탐욕과 금권에 눌린 탐관오리의 비리가 개입된 10여 년간의 윤하정 송사는 이렇게 대단원의 막을 내리게 된다.

4. 소송이 남긴 時代精神(시사점)

이 사건은 조선시대에 자주 발생하였던 산송 사건과는 몇 가지 다른 점을 발견할 수 있다. 대부분 산송 사건은 가문의 명예를 지키고 효행의 근본을 실천하는 모범적인 양반의 전통을 확립했다는 관점은 별반 다르지 않다. 그러나 사건 속에 숨어 있는 내용으로 들어가 보면 차원이 다른 신문고 정신(agora)과 인본주의(humanism) 정신, 청렴 정신, 선비 정신(scholar)과 관각문학의 모습 등이 곳곳에서 발현되고 있다. 특히, 김병옥의 진저리처지도록 잔인하고 패악한 만행은 우리 고전문학에서나 찾아볼 수 있는 〈흥부전〉의 놀부, 〈장화홍련전〉의 홍련, 〈콩쥐팥쥐〉의 팥쥐 등이 연상되므로 정의로운 분노의 공감과 악의 응징을 이 시대에 걸맞는 새로운 시각으로 재조명할 수 있을 것이다.

"역사를 모르는 자는 살아 있다고 해도 죽은 것이다."는 토인비의 말처럼, 가치 있는 역사적 사실의 재발견과 고찰을 통해 오늘을 살아가는 우리들에게 힘과 용기가 되는 시대정신과 접목될 수 있다는 점에 주목할 필요가 있다. 다시 말하면, 단순히 두 가문 간 이전투구로 전개된 산송 사건이 아니라, "옛것을 익혀 새것을 안다."는 온고지신(溫故知新)의 뜻으로 계승 발전시켜 나가야 한다는 점이다.

2) 장첩(狀牒)이란 장계와 공문서를 말하는데, 조선시대에는 지방에서 올라오던 모든 공문서를 '팔로(八路)장첩'이라 하였다.

그러므로 한 가문에서 보관하고 있는 소장, 상소문, 감결 등의 유물과 권문세가의 횡포와 관청의 비리에 분노하여 처절하게 대항한 산송 사건을 후대들이 잊지 않도록 하기 위해 지은 유적인 〈윤하정〉을 소중한 문화유산으로 관리하여 이 시대를 살고 있는 성인들은 물론 자라나는 어린 학생들에게 청렴과 효행정신의 체험장과 교육자료 등으로 잘 활용해야 할 것이다.

한 걸음 더 나아가 실제 사건이 허구의 소설에 비해 피 끓는 분노와 강도 높은 카타르시스(katharsis)를 갖고 있으므로 이를 스토리텔링하여 영화, 연극, 드라마 등으로 제작, 영상매체나 무대 공연 등을 통해 예술 작품화도 모색할 수 있을 것이다. 세상이 아무리 급변하고 황금만능주의가 대세라고 하여도 인간이 지향하는 본연의 가치는 불변이다. 이런 소중한 역사적 자산이 멸실되거나 사장되지 않도록 관계 당국에서는 이를 잘 보존하고 발전시켜 나가야 한다.

첫째, 신문고 정신(민주주의)의 값진 승리였다는 점이다. 우리나라 역사 속의 민주주의제도라고 할 수 있는 신문고 제도는 당시 소수 지배층의 전유물이었다. 그러나 김성의는 김병옥이 안동김씨 세도정치로 확보된 무소불위의 권력과 칠백 석 부자라는 엄청난 금권을 동원하여도 이에 굴하지 않고 불의에 당당히 맞서 정의의 신문고를 울렸다. 공문서 위조, 부조리, 구타와 협박, 회유, 귀양 명령 1회, 감옥 수감 2회, 소송 등의 후유증 등으로 가족 4명이 연이어 목숨을 잃고 가정은 파탄 지경에 이르렀지만 불굴의 정신으로 대항하여 끝내 정의가 이김으로써 값진 민주주의의 승리를 보여 준 특별한 사건으로 재조명된다.

둘째, 목숨으로 지켜 낸 순종의 효행정신을 엿볼 수 있다. 선조의 산소를 지키는 일보다 산 사람의 목숨이 더 중요하지만 김성의 일족은 선조의 산소를 지켜 내기 위해 말로 형용하기 어려운 고난과 시련을 극복하고 그것을 꿋꿋이 지켜 냈다. 30세밖에 안 된 김영재가 아버지의 영을 받들어 고종 임금 거둥을 가로막으며 목숨까지 걸고 신문고를 울렸다는 점, 가족 4명이 세상을 떠났음에도 굴하지 않고 아버지의 뜻을 이어 끝까지 소송을 진행하여 승소하였다는 점, 미성년에 해당하는 13세의 김상련이 숙부의 말에 순순히 복종하며 3개월간의 감옥살이를 대신했다는 점 등이 그것으로, 목숨을 걸고 어버이를 섬기는 사친이효(事

親以孝)의 정신이 돋보이는 사례라 할 수 있다.

셋째, 조선 후기 지방관청의 부조리에 당당히 맞선 청렴 정신을 손꼽을 수 있다. 지방 현감이나 성주가 금권에 매수되고 권력에 휘둘린다면 피해를 보는 것은 선량한 백성들이다. 김병옥과 그의 아들 김우용은 당시 칠백 석 부자라는 엄청난 부와 안동김씨라는 세력의 힘을 이용하여 지방 관리들을 주무르고 누구에게나 안하무인이었으니 이에 대항하는 김성의 일족은 얼마나 힘든 다툼이었을지 짐작이 가고도 남음이 있다. 허위 사실로 간교한 계략을 꾸미고, 공문서를 위조까지 하면서 왕을 속이려고 했으니 얼마나 겁없고 패악한 무리들인가? 한성부 판윤의 공문을 시행하지 않고 이를 폐기한 성주는 직무유기에 해당하는 범죄를 겁없이 저질러도 김성의 일족은 이럴 때마다 목숨을 걸고 묵묵히 정의롭게 대처하였다. 구타와 귀양과 감옥살이 등에도 굴하지 않고 싸우며, 하늘의 뜻을 거스르지 않고 순천자가 되어야 한다는 것을 오히려 떳떳하게 생각해 왔으니 그것이 나라를 위해 순천김씨 양반이 반드시 지켜야 할 청렴 정신이라 믿었던 것이다.

넷째, 선비 정신이 발현된 인본주의 정신을 들 수 있다. 김병옥과 김우용은 김성의 일족에게 10년이나 되는 긴 시간을 괴롭히면서 갖가지 고통을 안겨 주고 집안을 상전벽해의 지경에 이르게 하였다. 그럼에도 한성부에 신문고를 울려 허위로 상고한 김우용을 귀양 보내라고 하였을 때, 당사자인 김성의는 "죄는 미워해도 사람을 미워해서는 안 된다.", "이제 결말이 났으니 귀양을 보내는 보복은 아름답지 못하다."면서 김우용을 귀양 보내지 말라고 간청하여 그것이 받아들여졌으니, 이런 휴머니즘을 발휘하기란 결코 쉽지 않은 일이다.

게다가 소송 말미에 가서는 도저히 변명할 수 없는 패소에도 불구하고 발악하듯 끝까지 소송을 포기하지 않겠다는 김우용을 못내 용서하면서 그를 인간적 차원에서 백 냥의 돈까지 적선한 일이다. 이는 범인들은 할 수 없는, 다시 말해서 원수를 사랑하고 관용을 베푸는 조선 후기의 휴머니스트인 김성의 일족이 보여 준 인본주의 정신은 우리에게 적잖은 감동으로 다가오고 있다.

다섯째, 권선징악의 추구를 통한 도덕 정신 함양에 크게 기여하였다는 점이다. 동양에서는 유가사상이 대두된 시대부터 전통적으로 선을 권하고 악을 배척하여 왔다. 하지만 사회를 지배하는 권력자들이나 금권을 가진 자들은 법과 원칙 등으로 교묘하게 위장하여 권모술수를 자행하며 선한 자들을 멋대로 유린하였다. 이 사건에서 볼 수 있듯 김병옥은 현감과 성주 등을 매수하여 자신에게 유리한 판결을 끌어내고, 공문의 판결이나 지시 집행을 유보하며, 공문서 위조와 허위 사실 날조 등으로 선량한 백성을 곤경에 빠뜨렸다.

이에 김성의는 선비로서 끝까지 법도와 윤리에 어긋나지 않는 선한 자의 길을 묵묵히 걸어가면서 지조 있는 선비로 사는 것만이 자손들이 복을 받는다는 자세를 견지해 나갔다. 김성의가 송사에서 패소한 김병옥에게 돈을 주면서 앞으로 송사를 더 이상 하지 마라고 한 것은, 유가의 절대적 진리인 권선징악 정신과 도덕적 윤리를 깨닫고, 후일 김병옥이 새사람으로 개과천선하기를 은근히 기대하고 있다는 점이 발견된다.

여섯째, 임금에게 올린 2건의 신문고 격쟁문과 선산영감에게 올린 소장과 상소문, 그리고 산송 사건을 기록한 '신설지' 등은 한국문학 발전에 기여했다고 할 수 있다. '상소문'이 현대적 의미로는 문학의 분류에 포함되지 않지만 조선시대에서는 정의의 문학이자 관각(館閣) 문학의 꽃이라고 할 수 있다. 태종이 신문고 제도를 도입한 이래 신하나 선비가 임금에게 올리는 글은 내용이 진실하고 분명하며 논리적이어야 했다. 만약 허튼소리를 하거나 내용에 잘못이 있는 경우 귀양을 가기도 하고 심지어는 목숨까지 잃기도 하였다. 그럼에도 불구하고 임금에게 직언하는 것을 자신의 본분으로 여겼던 선비 정신의 가치를 지향했던 김성의 일족은 서슬 푸른 정의감으로 죽음을 무릅쓰고 상소를 올렸던 것이다.

이런 관점에서 상소문은 '정의(正義)의 문학'으로 불려진다. 그 예로 누구보다도 정의를 사랑하였던 황현은 「매천야록」에 여러 사람들의 상소문을 실었으며, 마침내 그것이 개화의 요체가 되기도 했다. 소설의 구성요소가 인물, 배경, 사건으로 이 중 가장 중요한 것이 사건이라고 볼 때 여기서 문제가 된 우복산 산송 사건은 소설의 뼈대를 구성하고도 남음이 있는 스토리가 된다는 점에 주목할 필요가 있다. 김성의 일족은 정의롭고 지조 있는 선비의 모습을 보여 주는 반면 김병옥과 김우용의 간악하고 기발한 음모행각은 서로 극한적 대비를 통해 사건을 접하는 이들을 더 공분케 만든다. 10년여에 걸쳐 실제 사건으로 드라마틱하게 전개된다는 점과 이것을 김상건이 잘 기록한 것이 현존하고 있어 이런 유물들이 곧 관각문학과 정의의 문학 그 이상의 스토리로써 효용성 있는 가치를 보여 준다.

일곱째, 조선시대 후기 사회의 부조리한 현상과 소송 사건 연구 등에 좋은 사례 및 자료가 된다는 점이다. 당시 환경이 강자의 권력남용과 부조리가 만연된 혼탁한 환경 하에서도 끝내 약자의 정의가 강자의 불의를 이기게 된 쾌거는 오늘날 소박한 꿈을 안고 살아가는 서민들에게는 희망의 빛이 된다. 금력을 이용하여 성주, 현감 등의 수장들을 매수하여 관청을 좌지우지하면서 법도를 넘는 악행을 저지르는가 하면, 공문의 지시와 처리 절차가 엄연히 있음에도 이를 이행하지 않은 것이 도를 넘고 있고 있다. 격쟁의 방법과 상소문 작성, 그리고 격쟁 후 민원 처리 절차 등을 확인할 수 있고, 사회의 부조리한 단면이 보관 관리 중인 23건의 산송몽 자료와 실화소설 신설지 등을 통해 여러 가지 유형의 문제점 발굴과 소송 관련 연구에도 유익한 자료가 될 수 있을 것이다.

특히, 개인의 사소한 산송 사건을 해결하기 위해 백성이 어가의 행차를 막는다는 것은 매우 무엄한 일이며 어리석고 완악함의 소치라고 말하고 있고, 공문서를 2번이나 위조하여 자기 유리한 대로 고쳐서 이득을 보려는 관자효주의 사례가 있었다는 점은 당시 죄 없는 백성이 무고하게 죄를 뒤집어쓰게 될 수 있다는 것을 알 수 있다. 또 진실은 하나뿐인데 비해 이미 초기에 사건의 조기 규명 및 올바른 판결이 났음에도 권문세가의 도를 넘는 악행이 관청을 맘대로 능멸하게 된 점은 그만큼 당시 사회가 부패하여 관청의 기강이 해이되었던 탓이다. 결국 법이 있어도 제대로 집행하지 못하면 사회 정의는 구현될 수 없다는 것을 이 산송 사건에서 찾아볼 수 있다. 이런 점에서 김성의 일족이 보관하고 있는 소장과 상소문 등 23건의 서류는 조선 후기 사회 연구에 활용할 만한 충분한 사료적 가치가 있는 것으로 보인다.

끝으로, 유학의 실천궁행을 한 선비 정신을 꼽을 수 있다. 김성의 일족이 500여 년 전 문경고을에 터전을 잡고 살면서 선조들이 특히 유학에 깊은 뜻을 두며 학행을 추구하였고, 마을공동체 등의 운영을 통해 다수가 잘 사는 사회를 만드는 등 남다른 협동정신을 발휘하여 왔다. 인심도 순후할 뿐 아니라 문장과 덕행, 충효의 실천과 선현 유덕을 경모하고 그 유업을 계승하는 삼한갑족으로서 손색이 없는 가문으로 이어온 것은, 그 중심에 뿌리 깊은 선비 정신의 학습과 실행이 튼튼하게 바탕 되고 있음을 알 수 있다.

참고 문헌

- 도발산 산송몽 신설지(1945, 김상건)
- 윤하정誌(1945, 김상건)
- 종곡산 송장 사본(한문본)
- 종곡산에 대한 소장(1992, 번역본, 한국정신문화연구원, 성균관전서 권오호)
- 일사 백치헌 자연보
- 청조향람(농암면지 255P)
- 순천김씨 대동보 권3(1984)
- 조선의 군주에게서 배우는 혁신 리더십, 우리의 현재 그리고 미래(2007. 5. 4, 문화재청)
- 바른 정치 구현을 위한 조선시대의 언론기관, 언론 삼사(2008. 5. 28, 문화재청)

우복산(종곡산, 도발산) 산송 사건 원문 번역본

- 원고 : 가서면 대정리 김성의, 김영재(金瀠在), 김성재, 김상련
- 피고 : 가동면 왕릉리 김병옥, 김우용
- 소송기간 : 10년, 1883(계미년)~1892(신묘년)

성주에게 낸 소장

증조부모(택수)의 분묘가 있는 종곡산록에 왕릉 김병옥의 아내(김우용의 모)가 사망하여 지난 초(4월) 9일 장정 수백 명을 인솔, 묘지 어깨 부분(단주룡)에 묘를 쓰려 했다. 이때 영재는 백일장에 접유사(사무담당)로 가서 집에 돌아오기 전이므로, 아버지(성의)와 어린 동생(학재, 성재), 하인(김수균)과 일부 지인들을 거느리고 이를 저지하려 하였으나 병옥 4부자가 붙들고 옷과 갓을 찢고 구타하여 간 사람들 모두가 온몸이 상처투성이의 중상을 입었다. 이 사이에 묘지 봉분을 만들고 장사를 지낸 일이 이보다 더 심할 수 있겠습니까. 또한 적반하장이란 말도 이러한 데서 볼 수 있을 것입니다. 남의 땅에 주인의 승낙없이 강제로 장사 지낸 묘를 파내야 함은 법률로 정해져 있어 오랫동안 시행되어 왔으니 빠른 시일 내 정당한 처분을 내리실 것으로 압니다만 저의 아비가 매를 맞아 상처를 입은 일은 간과할 수 없어 감히 이와 같이 호소하는 바입니다. 통촉하시고 하교하여 주십시오.

또한 김병옥을 즉시 잡아들여서 저의 아비를 구타한 죄와 남의 땅에 강제로 늑장한 잘못을 엄하게 다스리시고 가두신 후 늑장한 무덤을 파내는 감독까지 해 주실 것을 천만번 바라옵고 다만 이 일에 대한 하교는 성주님의 처분만을 기다릴 뿐입니다.

회시 : 성주의 판결문

그대가 상소한 내용에 있어 장사를 지낼 수 없는 곳에 늑장을 한 것도 놀랍고 탄식할 일인데, 하물며 금장하는 산주를 구타한 것은 더더욱 패악하고 완악한 짓이다. 금송척후(장사

지낸 일과 구타한 일)의 두 가지 일을 엄히 다스리기 위하여 잡아들이도록 하였으니 그리 알라.

계미년 신문고 격쟁문

계미년(1883) 8월 13일 임금님(고종) 어가가 궁궐 밖으로 나들이할 때(보통은 징을 침) 신문고를 쳐서 올린 글(김성의)

삼가 아룁니다. 이 소인은 감히 지극히 원통한 일이 있어 죽음을 무릅쓰고 어가의 곁으로 나아가 용안을 뵙고 생성의 혜택을 베풀어 주십사 하고 이와 같이 사뢰는 바입니다.

소인의 조부모 무덤이 가서면 종곡산 아래 있은 지 여러 해 되었으나 수호에는 아무런 지장이 없었습니다만 본현에 거주하는 김병옥이라 불리는 놈은 본시 완악하고 패역한 무리로 부를 미끼로 세도가와 결탁하여 안하무인으로 온갖 못된 짓을 자행하는 자입니다.

금년 4월경에 장정 수백 명을 모집하여 그 아내를 저의 조부모의 무덤에서 아주 가까운 곳에 암장을 하였습니다. 소인의 가족들을 모아 거느리고 가서 장사를 지내지 못하게 만류한 즉 김병옥과 수백 명의 같은 패거리들은 함께 일어나서 닥치는 대로 구타하는 것이었습니다. 소인들은 적은 숫자로 많은 무리들을 상대할 수 없어 모두 부상을 입었고, 심지어는 사경을 헤매는 자까지 생겼으므로 다른 사람들이 두려워서 쫓아 보내지 못했습니다. 이렇게 되자 김병옥은 마음대로 늑장하였고, 지금까지 여러 달이 지나갔으나 파 가지 아니하고 있으니 세상에 이와 같이 절통하고 분통한 일이 어찌 또 있겠습니까? 소인은 벽촌에 사는 하잘것없는 백성입니다. 제 힘으로는 파내지 못할 것을 잘 알고 있어서 이와 같이 엎드려 비옵니다.

상감은 천지부모라 했습니다. 특별히 효도로 세상을 다스리시는 은택을 드리우셔서 병옥을 엄히 다스려서 윤장한 무덤을 파 가게 해 주시고 소인의 선영을 수호하는데 아무런 지장이 없도록 해 주시기 바라오며 천만번 피눈물로 비옵니다.

(入啓) 하교토록 여쭘(보고공문, 광제 9년(1883, 고종 20) 8월 19일)

소장에 의해 그대로 시행하도록 윤허할 것을 보고하다 : 동부승지(보고담당관) 洪 手決

들어가서 보고하다. 교계(教啓)

(한성부 啓目) 보고한 내용(啓内) 보고합니다.

원고의 진정을 알아보니 문경에 거주하는 유학 김성의가 조부모의 무덤을 위해서 원통하다고 송사한 것으로 이 산송은 원래 한성부의 소관이므로 한성부에 이관하여 처리하도록 하면 어떻겠습니까?(광제 9년 8월 20일 판서 臣 洪, 좌랑 臣 李)

(啓目) 한성부에 이첩한 내용(이첩공문)

다음과 같이 이첩합니다.

이 소장을 보니 김병옥이 부를 믿고 세도가와 결탁하여 장정 수백 명을 모집하고 타인의 조부모의 무덤 가까이 암장을 하였다고 하는데, 사실이라면 법률상 철거함이 당연할 것이니 도신(관찰사)으로 하여금 발굴하도록 조처하고, 사건처리 후 결과를 서면으로 보고할 것

광제 9년(1883) 8월 20일 판윤 臣 閔種黙, 주부 臣 鄭選朝, 동부승지 臣 洪承憲 차지

(啓目) 하교가 있어 지시(지시공문)

이와같이 지시할 것을 윤허하여 주십시오.(啓依允)

판결문 내에 있는 말의 뜻을 잘 받들어 시행하고 차질이 없게 할 것

대조하여 지시하는 공문을 보내니 대조 확인한 뒤 시행할 것. 공문이 도착할 때까지 책임지는 자 위 공문

경상도 관찰사 앞

광제 9년(1883년) 8월 일

결재확인(인상고)

좌윤(결재자), 주부(서기), 압서윤(실지 날인자), 판관(결재자), 우윤(결재자), 주부(서기)

甘結문경(상급기관에서 하급기관에 지시공문)

문경에 사건의 처리를 독촉함 : 전에 부친 한성부에서 내려온 공문과 관련입니다.

본 읍내 가서면에 사는 김성의의 조부모의 분묘 가까운 곳에 늑장을 한 김병옥의 무덤을

즉시 철거하여 원상대로 복구하고, 서면으로 결과를 보고하라는 뜻으로 지시를 내린 지가 이미 한 달이 지났으나 아직까지 보고가 없어 막연하므로, 다시 결과를 보고할 것을 독촉합니다.

보고의 지체는 법규에 관계되는 일이므로 지극히 예민하여 이에 다시 사건의 완결을 독촉합니다.

또한 김병옥에게 관리를 보내서 즉시 이장토록하고, 아울러 이장이 늦어진 사유와 관명을 복종하지 아니한 데 대한 이유를 자세히 조사하여 조속히 보고서를 보내 증거를 남기도록 조치할 것

계미(1883) 10월 18일 본영으로부터

본읍에서 무덤을 이장한 보고서(본읍 보장)

문경현감의 보고입니다. 곧 한성부로부터 지시받은 내용을 종결하고 드리는 결과 보고입니다. 지시 내용은 본읍 가서면에 거주하는 김성의의 조부모 분묘의 가까운 곳에 김병옥이 늑장한 무덤을 옮겨 달라는 뜻으로 공문을 보낸 지가 한 달이 지났으나 아직까지 보고가 막연하므로 다시 결과를 보고하라는 지시에 또한 보고의 지체는 법규와 관계되는 일이므로 지극히 예민하다 하였고, 또한 김병옥에게 장교를 즉시 파견하여 무덤을 즉시 발굴하도록 조치하고 아울러 지체된 사유와 김병옥이 관령을 따르지 아니한 까닭을 면밀히 조사하여 긴급 보고할 것을 지시하셨습니다.

전에 내리신 공문(감결)은 처음부터 도착하지 아니했으므로 시행하지 못했으며, 지시하신 김병옥의 무덤에 대해서는 지금 비로소 장교를 보내 즉시 철거하도록 하였으므로 그 연유를 보고드리는 바이오니 보고서와 같이 시행하겠습니다.

바라옵기는 이 보고서를 지참하는 자에게 그 자세한 내용을 하문하여 보고서와 대조 확인하시기 바랍니다. 위 보고서를 겸순찰사께 드립니다.

광제 9년(1883) 10월 29일 당시 현감 鄭着

김우용의 신문고 격쟁 상소문

저는 죽은 어머니의 면례장사를 지내고자 작년 4월에 민승용의 선영 국내에 있는 한 산

밑에 토지를 매입하였습니다. 그 장사를 지내려고 들어간 그날, 이른바 김성의란 자가 장정들을 모집하여 길을 막은 뒤 칼을 뽑아 상주 일행을 공격한 일이 있었습니다.

대개 이 산은 본래 申가의 산으로 閔가에게 팔았고, 민가는 또한 저에게 판 것이었습니다. 김성의는 당초에 신가의 산에 윤장하였으나 경향 각지를 찾아다니며 부탁하여 철거를 겨우 면하였고, 다만 광지(묘소 쓸 자리 하나) 하나만 보유할 뿐입니다.

또한 제가 새로 사들인 곳과 김성의의 무덤까지는 거리가 멀고 그곳에 서거나 앉아도 보이지 아니하며, 그 사이에는 수많은 고분이 있사온 즉 비록 등한한 빈터라고 하더라도 두 곳으로부터 송사를 들을 때 변명이 안 되는 것인데, 하물며 산주와 더불어 계약서를 쓰고 매매를 하였는데 저 사람이 어찌 나그네가 주인의 행세를 하면서 나라의 법으로 금지된 사건을 야기할 수 있겠습니까?

김성의는 본습이 혹독하고 협부하면서 세력이 있으므로, 이때를 이용해서 시끄러운 사단을 야기하여 閔가 산을 완전히 삼키고자 하는 계책을 가지고 여러 번 본관에게 소원하여 끝내는 패소하는 데까지 이르렀습니다. 그에 대한 본안이 분명하게 있는데, 아무리 생각해 보아도 다시 어찌할 도리가 없을 것 같습니다. 작년 8월 슬픈 말과 교묘한 혀로 일을 거짓으로 꾸며 감히 상언하는데 이르렀으며, 그 결과 한성부에서 공문이 내려와서 굴거를 지시하는데 이른 것입니다.

저의 죽은 어머니의 무덤에 대하여 말씀드리고자 합니다. 당장의 사세로 말하자면, 백성의 도리로서 잠시나마 머물러서 지시를 어기는 것은 허물이 되므로, 곧 이장하였습니다. 그러나 김성의가 상감을 속인 죄는 제가 뼈를 끊는 듯한 아픔을 느끼므로 그와 함께 천지간에 함께 살기는 어려울 것 같습니다.

이에 감히 사실대로 내용을 진술하여 죽음마저도 피하지 아니하고 원통함을 어가 곁에서 아뢰고 있사옵니다. "엎드려 비옵건대 상감님은 인간에게는 천지이시고 백성에게는 부모이시라 사실을 자세히 조사하여 진실을 밝히시고 저로 하여금 다시 옛터에 장사 지내도록 허락하여 주시고, 김성의의 윤장을 즉시 파 옮기도록 하여 주심과 동시에 또한 임금을 속인 죄는 법망이 용서하지 않는다는 사실을 밝히시고 엄한 형벌을 가하여 원지로 유배시켜서 풍기와 교화를 시켜 주실 것을 엎드려 비옵니다. 또한 일전 무고에 의하여 수감된 김우용을 우선 석방해 주시고 법에 따라 처리하여 주십시오." 하였습니다.

이것은 산송과 관계되는 일이므로 한성부에 보고하여 처리토록 하심이 어떠하올지, 윤허해 주시기 바라옵고 보고합니다.

1884년 4월 4일

첨부된 한성부 계목(내부 결재)

계하할 일이 있습니다.

문경에 거주하는 유학 김우용에 관한 일로 진정 사건을 조사해 본즉 김성의가 거짓으로 꾸며서 신문고를 올렸다는 말은 비록 놀라운 말이기는 하나 한쪽 말만을 믿을 수 없기 때문에 해당 도신으로 하여 별도로 조사관을 보내서 사실을 가린 뒤 관계를 적발하고 그 내용을 서면 보고토록 함이 어떠하올지

광제 10년(1884) 4월 18일

한성판윤 臣 홍철주, 주부 臣 이해창, 동 부승지 臣 이만교의 차지

관찰사가 한성부에 조사보고(중간보고)

계에 의하여 윤허하였다 하므로, 판결하여 내리신 취지를 받들어 시행해야 할 공문인 줄 알고 있습니다. 삼가 보내 주신 공문을 상고해 보니 문경현감 정인수에게 조사관을 보내고 그로 하여 사건을 엄밀히 조사하여 시비를 분명히 가린 뒤 그 사건의 내용을 상세히 보고하라는 뜻의 공문을 보내서 분부하였더니, 곧 회신한 문경현감의 조사보고서 내용에 의하면 현감이 소송 당사자인 두 집 사람들을 초대하여 산상으로 올라가서 사실 여부를 측량해 보았다고 합니다.

그 조사보고서에서 김성의의 선대의 무덤에서부터 김우용의 어머니 무덤을 파 옮긴 곳까지는 96척으로 본래 산 하나의 가림도 없었고 주룡이 누르듯 임하여 앉아서도 서서도 보이지 않는 곳이옵고, 김성의의 문적에는 지나간 경오년(1870)에 그 조부를 입장하고, 갑인년(1854)에 와서 전 구간을 신광소로부터 샀다고 하였는데, 갑자년(1864)에 민승용이 또 이 산을 신광소에게 사서 입장하고자 했으나 김성의가 금장하였으며, 잘못 매입하였다는 뜻을 알리고자 표지를 가지고 왔으므로 보니 아직 한 광지(민승용이 신광소에게)를 빌린다는 것이었습니다.

경진년(1880)에 와서 타인이 언덕의 나무를 베는 죄를 범하여 소나무값을 징수한 일이 있으며, 또한 정묘년(1867년)에 이근술이 이 산에다 투장함에 즉시 발견하여 파 옮기도록 독촉하였다는 것이옵고

김우용의 문적에는 계미년(1883) 4월에 그 어머니를 입장하고, 그해 5월 민승용에게서 산을 샀으나 문서를 작성하지 않았다고 합니다. 당초 이 땅을 살 때 신광소의 수기가 있사온 바 매매 문서는 연조가 오래되었지만 근래 사고판 산주의 형편으로 이렇게 판단할 수 있을 것인즉, 파 옮긴 김성의 할아버지의 무덤을 환장하도록 하고, 김우용의 어미 무덤은 갑자기 논단하기 어려울 것 같사와 이와 같이 서면으로 보고드리는 바입니다.

산의 묘지는 일정한 거리의 규정을 두지 아니한다고 비록 법전에 명시되어 있으나 주룡에 누르듯 다가오면 반드시 분쟁이 일어난다는 것이 분명한 사실인데, 먼저 그 땅을 산 문적이 더욱 뚜렷한 증거가 될 뿐더러, 김성의는 작년 겨울에 원통하다는 사실을 신문고를 울려서 소원하여 한성부에서 조사 처리하라는 지시가 내렸습니다.

그 지시에 의하면 김우용의 어머니의 무덤을 파 옮긴 뒤에 그 사실을 서면으로 보고하라고 하였더니 지금 김우용이 또한 자신이 원통하다고 이미 파낸 뒤에 호소하고 있으나 무엇을 근거로 하여 어머니를 환장하고 성의 할아버지의 무덤을 파 옮기라는 것인지 알지 못하겠습니다.

참고할 사실이 부족하여 갑자기 의론을 정하기는 어려울 것 같으므로, 이 연유를 아울러서 보고드리는 일이니 만큼 전차에서 잘 여쭈어서 처리하실 일이옵니다.

광제 10년(1884) 윤 5월 21일

한성부에서 조사 처리한 문서/한성부에서 조사한 일

(한성판윤 → 관찰사)

이번 문경 유학 김우용과 김성의의 산송에 대하여 조사한 전말을 기록한 내용을 근거로 본도에서 범죄 사실을 보고하오니 윤허하여 주시옵기 바라면서 공문을 발송합니다.

이 공문이 도착 즉시로 동 김우용을 법에 의하여 심문하여 처분토록 하심이 마땅하온 줄 아옵고 공문을 보냅니다.

대조하여 시행하고 이 공문을 수취하는 자 경상도 관찰사

광제 10년(1884) 6월

좌윤 서윤 판관 우윤 주부

관찰사가 한성부에게 보고(판결문, 보고공문)

경인 5월 달에 김우용이 다시 거사하여 앞뒤가 맞지 아니하는 말로 추심하여 한성부 공문이 본읍에 이르렀으므로 동월 25일 상경하여 한성부에 제출하나이다.

사건이 진정서의 내용과 같다면 어찌 이러한 일이 있을 수 있겠습니까? 이 일은 끝까지 조사하여 진실을 밝혀야 합니다. 이것은 옛날에 듣던 관자효주로 공문을 못 알아보게 지워버리는 것과 같이 한 번 있었던 일을 사안을 바꾸어 가며 관청을 괴롭히는 일이니 상사에게 보고할 것이나, 죄지은 백성은 본읍에서 엄중히 다스려서 근거가 없는 일로 관청을 농락하는 폐단을 없게 함이 마땅합니다.

1884년 6월 4일 척재관

한성부에 보내는 문서(판결문, 한성부 관문)

한성부에서 조사하라고 지시한 문경에 거주하는 유학 김성재와 본현에 거주하는 김우용의 산송에 대한 것입니다.

그 내용을 신문고를 통해 원정함에 따라 그 사실을 조사하여 판결하신 후 시달한 것으로 알고 있는데, 또한 김우용이 돌연히 신문고를 울렸으니 그 법의 참뜻을 알지 못하는 것 같으므로 그가 어가 앞을 범한 죄에 대하여 처분하라고 지시하셨습니다.

말하자면 김우용은 도리어 불측한 계책을 생각하여 무고로 소장을 관청에 제출하고, 거짓말로 산을 산 가격과 읍과 영에 바친 돈과 신문고를 울리기 위해 쓴 비용과 잡비를 합쳐서 3천 냥이나 된다고 하면서 김성의에게 받아 내야 한다고 주장하고 있습니다.

그 소위를 생각해 보면 참으로 비통하기 그지 없으니 마땅히 법에 따라 처벌하고 먼 곳으로 귀양 보내는 것이 옳을 것 같습니다.

하오나 일이 너무 장대하므로 아직은 조용히 처리하고 있거니와 이러한 연유를 공문으로 발송하니, 이 공문을 접수하는 즉시 사건을 야기한 김우용을 즉각 잡아들여 엄중 치죄하여 법을 무시하고 제멋대로 거리낌없이 행동을 못하도록 조치하기 바랍니다. 이른바 공문을 마음대로 뜯어고쳐서 상사에게 돌려주는 일이 없게 하심이 마땅한 줄로 생각하고 문서를 보내 청합니다.

공문접수 의무자

위 보고함, 문경현감 광제 16년(1890) 6월

독촉하는 문서(촉관) : 관찰사가 문경현감에게 지시공문

한성부에서 조사 취급한 일입니다. 본현에 거주하는 김성재와 같은 고을 김우용의 산송에 관한 일입니다.

그 내용은 이미 신문고를 울려서 원정하는데 이르렀고 내용을 조사하여 판결처분까지 내린 바 있사오며, 또한 김우용이 갑자기 신문고를 울려서 거짓 원정을 한 것은 법의 존엄성을 모르고 저지른 해괴한 일로 그 사연을 철저하게 조사하여 처벌하라는 지시도 있었습니다.

소위 김우용이란 자는 위에서부터 내린 처분을 무시하고, 감히 잡된 생각을 품은 체 거짓 호소문을 관청에 제출하여 그 산의 값과 비용을 김성재로부터 받아 내려고 하였습니다. 이러한 행위는 법을 무시한 것이며, 도덕적으로도 용납되지 못할 것입니다.

그의 행동을 생각해 보니 너무나 통탄할 일입니다. 전에 이미 공문을 보낼 때 김우용이 거짓 주장을 기록한 문서를 첨부하였으니 대조하여 보면 상사의 눈을 속이고자 고친 것임을 알 수 있습니다.

우용에게는 근거 없이 남을 모함하고 관청을 모해하는 습성이 있으니 엄중 징치하여 다시는 먼 훗날에도 이러한 일이 재발하지 않도록 하신 뜻이 공문에 상세히 기록되었을 뿐만 아니라 거듭거듭 밝힌 지가 이미 한 달이 지났으나 아직까지도 흑백을 가리지 못하고 있으니 본 건의 중대성으로 비추어 볼 때 놀라운 탄식을 금할 수 없습니다.

외읍에서 거행하는 일이 어찌 이와 같은 일을 용납할 수 있겠습니까? 이에 공문으로 지시하니 이 공문을 받는 즉시 김우용이 거짓으로 소장을 내어서 사건을 위조 은폐 조작하여 상사를 기만한 일로 요구한 이른바 비용과 산의 값과 같은 것은 버려 두고 시행하지 말 것이며, 동 김우용에게는 법을 무시하는 죄를 엄중히 징치하여 소송을 종식시키는 뜻으로 삼고 사건을 종결한 뒤에 그 결과를 즉시 보고함이 마땅할 것임. 조속히 시행하도록 공문을 보내 청하는 바입니다.

공문을 대조하여 시행하고 그 결과를 보고할 것. 위 지시함. 문경현감 앞

광제 16년(1890) 8월 일

대질조사 지시 : 암행어사가 조사관

신묘 12월에 저 피고가 수의사또, 즉 암행어사 합하께 보낸 글에 의하면, 제목 안에 호소하는 글을 썼는데, 해가 오래되었다고 하여 조금이라도 해태할 수 없다고 하였다. 원통하고 비굴함이 있어서 그러한 것이 아닌가 생각하여 이 송사의 전말을 가지고 대질하고 자세하게 조사하여 보고할 일이므로 곧 의정하여 시행하라.

선산영감(암행어사)에게 보낸 상소문

문경 가서면 대정리에 거주하는 유학 김상련은 삼가 백 번 절하옵고, 글을 선산영감 합하께 올립니다. 엎드려 생각하건대 이 세상에서 가장 엄한 것은 국법이라 하겠으며 또한 지극히 공정하게 처리되어야 할 것은 송사라 하겠습니다. 이러한 까닭으로 형벌을 공정하게 시행한다면 무고하는 말이 징치되어 없어질 것이며, 조사를 분명하게 하면 바른 일을 한 자가 억울함을 당하지 아니하여 설혹 잘못되었어도 신원 못할 사람이 없을 것입니다.

지금 본읍에 살고 있는 김우용이 터무니없는 거짓으로 생의 집을 얽어 넣어 법정에 무고하므로 다시 이 소송의 전말을 조사하고 대질 확인하라는 하교가 이르렀으며, 또한 생의 계부(季父, 아버지의 막내아우, 김성재)를 엄하게 다스려 잡아 가두게 하였으니 생의 원통하고 분한 함이 격정을 유발하여 사또의 존엄함을 피하지 아니하고 죽고 사는 판가름의 기회라 여기면서 법을 맡아 집행하시는 어른께 앙고하옵니다. 자세하게 살펴서 처리하여 주시옵소서.

생의 선산은 본읍 가서면 도발산 산밑에 있습니다만, 아무 일 없이 수호한 지가 80여 년의 오랜 세월이 지났습니다. 그러나 지난 계미년쯤에 본읍에 거주하는 김우용은 본시 부함을 믿고 크게 거드름을 피우는 백성으로, 그 어머니를 생의 선산인 단주룡을 누르는 곳에 늑장하였으므로, 생의 할아비와 생의 아비가 읍과 영문에 호소하기도 하고, 급기야는 신문

고를 울려 억울함을 호소하였으므로, 조정에서는 한성부를 시켜 파 옮긴 뒤에 서면 보고하라는 처분을 받고 관청에 보고한 뒤 파낸 일이 있습니다.

아, 저 우용이 잘못되어 무덤이 파 옮겨졌다는 이치에 복종하지 아니하고 망령되게 하늘을 속이려는 계책을 세웠으며, 또한 어가가 거둥하는 기회를 이용하여 신문고를 쳐서 상감을 노상에서 뵙고 호소까지 하니 상감께서는 특히 도신에게 하명하여 실상을 조사하여 보고하라는 지시가 있었습니다.

이러한 까닭으로 그때 조순상(순찰사)께서 사실대로 조사보고하였으므로, 또한 김우용이 신문고를 울린 것은 법의 참뜻을 모르기 때문이라고 하교하시고 도신으로 하여금 그 상감의 앞을 막은 죄를 엄하게 다스리라는 처분이 있었습니다. 우용은 서울에 있는 집으로 도망을 가서 숨어살면서 나타나지 아니했기 때문에 즉시 잡아들이지 못했을 뿐만 아니라 요행하게도 그때 본읍 성주의 잘못된 곡진한 보호를 받은 덕택으로 중죄를 받는 데는 이르지 아니했으니 그에게 있어서는 이보다 더 다행한 일은 없었을 것입니다.

만일 그가 법에 의하여 엄중한 징치를 당했다면 그 뒤 기회를 조작하여 이와 같은 여러 번의 소란을 피우지는 못했을 것이니, 따지고 보면 오늘의 이 사단을 야기한 것도 법을 엄하게 집행하지 않은데 있다고 하겠으니 참으로 통탄할 일입니다. 지나간 병술년에는 전국을 휩쓴 유행성 괴질로 온 나라가 모두 병들어서 생의 아비와 할아비가 함께 작고하셨으니 한 집안에서 4번이나 초상이 난 것은 푸른 뽕나무밭이 바다로 변하는 대참사(상전벽해)였습니다.

생의 작은아버지와 생은 모두 나이가 어리고 배우지 못한 사람들로 일가붙이도 없이 외롭게 자랐습니다.

아! 저 우용은 남의 불행을 행복으로 여기고 우리들이 어리고 무식한 틈을 엿보고 우리들이 어리고 의탁할 세도가 없음을 헤아려서 늑교를 벌여서 비리의 욕심을 달성하고자 했습니다.

작년 5월에 한성부에 거짓으로 꾸미는 소장을 내어 산을 사들인 값과 허다한 잡비라는 명목을 가짜로 꾸며서 3천 냥을 생의 가에게 징수하고자 하였습니다. 해당 부처에서 공문이 본읍에 도착하였는데 그때 생은 13세, 어린아이였습니다. 그런데도 본읍에 잡혀서 감옥에 가두어지게 되었고, 생의 계부가 밤을 가리지 않고 서울에 올라가서 사유를 갖추어서 해당 부처에 호소하니 우용이 협잡으로 거짓 사실을 진실인 양 꾸며서 관공서의 공문을 얻어낸 간사한 내용이 공명한 처사 아래 종료되었으며, 또한 뒤에 보고하는 공문의 내용을 고친 것이 두 차례나 되었으니, 이것은 조정에서 당부하고 엄중히 처리할 것을 지시한 뜻에 위배될 뿐만 아니라 또한 상황이 분명하게 변명할 여지가 없었습니다.

이러한 일은 사건이 중대함을 돌아보지 아니하고, 다만 요행히 관청을 속여 보려는 계책으로 관찰사의 공정하신 처리를 무시하고 무고한 것이니, 이것은 정녕 영악하고 완악한 습성이 있는 자가 아니겠습니까?

또한 김우용이 제출한 소장으로 말씀드리더라도 생이 이미 조정의 허락을 받아 파낸 것이니, 이것은 곧 하늘이 파내게 한 것입니다. 그런데도 그는 저희들이 돈과 장비를 많이 준비하고 상경하여 저들의 무덤을 파내고자 주선했다는 말은 이 어찌 신민으로서 입에 담을 수 있는 말이겠습니까?

또한 이 산으로 말씀드린다면 생이 매입한 증서가 아직 남아 있고 생들이 타인의 출입을 금지하고, 나무들을 기른 지 80년이라는 오랜 세월이 지났으니 생이 대대로 이 산을 지켜왔다고 말할 수 있는데 그가 샀다고 주장하는 근거가 과연 어디에 있겠습니까?

또 잡비로 말씀드리자면 저들이 투장했다가 산주로부터 파냄을 당한 일이 생의 집에 국한된 일이 아니라, 그 전에도 몇 곳에 윤장했다가 파낸 일이 있는데 그때마다 3천 냥의 비용을 받았다면 그가 이렇게 압장하는 것이 어찌 이익을 도모하여 생활을 윤택하기 위한 계책에서 나온 흉심이 아니겠습니까?

생의 이러한 말이 충후한 데는 흠이 될지 모르지만 공분에 격앙되어 그렇게밖에 말하지 못하는 것이 안타까울 뿐입니다.

그의 죄상을 상고해 보면 어떠한 조항에 합치되는지는 모르지만 그러한 조항은 법전에 규정되어 있어 마땅히 씌어져야 할 조항이 있을 것이므로, 이에 감히 한성부에서 내려온 공문을 첨부하고 모든 증거를 갖추어 호소하오니 엎드려 바라옵건대 전말을 통촉하시고 가만히 신기를 돌려 주셔서, 생으로 하여금 구금에서 풀어 주시고, 작은아버지를 방면하셔서 영옥에서 병이 생겨 고생하는 일이 없도록 하여 주실 것을 천만번 울면서 비옵고 또 피눈물을 뿌리면서 비옵나이다.

선산 영감 합하 처분

신묘(1891) 11월 일

선산영감이 문경현감에게 지시(지시공문)

이미 대질 심문으로 조사하기로 했으니 반드시 바르게 처리하고 보고할 것

신묘(1891) 11월 15일

대질조사 후 본읍에서 보고한 공문(김우용이 선산영감에게 낸 고소장)

본현 가동면 왕릉리 거주하는 반민 김우용이 송부한 공문서 내용(고소장)입니다.

지나간 계미년에 친산을 면례하고자 가서면 도발산의 일부를 매수하였는데, 이 산은 본래 신광소의 산으로 민승용이라는 백성에게 팔았고, 또한 민승용으로부터 사들였으니, 전 산주와 후 산주의 순서와 매매한 사연이 이와 같이 소연한데, 그 입장하는 날이 되어서 본면에 거주하는 김성재는 본래 호부한 사람으로 자기 욕심대로 방자한 행동을 하는 자인데 저희가 수호한다고 말하면서 시끄러운 사단을 야기하여 송사하는 데까지 이르렀습니다.

그때 성주께서 아전을 시켜 형편을 살펴본 즉 민이 입장한 데서부터 김성재의 선조 산소와의 거리는 백여 보나 되며, 또한 수호하는 산내가 아니므로 끝에 가서 패소하게 되었는

데, 자기의 욕심을 이루지 못함에 독을 품고 상경하여 주선함으로 해서 민의 선산이 끝내 파내이고 마는 지경에 이르렀습니다. 세상에 어찌 이와 같은 지극히 원통하지만 호소할 곳이 없는 일이 있겠습니까?

소송의 이치상으로 말씀드리자면 남의 무덤으로부터 산등 하나만 가려져 있어도 마땅히 금할 수 없는 땅인데, 그것을 금한다는 것도 법에서 벗어나는 일이거든, 하물며 산을 사가지고 들어가서 장사를 지내는데도 비리로 소송을 시작하여 전 산을 다 뺏으려고 하는 사람이 있겠습니까?

또한 공론으로 말씀드리자면 이미 전 산을 빼앗았으면 산을 산 본 주인에게 산값과 그에 소요된 경비를 계산해서 돌려주어야 하는 것이 법 이론상 당연한 것인데 한푼의 경비도 들이지 아니하고 남의 산을 그냥 삼키려는 것이 어찌 말이나 되는 일입니까?

이러한 뜻으로 한성부에 앙소하는 바이오니 "산의 대가와 그간 소요된 경비를 합해서 3천 냥을 지급하도록 분명한 판결을 바랍니다."고 하였던 바 한성부에서는 공문으로 지시하는데 이르렀으므로 동 김성재는 스스로 잘못한 일임을 알고 처리결과가 두려워서 먼저 몸을 숨겨 도망하였으므로 끝내 잡아들이지 못하는데 이르렀습니다.

말과 생각이 여기에 미치자 원통하고 분함이 하늘에 사무치니 지공하신 사또께서는 특별히 통촉하여 이 원통함을 풀길이 없는 사람에게 하해와 같은 은택을 입게 해 주시고 위에서 설명한 3천 냥을 추급하도록 해 주십사고 하였습니다.

대질조사 후 조사보고 내용

지시한 내용 가운데 글을 가지고 와서 호소하는 것은 세월이 오래되었다 하여 조금도 게을리하지 못하므로 한 말은 원통한 실상이 있어 그러한 것이 아닌가 생각이 되므로, 이 산송의 전말을 대질시켜 상세히 조사하여 보고할 것이라 하셨습니다.

그리하여 피고소인 김성재를 즉시 잡아들여서 소장을 낸 원고 김우용과 대질시켜 조사해

본 즉 김성재의 고한 내용은 다음과 같았습니다.

民의 증조부모의 분묘가 도발산 밑에 있는데 지나간 갑인년에 산 전부를 신광소로부터 매입한 것입니다. 그 뒤 10년 후 갑자년에 민승용이 또 이 산을 신광소에게 사 가지고 입장하고자 하였으므로 민이 그 장사를 지내지 못하도록 금지시켰더니 그는 거짓으로 계약서를 만들어 아직 1광지만 빌려준 것이라고 주장하던 터에, 그 뒤 계미년에 김우용이 그 어머니를 입장시켰으므로, 그 결과 송사가 되어 즉시 파내지 못하고, 그해 8월 소장을 가지고 상경하여 외람되게 신문고를 울려서 진실을 밝혀 줄 것을 호소하였습니다.

이러한 것은 이미 한성부에서 처리를 지시한 것으로 본도와 영문에 공문을 보내서 조사 처리를 지시했고, 본도와 영문에서는 다시 본읍에 공문으로 보내 처리를 지시하였던 것입니다. 본읍에서는 상부의 지시에 의하여 관리를 파견하여 김우용의 무덤을 파내게 되었습니다.

갑신년 4월에 와서 김우용이 또한 감히 상경하여 신문고를 울려서 호소하니 영문에서 한성부로 보고한 공문에 의하여 본읍을 차출하여 조사관으로 정하였으므로 그때 성주가 원고와 피고 쌍방을 불러 인솔하고 산상으로 올라가서 실제로 조사 측량해 보니 민의 선분에서 김우용의 어머니의 무덤을 파낸 곳까지는 주룡이 억눌리는 곳이었습니다. 이러한 사실을 순영에 보고하였고 순영에서는 다시 의견을 첨가하여 한성부에 보고한 뒤에 김우용이 어가의 거둥 때 무례하게 범하여 거짓으로 고한 죄를 다스렸던 것입니다.

이러한 사실은 한성부에서 영문으로 내려온 공문에 상세히 기록되어 있습니다. 그런데 작년 4월에 김우용이 산비와 그간 소요된 경비를 3천 냥이라 하면서 추심하고자 한성부의 공문을 얻어 본읍에 전달하였으므로, 민 또한 바로 한성부로 가서 호소하니 한성부 관내에 김성재와 김우용의 산송은 이미 신문고 사건으로 판결이 내려졌는데 김우용이 도리어 불측한 계책을 내여 거짓으로 호소하여 공문을 발송하게 하면서 산비와 읍 및 영에 쓴 경비와 신문고를 울리기 위해 상경할 때 쓴 비용 등의 경비를 포함하여 김성재에게 추징하려고 하니 참으로 매우 놀랍고 통탄할 일입니다.

법을 무시하고 관청을 능멸히 여기면서 꺼림 없이 행동하는 폐습을 엄중 징치하라 하였고, 또 이러한 일은 관자효주, 즉 위에서 내려온 공문을 임의로 고쳐서 자기의 뜻을 상사의 뜻으로 생각하게 하는 잘못을 바로잡아야 한다는 뜻이 매우 엄중하였으므로 그 공문을 첨부하는 바입니다.

지금 또한 산가와 경비로 받으려는 이러한 처사를 특히 통촉하시고 처분하심이 옳은 줄로 생각합니다.

"김우용이 고한 말 가운데 제가 한 말이 이미 의송한 소장과 초사에 자세히 기록되어 있습니다."라 하였고, 또한 김성재가 산 전체를 뺏으려 한다는 말은 김우용의 말로 갑인년에 산을 신광소에게서 샀으나 매도증서는 갑자년에 민승용에게 주었다고 하니 신광소의 토지 문책과 민승용의 매도증서가 도에서 조사할 때 처음 나왔다면 어찌 제시할 수 있었겠습니까?

이 산의 본 주인은 즉 신광소입니다. 민승용은 신광소에게서 샀고 저는 민승용에게 사서 순서대로 토지 권리가 옮겨 온 순서가 있거늘, 하물며 골짜기를 건너서 무덤이 있으므로 거리가 넓고 멀며 그림과 형체가 따로따로 있는데 김성재의 거짓으로 날조한 고소로 인연해서 무덤은 이미 파내임을 당했으며 산마저 빼앗기게 되었으니 산의 값과 경비를 추심하려는 것이 어찌 당연한 처사가 아니겠습니까? 정의를 보내서 도착하게 함은 이러한 까닭이 있기 때문입니다. 그러하오니 이 돈 3천 냥을 특히 추심하도록 명령하심이 마땅하다고 주장하고 있습니다.

대개 이 사건에 관련된 김가 백성들은 조그마한 산송을 가지고 감히 신문고를 울리는데 이르렀으니 백성의 습성이 극히 무엄한 짓이며, 한성부의 판결이 정중하고 도신의 조사 처리가 엄정, 분명하니 산송 1건을 가지고 지금 다시 의논할 수 없거늘, 김우용이 山價와 비용

호소는 단독 처리에 어려움이 있을 것 같으므로 지시에 의하여 대질조사하고 그 전말을 이와 같이 보고드립니다.

어사께옵서 참고하시고 상량하여 처분하여 주시기를 바라옵고, 다만 사실대로 보고드리오니 엎드려 바라옵건대 참고하여 시행하시기 바랍니다.

공문서 발송자

위 발송함

위 암행어사

광제 17년(1891) 11월 12일

문경현감 書目(보고공문)

본건의 가동면 왕릉리에 거주하는 반민 김우용이 정의를 받고 지시한 공문 내에 사건으로 말미암아 김성재를 잡아들여서 산송의 전말을 대질조사하고 그 결과를 다음과 같이 보고합니다.

광제 17년(1891) 11월 13일

현감으로 있는 趙着

書目에 대한 판결(回題 : 선산영감 판결문)

산송으로 어가의 행차 길을 범하면서 원통함을 호소하는데 이른다는 것은 생각해 보면 백성의 습성이 이미 지극히 어리석고 완악함에 이르렀음을 알 수 있다.

그 후 9년이란 오랜 세월이 지났으나 끝내 흉하게 된다는 경계를 생각하지 아니하고 서로 어지럽게 다투면서 괴로움을 그칠 줄 알지 못하니 이 어찌 송사를 즐기는 것이 아닌가.

이른 바 김우용과 김성재를 하나같이 엄중히 다스리고, 따로 고소를 취하하게 하여, 다시는 분쟁을 일으키지 못하게 하라. 끝까지 추구하여 재발을 방지함이 옳은 일이다.

신묘년(1891) 11월 16일

(원문 번역 : 한국정신문화연구원 민족대백과사전집필위원, 전 성균관典學 權五虎)

<윤하정 산송 사건 자료 일람표>

일 자	종 류	발 신	수 신	내 용
1883. 4. ?	소장	김영재	성주	김병옥의 늑장(4. 9)과 구타에 대한 처벌과 묘지 이장 요구
1883. 4.	성주 처분 판결문 회시	성 주	김영재 (김성의)	늑장과 구타 등을 엄히 다스리기 위해 김병옥을 잡아들이라 지시
1883. 8. 13	(신문고) 격쟁문	김영재 (김성의)	고종 거둥	신문고 격쟁 (김병옥의 불법에 대한 처벌 상소)
1883. 8. 19	입계(入啓)	승정원 부승지 (홍수결)	고종 임금	격쟁문을 임금에게 보고
1883. 8. 20	계목(啓目) 보고공문 및 이첩	판서 홍 좌랑 이	고종 임금	승정원에서 고종에게 보고하여 한성부에 이첩 처리 지침을 받음
		〃	한성판윤	한성부로 이첩
1883. 8.	계목(啓目) 지시공문	한성판윤 민종묵 주부 정순조 부승지 홍승헌	경상도 관찰사	이첩 내용을 조사, 도백으로 하여금 사실 조사 및 조치 후 결과 보고할 것
1883. 8.	계목(啓目) 하교지시	〃	〃	판결, 지시 내용을 잘 받들어 시행할 것 인상고 : 결재확인, 좌윤(결재자), 주부(서기)
1883. 10. 18	감결(甘結) 지시공문	관찰사 (한성부)	문경현감 정착	사건 지연처리 독촉과 늦어진 이유 소명
1883. 10. 29	보고공문 (본읍報狀)	문경현감	관찰사	공문을 받지 않았다고 소명 및 불법묘지 철거
1884. 4. 4	(신문고) 격쟁문	김우용 (김병옥)	승정원	적법한 분묘를 김성의가 무고하여 이장하였으니 원상회복 및 처벌 요구
1884. 4. 18	계목(啓目) (내부 결재)	한성판윤 홍철주 주부 이해창 부승지 이만교	한성부	김우용의 말만 듣고는 믿을 수 없으므로 도신이 조사관을 파견, 사실을 가린 뒤 결과 보고하도록 할 것
윤5. 21.	조사보고	관찰사	한성부	김성의와 김우용의 조사 결과 보고

일 자	종 류	발 신	수 신	내 용
1884. 6	판결문 (한성부 懲治關文)	한성부	관찰사	자료를 참고, 김성의와 김우용의 산송 사건을 조사하여 보고할 것
1884. 6. 4	보고공문 (판결)	관찰사 (적재관)	한성부	- 김우용이 앞뒤가 맞지 않는 진정으로 관청을 우롱(종결사안을 바꾸어 가며 괴롭힘) - 죄 지은 자를 처벌하고 폐단을 없앨 것
1890. 6.	지시(판결문) 공문 : (한성부關文)	한성부	문경현감	- 김성의, 김우용 산송 사건은 종결되었으나 김우용이 공문서류를 위조, 3천 냥 변상 요구 - 김우용 귀양 조치하고 공문 위조 방지
1890. 8	지시독촉 공문 : 촉관(促關)	한성부	문경현감	공문서 위조, 사건 조작 등 사안의 중대성을 감안, 사건을 조속히 종식시킬 것
1891. 11	조사지시	암행어사	조사관	대질조사 후 보고시행
1891. 11	상소문 (암행어사)	김상련	선산영감	김우용 소송에 대한 사실 호소 및 처벌 요구
1891. 11. 15	조사 지시 공문	선산영감	암행어사	사건 대질조사 및 공정처리 후 보고
1891. 11. 12	보고공문 (대질 후 본읍報狀) -김우용 소장	문경현감	선산영감 암행어사	대질 심문조사 처리하고 결과 보고 1차
1891. 11. 13	보고공문 서목(書目)	문경현감 조착	선산영감	대질조사 결과 보고 2차
1891. 11. 16	판결문	선산영감	김성재 김우용	고소를 취하하여 사건 종결하고 재발방지 요구
1883~1892	23건	한문본 32면 32장		26.5cmx29cm, 한지 세로쓰기

※ 위 문서는 〈우복산 산송몽 필사본〉 표기 순으로 정리하였음.

〈 문서 종류별 구분 〉

구분		건 수	내 용
문서구분	종 류 별		
공 문 서	내부 결재	2	계목
	보고공문	6	입계, 계목, 서목, 보장(2), 조사보고
	지시공문	5	감결, 조사 지시, 품의서, 한성부관문 지시독촉(촉관)
	이 첩	2	한성부
	소 계	15	
격 쟁 문		2	김영재, 김우용
소 장		1	김성의
상 소 문		1	김상련
판 결 문		4	한성부, 현감, 암행어사
합 계		23 건	

※ 위 문서 분류는 관점에 따라서 달라질 수 있음.

참고 자료 : 용어 등 설명

- 조선시대의 관직은 행정구역에 따라 관찰사(감사) 부윤, 대도호부사, 목사, 도호부사, 군수, 현령, 현감 등이 있었다.
- 성주(城主) : 지방의 수령
- 수령(守令) : 각 고을을 맡아 다스리던 지방관들을 통틀어 이르는 말
- 현감(縣監) : 현의 으뜸 벼슬, 현에 파견되는 종6품으로 수령직 중에서 최하급관리, 조선시대에서는 원님, 수령, 성주, 사또, 영감 등으로도 불림
- 군수(郡守) : 조선시대 종4품의 수령 벼슬로 군행정의 으뜸관리
- 목사(牧使) : 조선시대 지방행정 단위의 목을 다스리는 정3품의 외직
- 부사(府使) : 조선시대 정3품의 대도호부사와 종3품의 도호부사
- 암행어사(暗行御史) : 조선시대 중앙에서 특별업무를 위해 지방에 파견된 사신

* 당하관 : 어사御史 ** 당상관 : 어사御使

- 영감(令監) : 정3품과 종2품의 관리를 높여 이르던 말, 공무원을 높여서 부르는 말
  이조판서 대감(大監), 참판영감 (유)대감(大監)
- 수어사(守禦使) : 남한산성 등의 성이 있는 곳을 관리하는 최고의 수장
- 좌랑(佐郞) : 정6품
- 선산도호부(善山都護府) : 1415년부터 1894년까지 경상북도 구미 지역에 설치된 조선시대 행정구역 명칭. 선산도호부는 동쪽으로는 군위현(軍威縣)의 경계까지 70리, 남쪽으로는 인동현(仁同縣)의 경계까지 45리, 서쪽으로는 개령현(開寧縣)의 경계까지 17리, 북쪽으로는 상주(尙州)까지 39리, 동주(同州)까지 29리이며, 서울과의 거리는 536리라고 되어 있다. 도호부에는 부사(府使) · 교수 각 1인의 관리가 있었다.

- 판윤(判尹) : 조선시대 한성부의 으뜸 벼슬, 정2품(正二品), 부윤(府尹)
- 승지(承旨) : 조선시대, 승정원에 딸려 왕명의 출납을 맡아보던 정3품의 당상관
- 관찰사(觀察使) : 조선시대, 각도의 으뜸 벼슬. 그 지방의 경찰권, 사법권, 징세권 따위의 행정에서 절대적인 권한을 가진 종2품(從二品) 벼슬. 도백
- 상주목 : 목사
  성주목, 선산도호부, 합천군, 초계군, 금산군
  과령현, 개령현, 함창현, 용궁현, 문경현, 군위군, 지례현
- 순찰사(巡察使) : 조선조 때 도내의 군무를 순찰하는 벼슬. 각도의 관찰사가 겸임함

- 감결(甘結) : 조선시대, 상급 관아에서 하급 관아로 내리는 공문을 이르던 말
  (유의어) 관칙(關飭), 예칙(禮飭)
- 입계(入啓) : 예전에, 임금에게 글을 올리는 일을 이르던 말
- 계목(啓目) : 조선시대, 임금에게 올리는 문서에 덧붙인 목록
- 보장(報狀) : 예전에, 어떤 사실이나 내용을 윗사람에게 보고하는 공문을 이르던 말
- 징치(懲治) : 사람을 징계하여 다스림
- 관문(關文) : 조선시대, 상급 관청에서 하급 관청에 보내는 공문서를 이르던 말
  관청에서 발급하는 허가서(許可書)를 이르던 말
- 촉관(促關) : 예전에, 상급 관아에서 하급 관아로 보내던, 독촉하는 내용의 공문
- 수의사도(繡衣使道) : '수의사또'의 원래 말로 암행어사
- 서목(書目) : 조선시대 관부에서 쓰는 문서양식으로 하관이 상관에게 올리는 원장에 구비하는 문서

〈도발산 산송 사건 원고 피고 비교표〉

구 분	김성의(원고)	김병옥(피고)
본관/거주지	순천/가서면 대정리	안동/가동면 왕릉리
가 족	5대 독자와 어린 아들 3명	선산 거부와 아들 4명 등 대가족
집 사	1명(김수군)	수십 명의 하인
사건 발단	광지 1필지 요청 거부	1883. 4. 9 김성의 선영에 늑장 강행
신문고 격쟁	1883. 8. 13 고종 행차 시 : 김영재 (김병옥 부인묘 이장 요구)	1884. 4. 5 고종행차 시 : 김우용 (무고한 김성의 처벌 및 묘 원상 복구)
신문고 격쟁처리	김성의 승소	김병옥 패소(귀양 명령에 피신)
고소장	1회(문경현감)	3회(문경현감 2, 선산군수 1)
상소문	1회(선산군수)	-
감옥 수감	2회(김상련, 김성재)	1회(김우용)
귀양 명령	1회(김성의 : 사실 확인 후 해제)	1회(김우용 : 도피)
공문서 위조	-	3회(산송문서, 한성부 문서 등)
무 고	-	5회(3천 냥 배상 등)
비호 세력	-	현감, 성주, 군수 등
한양 상경	3회(격쟁, 한성부 2회)	1회(격쟁)
선산어사 판결	김성재 승소 출옥	김우용 패소
최후 조치	- 사건 장책을 증거로 돌려줌 - 공문 등 일체를 필사 보관 - 돈 1백 냥 피고에게 적선	- 소송 문서를 전부 소각 및 소취하 - 돈 1백 냥으로 종결
소송 피해	- 가족 4명 사망 - 1백 냥 적선(4천만 원)	- 10년간 7천 석(24억 원) 탕진 - 700마지기(70억 원) 탕진
소송 후 동향	문경 농암 거주	왕릉 소재 확인 불가 패가망신 및 행방묘연
뇌물 액수	-	100억 원 상당
소송 태도	정의, 양반지조, 적선	불의, 권모술수, 귀양 등 극형 요구
정신(시사점)	청렴과 원칙과 정의 정신	뇌물과 강권 및 금권주의
관련 유적 유물	윤하정 1, 〈신설지〉 소설 〈우복산 산송몽〉 필사본 등 실화소설 〈신설지〉	산송 서류 성주 소각

우복산 산송 사건(山訟事件) 입증자료

1. 공적문서

자료 1 : 추조결옥록(秋曹決獄錄) : 국립중앙도서관 마이크로필름으로 원문 열람

1822년(순조 22)부터 1893년(고종 30) 동안 형조에서 심리한 형옥 사건의 기록으로, 43책(영본)으로 된 필사본

• 1883. 8. 12(김성의 신문고 격쟁 건에 대하여 한성부 이첩) : 붙임

eh 啓目內今八月十三日 動駕敎是時 衛外擊錚人原情暇依定式後錄是白

在果取考其原情則聞慶幼學金性義爲其祖父母墳塚山訟称寃事也係是

山訟令漢城府 稟處何如 判付內依允

• 1884. 4. 5(김우용 신문고 격쟁건에 대하여 한성부 이첩) : 붙임

eh 啓目內今四月初五十日 動駕敎是時 衛外擊錚人原等情暇依定式竝爲後錄是白

在果取考各其原情則 陽智幼學崔欽周爲其父塚山訟称寃事也 聞慶幼學金佑龍

爲其母塚山訟称寃事也 係是山訟竝令漢城府 稟處何如 判付內依允

자료 2 : 승정원일기(承政院日記)

조선시대 승정원에서 처리한 왕명 출납과 제반 행정 사무, 의례적 사항 등을 기록한 일기로 3,245책으로 된 필사본. 1623년(인조 1) 3월부터 1910년(융희 4) 8월까지의 기록이 남아 있고, 승정원의 직제는 도승지 이하 정3품의 승지 6인과 정7품의 주서(注書) 2인으로 이루어졌으며, 기술은 주서의 소임이다.

• 1883(계미) 8. 13 : 고종 행차 시 격쟁, 윤승렬 등 16명 격쟁죄인(金性義 포함)

李憲永 啓曰, 卽者義禁府都事來言, 今日動駕時, 衛外 擊錚罪人 尹承烈 等 十六名依例移送秋曹云矣, 敢啓. 傳曰, 知道.

• 1884. 4. 5 : 고종 행차 시 격쟁, 죄인 임원필 등 46명 격쟁죄인(金佑龍 포함)

閔丙奭 啓曰, 卽者義禁府都事來言, 今日動駕時, 衛外 擊錚罪人 林源弼 等 四十六名 依例移送秋曹云矣, 敢啓. 傳曰, 知道.

자료 3 : 보관 문서상의 이름과 당시 근무자 이름 일치

- 1883. 8. 19 : 형조판서 洪(鍾軒), 左郎 李
- 1883. 8. 20 : 한성부 판윤 閔種默, 주부 鄭選朝, 동 副承旨 洪承憲
- 1884. 4. 18 : 한성부 판윤 洪澈周, 주부 李海昌, 동 副承旨 李萬敎
- 1884. 5. 21 : 承政院 조모: 趙(準永)

2. 일반자료

자료 4 : 우복산(종곡산, 도발산) 산송몽 필사본(산송 사건기록)

우복산 산송 사건(1883~1892)의 시작부터 고소, 격쟁, 상소 등의 과정과 판결까지 일련의 과정이 진행되면서 오고간 감결, 관문, 서목, 판결, 고소장, 상소문 등을 연대적으로 기술하고 있는 32장 분량의 필사본으로서 김성의 셋째 아들인 김성재가 1892년 봄에 작성(후손 김병선 원본 보관)하였다.

김정견 성주가 소송 재발방지를 위해 산송에서 패소한 김우용에게 "다시는 송사를 기도하지 않겠다는 각서"를 쓰게 하고 김우용의 송사 전후 문서는 불태웠으나, 승소한 김성재에게는 장첩을 그대로 넘겨주었다. 재발 시 그것을 증거로 삼도록 일부 문서는 필사를 허락(신설지 기록)한 것으로 본 내용이 「승정원일기」와 「추조결옥록」의 날짜와 내용, 승정원과 한성부 등의 근무자들이 일치하므로 당시 김성재가 기록한 문서 필사본의 신뢰성이 충분히 확보된다고 볼 수 있다.

비록 관인이나 수결이 없어도 전후 내용의 사실적 고증이 되고, 다른 자료와도 상이함이 없을 뿐 아니라, 후손들이 윤하정을 지어 80여 년이 지났음에도 아무 문제나 다툼이 발생되지 않는다는 것은 본 자료의 신뢰성과 문서로서의 보존 가치를 부여하여도 흠결이 없다고 본다.

자료 5 : 允下亭誌

우복산(종곡산, 도발산) 산송 사건 승소의 정신을 기리고자 김상련, 김상건 등이 1946년 8월 우복산에 지은 정자가 允下亭으로, 이를 지은 동기와 건축과정, 주변 유림 등의 축하시문 누정시 102편 등을 모아 金商建이 한문 필사본으로 쓴 책자(한문본 소장자, 김재희)

• 주요 수록 내용

- 도발산 산송몽 일지 : (7페이지)
- 윤하정 記 : (4페이지) 沙梁 崔斗永
- 윤하정 韻 : (1페이지) 梅上 曺季煥
- 윤하정 頌 : (2페이지) 金商建
- 윤하정 記略 : (2페이지) 驪州 李駿相
- 윤하정 上樑文 : (3페이지) 晋山 姜尙熙
- 윤하정役 日誌 : (7페이지)
- 윤하정 기조시 執事 및 거출미, 상량시 현상금 : (2페이지)
- 윤하정 韻 : 窮, 城, 亭 등의 韻으로 쓴 詩 102편(16페이지) 등

• 입증자료로서의 가치

※ 윤하정誌에는 금권과 권력에 끝까지 맞서 싸워 승소한 김성의의 청렴한 선비 정신과 숭조 정신 등을 기리기 위해 지은 윤하정 완공 시 당대 고을 유림과 명사 등이 상량문과 윤하정 記, 윤하정 記略, 그리고 韻을 따서 지은 102편의 찬양시, 송 등을 다수 수록하고 있어 당시의 역사적 사실을 입증하는 데 객관적인 자료가 된다.

가. 도발산(윤하정) 산송몽 일지

김상건(1881~1972)이 어린 시절부터 집안의 송사 사건을 직접 보고 듣고 기록한 것을 윤하정을 완공하면서 필사본으로 재정리하여 쓴 사건기록으로, 현재 보관 중인 윤하정 산송문서 필사본과 윤하정지 내용이 일치하므로 당시 사실 확인의 중요한 입증 자료가 되며, 이후 한글본으로 번역, 〈신설지〉로 발간되었다.

나. 윤하정 記와 記略

윤하정을 짓게 된 동기와 그간의 소송 경과 및 정신 등에 대하여 약술한 내용으로 김성의의 청렴하고 투철한 양반 정신과 숭조 정신 등이 잘 드러나 있다. 윤하정 記는 한문본(4페이지)으로 沙梁 崔斗永, 윤하정 記略은 한문본(2페이지)으로 驪州 李駿相이 썼다.

다. 윤하정 上樑文(문서의 한 종류로 취급)

상량문이란 목조건물 건축 과정에서 최상부에 올리는 상량제 때 사용하는 축문으로 장여에 홈을 파고 넣는데, 윤하정에 걸려 있는 상량문은 당대의 명사인 晋山 姜尙熙가 썼으며, 격쟁을 통한 김성의의 승소를 칭송, 찬양하고 있다.

라. 윤하정 詩 102편

窮, 城, 亭 등의 韻字로 쓴 102편(16페이지)의 시를 김상건이 필사한 것으로, 당대 지역의 유림들과 덕망 있는 명사들의 詩文을 통하여 김성의의 인본, 선비 정신과 숭조 정신 등을 확인하는 자료가 된다.

• 윤하정 詩(윤하정原韻 : 1946. 8 중추): 儒林 등 59명, 친족 10명(생략)

- 姜尙熙 : 百年種德奪如城 來後兀光…
- 曺啓煥 : 傳家以孝以無窮 仲雪成亭…
- 孫從漢 : 血訴當年恨不窮 昭明鑑在倉穹 …
- 孫容漢 : 一亭新起背山城 扁額生暉…
- 申賦均 : 千里叫閽恨未窮 孝心…

- 閔禹植 : 有事先原恨欲窮 擊錚當日泣蒼穹至彼…

- 洪最植 : 亭名允下是無窮 畫棟珠欄向碧穹 處世經綸…

- 金震英 : 慾雪先寃恨不窮 衝腸漏血…

- 申鍾熙 : 孝心不以服期窮 同祖來…

- 鄭基成 : 通生於變變生窮 究竟何人…

- 金命性 : 蒙允先原是鐵城 千秋…

- 金淵黙 : 瀠江廻處華山窮 屹樓臺立…

- 李康鎬 : 誰道人間恨不窮 一心報本仰蒼穹…

- 申鍾熙 : 允自通生變自窮 昭…

- 申仁均 : 水以弓萬山以城 端宜今可表…

- 林錫九 : 誠孝無窮事有窮 肖孫終感彼蒼穹 一亭…

- 朴魯燦 : 水曲山面境未窮…

- 洪秉玉 : 千里間關泣帝城 王言志喜無…

- 南圭元 : 青華山色僥收城 作者謂誰…

- 金敎貞 : 亭外溪山目欲窮 危欄高倚望虛穹 周觀…

- 成瑢煥 : 人誠世傳允下承…

- 成永植 : 路轉峰回炅不窮 翼丞亭…

- 金敎亨 : 恩雨仍沾孝感中…

- 金 燁 : 美人方橈憶帝城 如天

- 南啓仁 : 誠是純勤志不窮 亭高而尺仰蒼穹…

- 南利元 : 天恩降出漢陽城 依允當…

- 南海元 : 正量水回最不窮…

- 南廷國 : 青華一麓炅無窮…

- 安承翰 : 昭昭天理正燐窮…

- 成禹植 : 主屹山南百流城…

- 田在睦 : 一雪仲心我不窮…

- 金鳳浩 : 登無亨方意任窮…

- 金成九 : 諍訴其時恨不窮…
- 任世準 : 積年寃恨啓皇城 蒙允爲亭允以名…
- 柳甲馨 : 一孝傳承旦不窮…
- 柳承祚 : 幹蓋誠江事不窮…
- 權孝鎭 : 允下名山連鍾谷 峰屹水曉籠岩野…
- 鄭明和 : 新亭建築傍山城 追仰千秋…
- 申鉉相 : 尊君下聽亦蒼窮…
- 李丙稷 : 世德皇恩旦不窮…
- 權在益 : 忍百堂名世不窮…
- 金鎭夏 : 爲光裕後訴無窮…
- 金洸默 : 奉光思孝出於窮…
- 曺承煥 : 人有賞行久不窮…
- 金潤紀 : 渴望先山委度窮…
- 金昌漢 : 玲瓏瑞色橈山城…
- 申東鎭 : 恩溪允下威無窮…
- 閔舜鎬 : 先山蒙允下皇城…
- 全敬錫 : 允下亭成孝不窮…
- 權重熙 : 鐵石其心意似城…
- 金在漢 : 華岳東地鎭古城…
- 李相佶 : 天恩至重輝山城 白世斯亭不朽名…
- 權在永 : 慣聞允下感無窮…
- 曺秉武 : 允下當當出帝城…
- 蔡鴻琦 : 恩天百日照無窮…
- 蔡容鎭 : 王春邱木暢無窮…
- 蔡鴻淵 : 翼然達出古隈城…
- 蔡斗植 : 煌煌扁額意無窮…
- 蔡庸鎭 : 一上層軒望眼窮…

• **윤하정 詩**(윤하정 原韻 : 1945. 10. 8) **: 儒林 등 43명, 친족 3명**(기재 생략)

- 朴魯弘 : 允下恩弔起成亭…
- 申鉉相 : 以允胡爲號成亭…
- 南伯元 : 水出僞稚山自靑 行人…
- 朴昌植 : 華之南麓瀕之汀…
- 申鉉駿 : 感天恩涯又恩亭…
- 權孝鎭 : 積極誠心作成亭…
- 高文煥 : 有谷成地有成亭…
- 申尙均 : 山回路耕翼然亭…
- 申元植 : 孝孫肯構立斯亭…
- 申匡優 : 居然泉石地尤炅…
- 孫從漢 : 淸霜丘木倍前靑…
- 趙誠萬 : 蓮葉峰前曲水汀…
- 金淵黙 : 邱木依前松前庭…
- 申東鎭 : 不忘允下特急亭…
- 申德均 : 允下天恩閱世靑…
- 李德宰 : 炅地大蒙君主峰…
- 全敬錫 : 林泉居士得其炅…
- 申寬植 : 名山果數又名亭…
- 申鉉九 : 城表亭名允下亭…
- 權勢律 : 一江白日四山靑…
- 余學文 : 臨高天點善卑靑…
- 李鍾喆 : 每憶天恩疫流憫…
- 朴魯友 : 國誠呼嶺達天聽…
- 申岐鉉 : 守事機曾淂達天…
- 申泰鉉 : 一擊疊串聽高亭…
- 李寅協 : 前威令日士林靑…

- 尹台鉉 : 天恩下得史中青…
- 任世準 : 切告如今界歲徑…
- 金澤鄉 : 允下亭高貫太青…
- 閔禹植 : 孝恩先原立成亭…
- 沈紀澤 : 孝恩先原有史青…
- 金博淵 : 華山秀果更青青…
- 呂洪植 : 伐彼槁桐降室星…
- 金熹永 : 光先祕沒成名亭…
- 禹汝楨 : 成階因地勢象文…
- 金震英 : 允下高亭把遠汀…
- 任謹鎬 : 踏來山路又松青…
- 李鍾世 : 上受天恩起成亭…
- 洪秉玉 : 礎末龜形知化石…
- 黃泰源 : 天恩侖久刻心青…
- 高敬煥 : 尊光逢厄恨摩窮…
- 趙誠立 : 紫翠晴崑別偩名…
- 高斗煥 : 青葬刑勝允聞名…

자료 6 : 신설지(伸雪誌) : 산송 사건 실화소설

소설은 작가가 창조한 세계나 실화를 인물이나 사건 전개를 통하여 통일성 있게 만들어 내는 이야기이다. 인간 인식과 인간성의 탐구에 역점을 두기 때문에 서사적인 인간학, 인간의 서사시라고 말한다. 그러므로 단순히 사건을 연속적으로 서술한 것이 아니라 사실성과 긴박감, 통일성 등의 조건을 두루 갖추고 이러한 요소들이 소설의 구성 요소를 충족시키며 스토리의 유기적 총체적 관계성을 확보해야 한다.

• 실화소설로서의 가치

신설지(伸雪誌)는 1883년 발생한 순천인 김성의와 안동인 김병옥과의 산송 사건을 김상건이 쓴(1945년 한문본으로 작성 : 윤하정誌에 수록, 한글본(1947)은 1983년 김병철이 현대문으로 정리) 실화소설로 분류할 수 있다. 관찰자적 3인칭 시점에서 작성한 것으로 소설의 플롯이 요구하는 발단, 전개, 위기, 절정, 대단원을 통하여 소설로서의 갈등이나 클라이막스와 반전 등을 갖춘 리얼리티가 돋보인다.

※ 이 소설에는 악랄한 모함과 끈질긴 대응으로 위기와 절정이 수차례 반복되지만 결국 "선이 악을 이긴다."는 권선징악과 불굴의 선비 정신을 주제로 한 실화소설로서, 한문본과 한글본이 있고 긴장감과 통일성, 비인간적인 무고와 모함 등을 보고 분노를 유발시키는 등 소설로서의 기본 조건을 갖춘 작품으로 평가할 수 있다.

〈소설 줄거리〉

5대 독자 김성의는 문경 농암 땅에서 숭조 정신이 투철한 선비로 청렴하게 살았다. 고종 11년, 인근 왕릉 사는 칠백 석 부자 김병옥이 우복산 조부 묘소 바로 옆에 자기 부인의 묘를 쓰는 것을 강행하였다. 김성의는 억울한 사정을 현감에게 제소하였으나 금권과 권력에 눌려 유야무야되었다. 이에 김성의는 진실을 밝히기 위해 맏아들 김영재에게 상소문을 써 주고 고종 임금의 동구릉 행차 시 격쟁 상소하도록 명하였다.

김영재는 김성의의 엄명을 받고 상경하여 격쟁을 하였고, 그는 형조에 구금되었다가 한성부로 이송, 억울한 내용을 조사하라는 왕명이 관찰사를 거쳐 문경현감에게 전달되었다. 이듬해 4월 김병옥의 아들 김우용이 적법하게 매수한 땅에 묘지를 쓴 것이라며 서류를 날조하여, 신문고 격쟁으로 김성의를 무고하였다. 한성부에서 김우용의 뜻이 받아들여져 김성의는 평안도로 귀양 명령이 내려지고, 이 내용을 접한 김영재는 다시 상경하여 자신의 결백을 주장, 김우용에게 무고당했다는 사실을 소명하고서야 김성의의 귀양 명령이 해제된다.

이후 김성의 집안에는 산송 사건 후유증과 돌림병으로 김성의 본인을 포함하여 부인, 큰아들 김영재 등 1년에 4명이 세상을 떠나고 어린 조카들만 남는다. 집안에 어른이 없는 때를 노려 김우용은 다시 현감을 매수하여 자신들이 억울하게 피해를 입었다면서 다시 3천 냥을 배상하라는 소송을 제기한다. 대처 능력이 부족한 열세 살 된 손자 김상련이 3개월간 옥에 갇히고, 김성재는 한성으로 올라가 진실을 밝힌 공문을 얻어서 성주에게 제출하지만 성주가 이를 폐기한다. 이에 분개하여 다시 한양으로 가서 다시 공문을 얻어 오면서 김우용이 무고했다는 사실이 밝혀져 출옥된다. 이후 김우용이 다시 선산 어사또에게 무고하여 김성재가 옥에 갇히고 김영재가 대안을 모색하다가 결국 사장어른 댁을 찾아가 한 치레 동안 상소문을 작성하여 제출, 진실이 밝혀져 기사회생하게 된다. 이후 김우용이 또다시 신임 성주의 딸을 매수하여 소를 제기하였으나 성주 김정견은 대질조사하고, 최종적으로 김우용을 크게 꾸짖으며, 그간의 소송 관련 서류 일체를 소각하면서 다시는 이런 짓을 하지 말라고 경고한다.

장장 10년이라는 긴 소송이 끝나면서 김성재는 승소를 하지만, 김우용은 알거지가 되어 패가망신에 이른다. 선한 자의 해피엔딩으로 끝나면서, 김성재는 죄는 미워하되 사람은 미워하지 않는다며 100냥의 금을 김우용에게 주는 휴머니즘을 발휘하며 대단원의 종지부를 찍는다.

※ 참고 : 조선시대 대표적인 산송 사건 실화소설.

- 박효랑전 : 작자 연대미상의 고전소설로 1권 1책, 국문본.

1934년 대구재전당(在田堂) 서포에서 나온 활자본과 필사본이 있다. 이 작품은 산송 사건이 배경이 된 박원형(朴元亨)의 후손인 박수하(朴壽河)의 두 딸이 산송 사건이 배경이 된 효행을 적은 실화소설이다.

〈줄거리〉

박수하는 박원형의 10세손으로, 5대째 성주(星州) 땅에서 고적하게 살았다. 숙종 35년에 대구 사람인 청안현감 박경여(朴慶餘)가 박수하의 선산 바로 가까이에 자기 할아버지의 산소를 쓰려 하였다. 박수하는 권력에 눌려 말리지는 못하고, 고을의 원과 감사에게 제소를 하였다. 그럼에도 효력을 못 보자, 상경하여 격쟁(擊錚)을 하기에 이른다. 그 결과 조사·선처하라는 시달이 있었으나 날짜를 끌어 해를 넘긴다.

박경여는 이에 아랑곳없이 묘역을 넓히고 석물을 갖추는 등 박수하 쪽을 완전히 무시한다. 박수하는 참다못해 상대방 하인을 잡아다 볼기를 때렸다가 백방으로 무소(誣訴)를 당한다. 또한 당시의 감사가 박경여의 인척이라서 고소장의 문구를 트집 잡아 혹독한 형벌을 가하는 바람에, 박수하는 옥중에서 목숨을 잃는다. 이에 큰딸이 직접 나서서 상대의 무덤을 파내어 시체를 불구덩이에 던져 버린다. 며칠 뒤, 박경여가 많은 인력을 이끌고 달려온다. 이 격투에서 큰딸과 두 하인은 목숨을 잃는다. 이에 작은딸이 남복을 차리고 상경하여 두 번이나 격쟁을 하지만 성과를 얻지 못한다. 그러자 그녀는 관리들의 행차마다 가로막고 매달렸고, 이 일이 장안에 널리 퍼진다.

이듬해 4월 안사(按使)가 내려와 사실을 조사하였으나, 조사기록이 하인들의 증언과 어긋나 윤5월 초삼일에 다시 검시하였다. 박수하는 복중에 죽어 땅속에서 해를 넘겼는데도 상처가 분명하여 사실이 모두 밝혀지고, 두 딸에게 효녀 정문(旌門)이 내려진다.

자료 7 : 沈泉堂 金性義 유적비(문경의 금석문 1 : 문경문화원 출간, 수록)

금석문은 역사를 연구하는 데는 여러 가지 자료가 활용되는데 그중에는 문헌, 고고학자료, 미술자료, 금석문, 민속, 구술자료 등이 그것이다. 대부분 금석문은 당시 사람들이 직접 글을 짓고 써서 남긴 유물이므로, 역사 연구 시 1급 자료의 대접을 받는다. 하지만 문장을 짓는 사람의 의도에 따라서 진실의 과장과 왜곡도 있을 수 있다는 점에는 유의해야 한다.

※ 김성의 유적비(금석문) 비문에는 김성의 산송 사건에 대한 내용들이 신설지 내용과 동일하게 연대적으로 기술, 잘 각인 보존되어 있다.

자료 8 : 逸士 百恥軒 子年譜(책자 : 일기)

김상건(1881. 5. 2~1972. 11. 8, 문경儒道會 당의, 문경군학교 평의원, 경상도 儒道會연합장, 선유동 구은대 총관, 소양서원 단장, 운강 선생, 신도암 의병장 유업관리 등)이 쓴 일기장으로, 1881~1972년 기간 중 작성하였으며, “고종 20~21년 사이에 산송소송 기간 중 가족 4명의 초상”, “1946년 8월 윤하정 정자 건립” 등의 기록이 있다.

※ 한문본과 한글본 소장(소장자, 후손 김재희).

자료 9 : 순천김씨 세적(책자)

순천김씨 서울종친회에서 1988년 발행한 책자에 "김성의(침천당)의 뜻을 기려 후손들이 윤하정을 세운 기록이 사진"과 함께 실려 있다.

자료 10 : 피고 김병옥의 근황 확인

소송 당사자인 김병옥은 당시 가은 왕릉에 거주하고, 본관은 안동김씨, 선산 사람으로 칠백 석 부자이며, 아들이 김우용 외 3명이라는 내용이 소장 등의 기록에 남아 있어 이들이 현재까지 어떻게 살아왔으며 후손들은 어디에 살고 있는지를 확인하였다.

- 가은 왕릉의 안동김씨 사람들의 이야기와 여론

왕릉에는 200여 년 전부터 안동김씨(만월당) 일족이 여러 세대 살아오고 있으며, 현재는 김일동(전 왕릉이장), 김기동(전 왕릉이장 및 라이온즈클럽 회장), 김기현, 김중현 씨 등이 종중의 어른에 해당된다. 이들을 통하여 우복산 산송 사건에 대하여 물어보았으나 아는 바가 없고, 어릴 적 어른들에게 전해들은 것도 없다 했다. 김일동 씨 등은 선조들이 1800년도 초부터 왕릉에 거주하고 살면서 터줏대감으로 살아왔고, 예전에는 같은 성씨의 혈족 개념이 매우 강했는데 이런 사실을 모른다는 것은 김병옥이 이사를 와서 잠시 머물렀거나, 김병옥이 왕릉으로 이사를 와서 좋은 산소자리를 얻기 위해 현감 매수, 관문서 위조, 구타와 무고 등의 불의한 일을 자행하였기에 토박이 분들과 친교를 할 수 없었을 것으로 추측한다. 다만 어릴 적 윤하정은 순천김씨와 안동김씨가 지은 정자라고 들은 것 같다는 말을 전한다.

안동김씨 중에서 가은과 관련이 있는 사람으로 김병옥(金秉玉)의 유사명인 "김병욱(金炳昱)"이라는 사람이 있어 조사해 본 결과, 연풍현감을 지냈고, 아들이 김성규(金星圭, 1863~1936)이고 손자가 김우진(金祐鎭, 1897~1926, 전남 장성)으로, 이름의 한자(秉 ⇎ 炳)가 다르고, 서로 항렬자(秉→龍, 炳→圭)도 다른 것을 볼 때 산송 사건의 김병옥이 아닌 것으로 확인된다.

문경시청을 통하여 김병옥과 김우용에 대해 호적에 기록되어 있는지 여부도 확인하였으나 나타나지 않았고, 제적부에도 찾아보았으나 없었는 바, 6.25전쟁 시 호적 관련 많은 자료들이 소실되어 그 후 살고 있는 사람들을 파악하여 호적 자료를 복원하였기에 현재로서는 더 확인할 수 없다는 것이 관계자의 답변이다.

- 선산 칠백 석 부자 김병옥에 대한 전 구미문화원장의 답변

선산 역사와 문화에 조예가 깊은 전문가를 찾던 중 선산 출신으로 구미시 공무원 경력을 가진 구미문화원장 출신의 박은호 씨를 접촉하게 되었다. 그는 조선시대 壯元坊을 재현해 놓고 당시 선산 출신 과거급제자들의 공적과 후손들의 뿌리찾기를 진행해 가고 있는 선산 역사의 전문가였다.

선산은 당시 종3품의 부사가 근무하는 도호부(상주, 김천, 구미 등 관장)였으며 선산김씨, 해평최씨, 김해허씨가 대규모 집성촌을 이루고 살았다. 이에 반해 안동김씨는 찾아보기 어려울 정도이며 구미시지, 향교지 등을 통해 벼슬을 한 인물이나 구전되는 부자의 반열에 김병옥이라는 인물은 찾을 수 없다고 했다.

선산, 상주 주변으로는 들이 넓어 칠백 석 부자는 얼마든지 존재할 수 있으며, 김병옥도 이름난 부자는 아니더라도 어느 정도 부는 누리면서 살았을 것이라고 한다. 그러나 그가 가은 왕릉으로 이사를 하게 된 이유는 알 수 없으나 구한말 백성들의 삶이 워낙 피폐해지고 살기 어려워지자 식량을 약탈하는 사건이 종종 발생하자 이에 불안을 느낀 선산지방 부자들이 북쪽지방(문경 등)으로 도망을 가는 일이 일어났으며 김병옥도 그럴 수 있다는 점이다.

그리고 1891. 11. 13. 김우용(김병옥의 자)은 선산군수에게 김성재를 고소했는데, 문경은 당시 선산도호부(김천, 상주, 구미 등)나 안동도호부(대구, 밀양, 청송, 영천, 영주, 풍기, 예천, 안동)에도 속하지 않았음에도 그가 마지막에는 선산군수에게 소를 제기한 것을 보면 김우용이 선산에 각별한 연고가 있거나 그가 선산 출신이라는 것을 짐작하게 한다.

1892년, 10여 년의 소송에서 패소하여 알거지가 된 김병옥은 김성재가 적선한 1백 냥을 받게 된다. 이는 엄청난 굴욕이지만 먹고살 것이 없는 그들로선 어쩔 도리없이 받으면서 심하게 자존심에 상처를 입었을 터이고, 패악한 방법으로 다툼을 벌여 끝내 패가망신하고 말았으니 더 이상 왕릉에서 발을 붙이고 살기에는 면목이 없어 아주 먼 곳으로 이주하였거나 어디엔가 숨어살면서 거의 세상을 등지고 살았을 가능성이 크다.

결국 신문고 격쟁과 고소, 현감, 어사 등의 사건 조사 등이 다년간 수차례 진행 처리된 것을 보면, 김병옥이 선산 사람이고, 부자였으며, 문경(왕릉)에 거주한 것은 사실이나 현재의 보존 자료나 백여 년이 더 지난 지금 생존 주민들의 여론만으로는 정확한 거주 확인의 파악이 어려울 것으로 보인다.

자료 11 : 한국학중앙연구원 자료확인 관련 민원질의

- 2016. 9. 28 질의 : 한국학중앙연구원(문헌정보)에 전화 및 "사이버민원실" 질의
  내용 : 고종 20년(1883~1892) 무렵 격쟁문서(한성부↔관찰사↔현감) 열람
- 2016. 10. 10 답변 : 해당자료에 대하여 연구원에서 15일간 찾았으나 한국학중앙연구원에는 소장 자료가 없음을 회시

3. 그동안 찾아본 자료

• 관계 기관의 소장 자료 문의 및 열람

국사편찬위원회, 서울대규장각한국학연구원, 한국학중앙연구원, 한국고전번역원, 한국국학진흥원, 국가기록원, 중앙국립도서관, 서울대규장각도서관, 서울역사박물관 등

• 격쟁(상소류) 관련 고문서 자료 검색

- 승정원일기 : 288년간 10만 5천여 日의 일기, 격쟁 3,535건, 실록 128건
- 조선왕조실록(고종실록 포함) : 원문, 번역본
- 일성록 : 국왕 일기로 1777~1800년 기간 중 상언 격쟁 4,427건 수록
- 추조결옥록 : 철종~고종대 형조의 사건기록

- 각사등록 101책(경상도 보유편 포함) : 4,323건
- 고종일기
- 고종시대사
- 금오헌록 의금부등록
- 한성부거래안
- 상소존안
- 사학징의
- 심리록
- 유서필지
- 감영계록
- 결송유취
- 비변사등록 내각일력
- 의금부등록
- 의금부 결옥안
- 추안급국안 : 중죄인들의 기록만 등재
- 秋曹事目 : 영조 20~정조 23년 형조의 기록
- 秋曹龍圖錄 : 철종 5년 국왕의 판결 기록 책
- 秋官誌 : 정조 때 박일원(朴一源)이 형조의 소관 사례(事例)를 모아 편집한 책
- 법무아문형사국존안, 각도읍첩보, 각도감영내첩 : 1894~
- 各 道府觀察使報告及質稟書 : 1894~
- 감결책1~3 : 고종 4~21년
- 포도청 등록 : 조선 후기 포도청의 제반 사무에 대한 기록을 모은 등록
- 좌우포청등록
- 각계도록
- 사법품보 : 고종 31~건양원년
- 동문휘고
- 한국학 자료센터 의궤

- 고려사절요
- 계갑일록
- 만기요람
- 영남읍지
- 경상도읍지
- 牒草
- 訟案
- 대구부사례
- 영남감영사례
- 영남청사례
- 문경현지
- 문경부지
- 문경부신정사례
- 선산읍지
- 조선시대 사손읍지(私巽邑誌) : 22권7 문경편
- 홍철주의「송사공행록」
-「규장각소장 고종시대공문서 시개정목록 상하」태학사, 2009
-「고종시대공문서연구」태학사
-「경북의 유학과 선비 정신」한국국학진흥원
-「조선의 묘지소송 : 산송」문학동네, 2012
-「한말 산송에 관한 연구」부산대 김백겸, 2011
-「조선 후기 사회와 소원제도-상언격쟁연구」한상권, 1996 등

4. 결론

우리나라의 기록문화는 긴 역사에 비해 상대적으로 빈약하다. 그나마 훈민정음 창제 이후 기록물들이 좀 증가하였으나 이웃나라의 잦은 외침과 내부적인 정치 불안정 등으로 인해 자료가 소실되거나 기록의 인식 부족으로 인해 별로 풍부하지 않다. 특히, 고종 20~고종 29년(1883~1892) 기간 중 임금 행차 앞에서 격쟁한 사건의 처리 기록을 찾는 일은 생각보다 어려웠다. 왜냐하면 일본 제국주의 세력에 밀려 국권이 흔들릴 무렵이었고, 이어 갑오경장으로 전국이 거대한 변화의 소용돌이에 휘말렸기 때문이다.

이렇게 문서 보존이 어려운 시대적 환경에도 불구하고 「승정원일기」와 「추조결옥록」에서 우복산 산송 사건 당사자의 이름과 송사 내용까지 등재된 내용을 찾아낸 것은 특별한 성과라고 할 수 있다. 그리고 「우복산 산송몽」이라는 필사본은 당시 산송 사건의 고소, 격쟁, 감결, 관문, 상소문 등을 연대기적으로 정확히 기술하고 있으며, 사건의 내용과 근무자 이름 등이 다른 자료와 대부분 일치하므로 어느 정도 신뢰성이 확보된다. 고문서에 있어 수결이나 관인이 없는 필사본인 경우에도 원본으로 인정하는 사례도 있으므로 당해 건은 이에 준용할 수 있으리라 생각된다.

김성의 후손들이 산송 사건의 승소 정신을 기리는 〈윤하정〉을 건립하였고, 이때 주변 고을의 유림과 명사들이 같은 운자를 넣어 윤하정 건립을 기념하는 〈102편의 누정시〉가 전해진다. 또 강상희의 〈윤하정 상량문〉과 최두영의 〈윤하정기〉, 이준상의 〈윤하정 기략〉, 김상건의 〈신설지〉, 〈백치헌 자연보〉, 〈김성의 유적비 : 금석문〉, 순천김씨 서울종친회 발간 〈순천김씨 세적〉 등도 당시 산송 사건의 기록이 사실임을 입증하는 데 도움이 된다. 이때를 즈음하여 이 고을에서는 "안동김씨 백 명이 순천김씨 한 명을 이기지 못한다."는 말까지 생겨나 오늘날까지 구전되고 있는 점도 참고할 필요가 있을 것이다.

소송 종료 이후 한 세기가 지나도록 김병옥의 후손이 나타나지 않고, 〈윤하정〉이나 〈신설지〉 등의 산송 기록과 관련하여 이의를 제기하거나 시비하는 일이 없는 것을 보면 현재 남아 있는 기록들이 사실이라는 반증이 된다고 본다. 특히 경상도 선산이나 상주, 문경 지방의 유림들은 자부심이 강하고 양반 정신이 투철하여 사실이 아닌 것을 왜곡하는 데 동조할 사람들은 거의 없다고 볼 때 혹시나 하는 의문점은 해소될 것이다. 가은 왕릉이나 선산 고을까지 김병옥에 대하여도 최대한 알아보았으나 소재가 정확히 밝혀지지 않는 것은 공적 문서 등의 자료 소실과 산송 사건의 패소로 인한 도피 또는 칠백 석 부자가 거지가 되어 멸문한 것으로 사료되므로 당해 산송 사실이 왜곡되었을 가능성은 아주 희박하다고 본다.

끝으로, 경주 〈운곡서원〉의 유연정(悠然亭)은 경북문화재자료 345호로 지정관리 중인데, 이는 산송 사건이 아니라 격쟁을 통해 복권하게 된 안동권씨 권산해의 뜻을 기리는 정자이고, 산송 사건 실화소설로 〈박효랑전〉이 우리에게 널리 알려져 있다.

이에 비해 산송 사건 격쟁 승소의 정신을 기리기 위해 세운 〈윤하정〉이나, 김성재가 쓴 〈우복산 산송몽〉, 산송 사건 실화소설인 김상건의 〈신설지〉는 아직 역사적 문화적 가치를 제대로 평가받지 못하고 있다. 이러한 문제와 현실 상황을 종합적으로 검토 고려하여 당해 유적 유물 등이 하루빨리 향토의 소중한 문화유산으로 관리되었으면 한다.

<윤하정 소송 사건 연표>

일 자	내용
1883. 4. 9	김병옥이 도발산 김택수의 묘소 주룡에 아내의 주검을 무단으로 암장
1883. 4.~	김성의가 김병옥을 성주에게 고소하였으나 성주가 조치하지 않음
1883. 8. 13	성주의 불의에 맞서 김영재(30세)가 고종 임금 행차길에 격쟁(신문고)
	형조로 압송되어 상소문 제출 및 조사
8. 30	한성부 판윤이 경상도 관찰사에게 사건 조사 지시
9. 18	관찰사가 문경현감에게 조사 지시하였으나 사건을 조사하지 않고 방치
10. 29	김성의가 승상에게 강력 항의하여 사실 조사
	김병옥 아내 분묘를 파내고, 주변 타인 분묘 2곳도 옮김
1884. 4. 4	김우용(김병옥의 자)이 상경, 김성의가 임금에게 허위 사실을 상고하였다며 김성의를 처벌해 달라고 신문고를 울림
4. 18~	한성부에서 김우용의 상고로 인해 김성의에게 평안도 귀양 명령
	김영재가 상경, 김우용이 무고했다는 사실 해명으로 김성의 귀양 해제
	한성부에서 김우용에게 귀양 명령을 내렸으나, 김성의는 사건이 잘 해결되었으므로 귀양 명령을 취소해 달라고 하여 건의가 받아들여짐
1886. 7. 10	유행병과 소송 충격(홧병) 등으로 인해 김성의 부인 사망
7. 13	김성의의 2남 김학재 사망
8. 1	김성의의 장남 김영재 사망
1887. 6. 6	김성의 본인 사망
1890. 6.~	김우용이 성주에게 김성재를 고소(산을 적법 매수했다며 피해액 3천 냥 청구)
	성주가 김성재를 소환 통보하여, 김상련(13세)이 대신 출두 및 3개월간 수감
	김성재가 상경, 한성부에서 죄가 없다는 공문을 받아 성주에게 제출하였으나 성주가 이를 무단 파기
	김성재가 다시 상경, 한성부에서 공문 재발급을 요구하자 김우용을 징계 지시
	공문이 도착하자 김상련 석방
1891. 11. 13	김우용이 선산군수에게 무고하여 김성재를 소환 및 수감
	김상련이 고소장을 어사에게 제출, 진실이 밝혀져 김성재 석방
1892. 4.	김우용이 신임 현감과 모의, 성주 딸을 내세워 김성재를 다시 무고
	성주가 대질조사를 통해 김우용의 허위 사실이 명백하게 밝혀짐
	성주가 김우용의 소송서류를 소각하고, 다시는 나쁜 짓을 하지 마라는 각서징구
	소송 10년 만에 거지가 된 김우용에게 김성재는 100냥의 금전을 베품

우복산 산송 서류(겉모습)

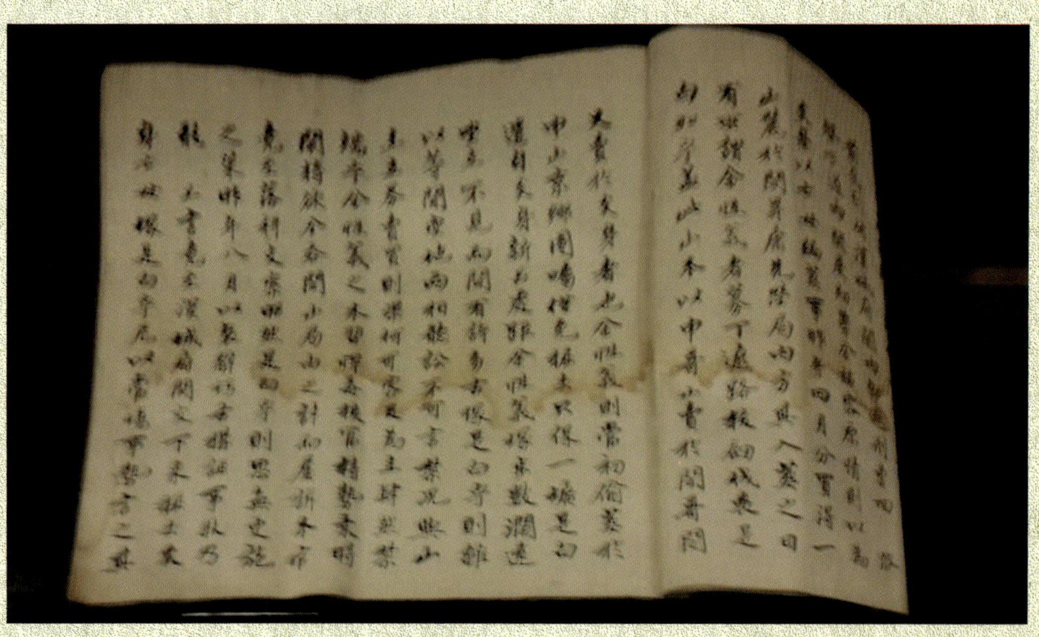

우복산 산송 서류(상소문)

우복산 산송 서류(보장)

우복산 산송 서류(성주판결문)

우복산 산송 서류(한성부 계목)

우복산 산송 서류(고소장)

추조결옥록 표지(계미년)

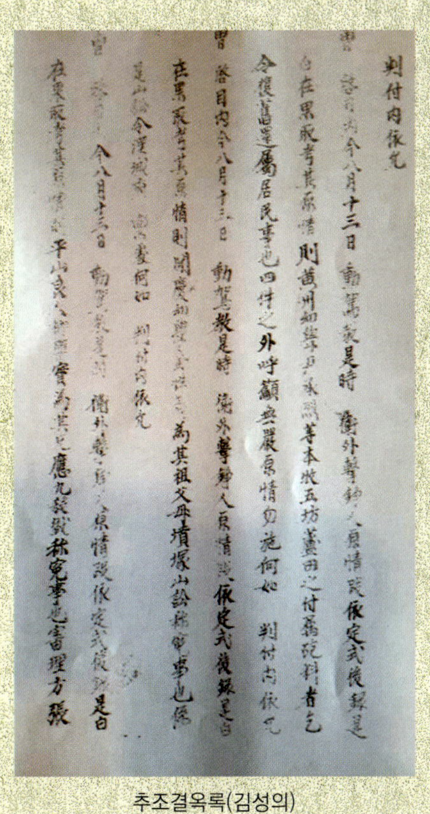
추조결옥록(김성의)

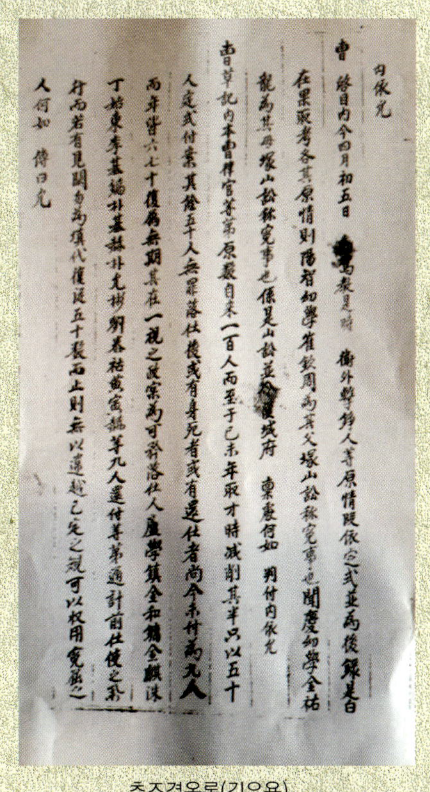
추조결옥록(김우용)

윤하정 현판

윤하정 표석

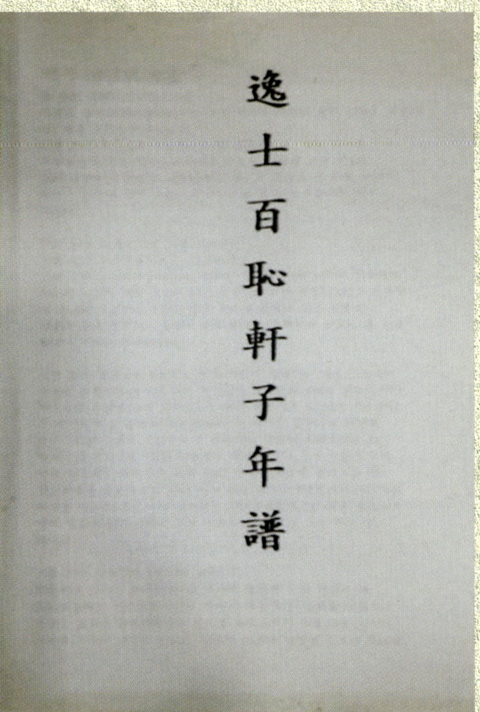

김상건 자연보(일기)

김상건 자연보(번역본)

순천김씨 세적

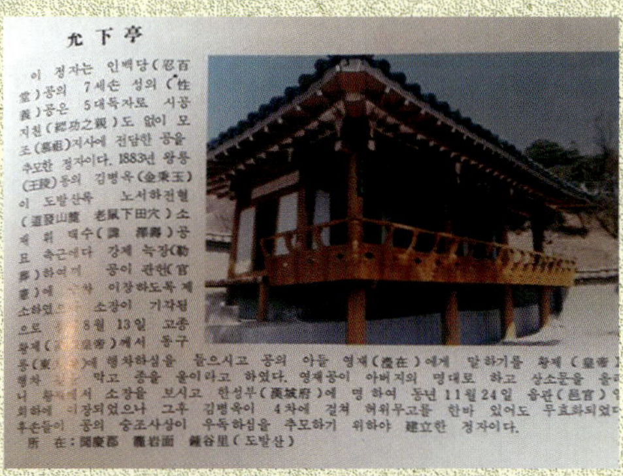

允下亭

이 정자는 인백당(忍百堂)공의 7세손 성의(性義)공은 5대독자로 시공지친(緦功之親)도 없이 모조(慕祖)지사에 전념한 공을 추모한 정자이다. 1883년 왕릉(王陵)종의 김병욱(金秉玉)이 도발산록 노서하전혈(道發山麓 老鼠下田穴)소재 위 태수(諱 [illegible])공 묘 추근에다 강제 늑장(勒葬)하여 [illegible] 공이 관헌(官憲)에 [illegible] 이장하도록 제소하였[illegible] 소장이 기각됨으로 [illegible] 8월 13일 고종황제([illegible])께서 동구릉(東[illegible])에 행차하심을 들으시고 공의 아들 영재(瑩在)에게 말하기를 황제(皇帝) [illegible] 행차 [illegible] 막고 종을 울이라고 하였다. 영재공이 아버지의 명대로 하고 상소문을 올리니 황제께서 소장을 보시고 한성부(漢城府)에 명하여 동년 11월24일 읍관(邑官)이 입회하에 이장되었으나 그후 김병욱이 4차에 걸쳐 허위무고를 한바 있어도 무효화되었다. 후손들이 공의 숭조사상이 우독하심을 추모하기 위하야 建立한 정자이다.

所 在: [illegible] [illegible]面 [illegible]谷里(도발산)

순천김씨 세적(윤하정 사진)

윤하정 배산(背山)의 지형과 우복(牛伏) 뚜벅길

김병중(시인, 문학평론가)

1. 들어가며

'윤하정'은 신문고 격쟁 승소 기념으로 지은 〈대한민국 최초의 정자〉[3]로, 경북 문경시 농암면 종곡2길 26-18(농암면 종곡리 316)에 소재하고 있다. 정자 배산(背山)은 높이가 350m 정도로 별도의 산 이름을 갖고 있지 않다. 그렇다면 이곳이 어느 산에 속하는지 주변 지형과 지명을 살펴봐야만 정자와 산송 사건의 이해가 쉽고, 또 어떤 자리였기에 양가에서 목숨을 건 다툼을 벌였는지를 짐작하는데 도움이 될 것이다.

이를 위해서 각종 자료들을 분석하여 정리하되, 이 지역의 역사 속에 전해 오는 지명유래와 풍수지리 등을 살펴보고자 한다. 지명은 오랜 역사 속에서 수많은 변화의 과정을 거치면서 전해 내려오는 생명체와 같은 특징을 가진 고유명사이다. 지역의 기후와 토양, 역사와 문화 등을 담고 있으며, 사회, 경제, 생활양식 등도 유추해 볼 수 있어 실로 지역사회의 숨쉬는 역사이자 선조들의 혼이 담긴 고고학적 자료가 되기도 한다.

풍수는 조상들의 삶 속에서 거의 신앙에 가까운 믿음이자 전통 사상이었으며, 그것이 지명의 명명에도 적극 활용되었으니 풍수와 지명은 필연 관계라고 볼 수 있다. 형세를 사람이나 동식물, 생활 주변의 사물에 견주어 소응(昭應)을 기대하면서 자신들이 소망하는 바를 살고 있는 터전 위에서 찾기도 했다. 언제 닥칠지 모르는 재앙의 두려움에서 벗어나 심리적 안정을 기하기 위해 지명을 통한 마음의 평안을 얻고자 했으니 이것이 지명 유래를 무심코 넘기면 안 되는 또 다른 이유이기도 하다.

3) 경주 운곡서원의 〈유연정〉은 선대의 억울한 죄를 사면해 주지 않아 정조 때 안동 권종락이 '격쟁'을 통해 국가를 상대로 민원을 해결한 기념의 뜻과 안동권씨 시조인 권행과 권산해, 권덕린의 덕을 기린 정자다. 원고와 피고가 2회의 격쟁을 통해 소송을 벌인 산송 사건에서 후손들이 승소 기념으로 지은 정자는 윤하정이 우리나라 현존하는 최초의 정자다.

그동안 〈윤하정〉은 산송 사건의 승소를 기념하여 지은 건축물이라는 정도로 알고 있었으나, 최근 조사에서 〈종곡산 산송몽(鐘谷山山訟蒙)〉[4]이라는 130여 년 전 필사한 산송 사건의 소장과 감결 등이 무려 23건이나 발견되고, 당시 산송 사건을 기록한 실화소설인 〈신설지(伸雪誌)〉[5], 그리고 정자를 짓게 된 이유와 과정, 누영시 등을 기록한 〈윤하정지(允下亭誌)〉[6]가 있는 것으로 밝혀져 당시 시대상을 확인할 수 있는 유물로서의 가치를 검토하고 있다. 이 과정에서 윤하정이 자리하고 있는 배산은 산송 사건을 이해하는데 매우 중요한 의미를 내포하고 있어 여기서 이를 자세히 짚어 보고자 한다.

2. 윤하정 주변 지형의 조감

1892년 김성재는 〈종곡산 산송몽 필사본〉에서 '종곡산(鍾谷山)'과 '도발산(道發山)'으로, 1946년 김상건은 〈윤하정誌〉에서 '도발산(道發山)'으로 이 산을 지칭하고 있지만, 우리에게는 별로 알려져 있지 않다. 지도에 찾아보면 윤하정을 중심으로 앞쪽(동쪽)으로는 성재산(356m), 쪽금산(337m), 앞산(335m)이 보이고, 뒤쪽(서쪽)으로는 연엽산(蓮葉山 791m)과 청화산(靑華山 984m), 속리산(俗離山 1,058m), 남쪽으로는 우복산(牛伏山 382m), 남서쪽으로는 시루봉(876m)과 도장산(道藏山, 828m) 등이 동저서고(東低西高)형을 이루고 있다. 앞은 훤하게 트여 해 뜨는 아침이 일찍 찾아와 오전은 해가 길어지는 대신, 뒷산이 높아 오후 시간이 짧아지므로 빛이 미치는 음양이 알맞게 조화를 이룬다 하겠다.

여기서 먼저 주변 지형을 전체적으로 조감해 볼 필요가 있다. 왜냐하면 눈앞에 가까이 보이는 것만 설명하다 보면 숲은 보지 못하고 나무만 보게 되어 실체의 본질에 비껴가거나 논리상의 모순이 발생할 수 있기 때문이다. 인터넷 지도의 스카이뷰 기능을 통해 항공 촬영된 사진의 확대나 축소를 해 보면 지형의 부분과 전체를 살펴보는 일이 그다지 어렵지 않다.

윤하정의 주룡은 농암면 지도를 검색하여 조회되는 산 중에서 화산리 〈우복산〉과 가장 가깝고, 남북으로 펼쳐진 능선이 화산리에서 종곡1리까지 길게 이어진다. 그런데 축소해 보

4) 1892년 11월 16일 김성재가 산송 사건 최종 확정판결을 받은 후 선산어사의 지시에 따라 후일 소송 재발방지를 위해 소송 관련 감결, 소장 등 일체의 서류를 필사 보관하도록 하여 작성된 한문본 문서가 전해진다.
5) 소송 당사자인 김성의의 孫子인 김상건이 산송 사건의 실화를 소설 형식으로 쓴 한글본과 이를 축약한 한문본이 있다.
6) 김상건이 윤하정을 짓게 된 이유와 과정과 정자 건립과 승소를 예찬한 누영시 140여 편 등이 실려 있다.

면 우복산은 백두대간인 속리산과 청화산에 연하여 연엽산의 품에 안겨 있는 산으로, 우복동천이 있는 화북면 용유리와는 별개의 지형이 아니라는 것을 쉽게 알 수 있다. 청화산 아래 있는 '우복동천(牛腹洞天)'을 큰 소의 배라고 한다면, 화산리 '우복산(牛伏山)'은 작은 소로, 큰 어미 소의 품(배) 안에 포근히 안겨 있는 송아지의 형국이다.

이런 점에서 볼 때 우복동천과 우복산의 비교 검토는 매우 중요하다. 풍수지리적 관점에서 보면 여기 나오는 〈소(牛)〉는 길지에 해당하는 '우복'으로 불린다. 예로부터 소는 가축으로서 역할뿐만 아니라 인간에게 큰 복을 가져다 준다고 믿었으며, 불교에서는 소를 부처에 비유하고 있다. 석가모니의 성은 고타마(Gotama, 최상의 소라는 뜻)였고, 출가하기 전 이름은 싯달타(Siddh rtha, 모든 일이 뜻대로 이루어진다는 뜻)였으니, 이는 곧 '부처가 소'라는 의미다. 중국 송나라 때 확암(廓庵)선사가 그린 십우도(十牛圖)[7]라는 그림을 보면 더 확연해지며, 인간의 마음을 소에 비유해서 야성을 길들여 나가는 과정을 그린 것으로 부처의 수행과 깊은 관련이 있다.

또한 소와 떼놓을 수 없는 한 가지는 바로 '연꽃'이다. 연꽃은 불교[8]를 생각하게 하고, 불교라 하면 연꽃이 떠오를 만큼 부처의 꽃으로 인식된다. 불상이 연화대 위에 앉아 있는 것은 무명(無明)과 어리석음, 곧 진창 속에서 살더라도 결코 더럽혀지지 않고 청정의 세계에 있음을 상징한다. 또 관음보살이 왼손에 든 연꽃은 중생이 원래 갖추고 있는 불성(佛性)을 의미한다. 연꽃은 절을 상징하기도 하고, 연경(蓮境)이나 연사(蓮舍)는 사원을 말하며, 고승을 상징하는 경우도 있다. 신라의 고승 연회(緣會)는 영취산에 숨어살면서 언제나 법화경을 읽고 보현보살의 관행법(觀行法)을 닦았으며, 뜰의 못에는 연꽃 두세 송이가 사시사철 시들지 않

7) 인간의 마음을 소에 비유해서 길들여 나가는 과정을 그린 것인데 그 열 가지는 다음과 같다.
①심우(尋牛) : 동자승이 소를 찾는 장면.
②견적(見跡) : 소의 발자국을 발견하고 그것을 따라간다.
③견우(見牛) : 꼬리를 보고 소의 뒷모습을 발견한다.
④득우(得牛) : 드디어 소를 붙들어 고삐를 건다.
⑤목우(牧友) : 소에 코뚜레를 뚫어 길들이기 시작한다.
⑥기우귀가(騎牛歸家) : 흰 소에 올라타고 피리를 불며 집으로 돌아온다.
⑦망우재인(忘牛在人) : 소는 없고 동자승만 앉아 있다.
⑧인우구망(人牛俱忘) : 소도 사람도 실체가 없는 공(空)을 상징하는 원상만 나타난다.
⑨반본환원(返本還源) : 망상이 사라짐 본래의 편안한 모습으로 돌아간다.
⑩입전수수(立廛垂手) : 지팡이를 짚고 육도중생을 제도하러 나선다.

8) 연꽃에는 각 부분마다 불교의 원리를 말하는 의미가 담겨 있다고 한다. 활짝 핀 연꽃잎은 우주 그 자체를 상징하고 줄기는 우주의 축을 의미한다. 연밥에는 9개의 구멍이 있는데 이는 9품(九品)을 말하며 3개의 연뿌리는 불(佛)·법(法)·승(僧)의 삼보(三寶)를 뜻한다. 연꽃의 씨는 천년이 지나도 심으면 꽃을 피운다 하여 불생불멸(不生不滅)을 상징한다. 또 꽃이 피면서 열매가 생기는 것은 인과(因果)가 동시에 나타나는 것으로 풀이하고 있다. 연꽃의 생김새를 축을 중심으로 방사되는 바퀴살에 비겨 윤회(輪廻)의 가르침을 암시하는 것으로 연꽃은 윤회의 상징을 나타내기도 한다.

았다고 한다.

윤하정 주변은 소에 이어 연꽃과도 깊은 관련이 있다. 우복산 뒤에 있는 청화산과 연엽산을 말할 때 연꽃과 연잎을 빼놓고는 말할 수 없기 때문이다. 청화산은 산봉우리에 세 송이의 연꽃이 있었다 하여 삼화실(三花室)과 화산(華山)이라는 지명이 생겼고, 원적사는 청화산의 연꽃 같은 여러 봉우리들 사이 한복판, 곧 연심(蓮心)에 자리한 절이라 수도하기에 적합한 곳이라 하였다. 연엽산(蓮葉山)은 이름 자체가 연꽃잎이라는 뜻을 갖고 있고, 그 아래로 흐르는 개울을 연계(蓮溪)라 불렀다. 그런데다 산의 생김을 살펴보면 두 곳의 산봉우리가 흡사 연꽃을 닮아 있어 길지를 품은 명산으로서의 품격이 느껴진다.

3. 우복산 주변의 길지(吉地)

풍수지리에서는 소나 연꽃 중 하나만 등장해도 길지로 본다. 그런데 소와 연꽃이 같이 등장한다면 굳이 세부 조건을 따져 보지 않더라도 승지가 될 수 있는 요건을 갖춘 곳이라 볼 수 있다. 윤하정 주변 6km 반경 내에는 소의 형상을 닮은 와우형(臥牛形)인 우복동(牛腹洞), 우복동천(牛腹洞天), 우복산(牛伏山), 도발산(道發山 : 소의 뒷발) 등이 있고, 연꽃을 지칭하는 청화산(青華山), 연화부수형(蓮花浮水形)인 연엽산(蓮葉山)과 삼화실(三花室), 화산(華山), 연계(蓮溪) 등이 있다. 또 꿩이 산으로 나는 지형인 비치우산혈(飛雉于山穴), 푸른 학이 알을 품고 있는 청학포란형(青鶴抱卵形), 산이 모란 꽃봉오리같이 생긴 모란형(牡丹形) 등이 있어 이 정도면 풍수지리에 문외한이라 하더라도 이 지역이 예사롭지 않은 지형임을 눈치챌 수 있다.

장풍득수(藏風得水)라 하여 풍수지리는 '바람은 감추고 물은 얻는다.'는 말이다. 산의 모양과 기복, 바람과 물의 흐름을 보고 좋은 터전을 찾아내는데, 악산이 보이지 않고 바람받이가 아닌 한 일단 눈으로 봐서 좋으면 대체로 명당이 될 수 있다. 왜냐하면 높고 낮은 산이 사방을 둘러싼 가운데 작은 하천이 모여 흘러가는 입구가 남쪽으로 터져 있는 곳이면 누구나 좋은 느낌을 줄 것이고, 사람들은 이를 배산임수라 부르기 때문이다. 산을 등지고 물을 내려다보아 산이 북서풍을 막아 주고 물을 얻기 용이한 곳에 하천이 자리하면 그곳을 일러 대체로 길지라고 말한다.

가. 와우형(臥牛形)

소는 사람에게 복을 내려주는 존재이며, '누워 있는 소의 형상'(와우형)은 풍수에서 특별한 길지로 꼽힌다. 그러면 어디가 혈처인가 의견이 달라질 수 있지만 대부분 따뜻하고 편안한 뱃속이 혈이라고 한다. 하지만 누운 소라면 되새김질을 위해 입에 기가 모이고, 또 파리를 쫓기 위해 꼬리에 힘이 들어가기 때문에 혈처가 달라질 수도 있다. 어떤 이들은 젖이 있는 부위가 혈자리라며 송아지가 젖을 빠는 형국일 때 그렇게 볼 수 있다고 한다.

소가 엎드려 있다는 와우형(臥牛形)은 주로 양순하고 근면한 사람을 배출하며 부지런히 일해야 부를 얻는다. 소는 서두르지 않고 꾸준히 일하는 가축으로 코에 꿰는 코뚜레를 문전에 걸어 두면 귀신이 무서워 피해 간다는 전설이 있는데, 소의 꾸준함은 귀신도 능히 이긴다는 의미를 내포하고 있다. 사람과 친숙하고 사람을 이롭게 하는 농가에는 없어서는 안 될 소, 그를 닮은 지형은 바라보기만 해도 넉넉함을 주기에 사람들이 선호할 수밖에 없다.

와우형 산은 산세가 소처럼 온후하다. 하지만 소의 형상만 닮아서는 안 되며 산 앞에는 풀더미 같은 적초안(積草案)이 있어야 소의 먹이가 풍족한 형상이 되어 길하고, 산 주변에는 외양간·고삐·코뚜레·짐수레 같은 환경이 수반되어야 좋으며, 소 앞에 논이나 밭 등 경전안(耕田案)도 있어야 부지런히 일할 수 있어 부귀가 기약된다고 한다.

와우형(臥牛形)이라 하여 소가 누워 있다는 것으로 생각할 수 있지만, 만일 소가 누워 있다면 그것은 병이 들었거나 죽는 경우이다. 그러므로 엎드려 있거나 앉아 있다면 건강한 소로 볼 수 있으므로 '와우'의 뜻은 소가 누워 있다는 것이 아니라 '엎드려 있다'는 표현이 더 적절한 것이다. 청화산은 우복산에서 서쪽 방향으로 보면 큰 암소의 형상으로, 그 소의 혈이 모인 배가 바로 우복동이며, 우복산은 청화산이라는 큰 소의 품에 안긴 송아지인 셈이다.

이 우복산은 화산리 귀밑에서 율수리 방향을 보고 엎드려 있는 소의 형상이다. 소가 머리를 귀밑(머리안)에 두고, 소의 등은 진등(종곡3리)을 거쳐 소의 뒷다리가 있는 뒷발이(종곡2리)까지 길게 이어진다. 윤하정이 있는 뒷발이마을의 배산에서 종곡1리 방향으로 이어지는 종곡산(鍾谷山, 370m)은 둥글게 종 모양처럼 생긴 산으로 우복산이라는 소의 뒤에 위치하면서 우복산(소)을 일깨우는 범종처럼 보인다. 쇠북이 매일 새벽마다 종소리를 들려주어 소를 깨워 주는 역할을 하고, 그 종소리에 힘을 더해 주는 3개의 바위가 있으니, 농암천 개울 건너 개바우와 성재산 아래 있는 사자바우, 선녀바우가 그것이다. 개가 짖어 위험을 알려 주면, 그 뒤에 금수의 왕인 사자가 지키고 있고, 곁에는 사자를 부리는 선녀가 보살피고 있는 절묘한 형세를 갖추고 있다.

나. 우복동(牛腹洞), 우복동천(牛腹洞天), 우복산(牛伏山)

도선국사(827~898)는 「옥룡자비기」에서 '청화산 남쪽에 매화꽃 같은 좋은 형국이 열려 있다. 운이 되면 벼락이 석문을 쳐서 우복동으로 들어가는 길이 열린다.'고 했다. 그가 청화산 정상에 올라보니 사방으로 산세와 물길이 너무 좋아 덩실덩실 춤을 췄다는데서 비롯된 '승무산(僧舞山, 559m)' 뒤로 우복동이라는 '화산 마을'이 숨어 있다. 속리산 자체가 속리(俗離)라 할 정도로 세상과 동떨어져 있는데, 그 외곽의 청화산에 둘러싸이고 앞으로는 승무산에 가로막혀 밖에서는 도저히 안을 볼 수 없는 첩첩산중, 소의 뱃속같이 살기 편안하며 전쟁이나 천재지변으로부터 화를 면할 수 있는 축복의 땅이 바로 정감록에 나오는 십승지 중 하나라 하였다 한다.

청화산 남쪽 기슭 용유리에는 용유동계곡(일명 쌍룡계곡)이 자리하고 있다. 이곳 계곡 우측 바위에는 '우복동(牛腹洞)'이라 쓴 표석이 세워져 있는데, 일생 동안 사람이 살 만한 땅을 찾아다닌 이중환(李重煥, 1690~1752)[9]이 '택리지'에서 이 일대를 복지로 언급하고 있듯이, 예로부터 우리 민족의 전설적 이상향인 우복동으로 주목받아 온 곳이다. '용이 즐겁게 논다.'는 뜻의 용유리는 병천과 함께 이상향 터로 택리지에서 묘사하고 있다.

그는 청화산 남쪽을 돌아 동쪽 용추로 들어가는 것이 병천(瓶川, 병목같이 생긴 하천)이고, 그 하천이 흐르는 청화산과 도장산 사이를 용유동이라 불렀다. 화산, 광정 마을은 북쪽으로 청화산이 양팔을 크게 벌려 병풍을 드리우고, 동쪽에는 시루봉의 자루가 봉긋하게 솟구쳐 그 자락을 길게 드리우며 생기를 불어넣는다. 남쪽의 도로막이는 막혀 있고, 수구막이도

9) 본관은 경기도 여주(驪州)로, 자는 휘조(輝祖)이며 호는 청담(淸潭), 청화산인(靑華山人) 또는 청화자(靑華子)이다. 1713년 24세의 나이로 증광시의 병과에 급제하여 관직의 길에 들어섰다. 1694년의 갑술환국(甲戌換局)으로 정치적 숙청을 당하여 좌절 속에서 전국을 방랑했다. 30여 년 동안 전국을 방랑하는 불우한 신세였지만, 우리 산천의 모습을 정리하고 시대를 살아간 인물과 대화를 하며 아픔을 달랬다. 그리고 불후의 저술 「택리지」를 세상에 내놓았다. 「택리지」 발문에서 '내가 황산강(黃山江, 낙동강)가에 있으면서 여름날에 아무 할 일이 없어 팔괘정(八卦亭)에 올라 더위를 식히면서 우연히 논술하였다.'고 기록하고 있으니 신미년(1751년)이라 추정된다.

숨겨져 있으니 전란이나 천재 등을 피할 수 있는 길지로 청화산 아래로 흘러내리는 계곡, 원적사 아래 우복동이 위치한다고 했다.

이렇듯 우복동(牛腹洞)은 소 뱃속 모양의 명당 터를 일컫는다. '청화산은 뒤에 내외의 선유동을 두고 앞에는 용유동에 임해 있으며 앞뒤편의 경치가 지극히 좋음은 속리산보다 낫다. 산의 높고 큼은 비록 속리산만은 못하나, 속리산같이 험준한 곳은 없으며, 흙봉우리에 둘린 돌이 모두 수려하고 모양이 단정하며 평평하여 살기와 수기가 흩어지고 드러남을 가리지 않아 자못 복지이다.'라고 극찬했다. 이곳에 살면 당대의 벼슬이 재상에 이르고 은퇴 후에도 큰 부자가 된다는 이야기가 전해 온다.

'우복동천'의 '우복'이란 소의 뱃속에 들었다 하여 동음이어인 〈복(福)〉으로 생각하며, 그 복은 행복을 주는 명당자리 중에 최고로 친다. 그러므로 소의 배는 아늑하며 평화로운 곳이고, '동천'이란 하늘에 잇닿는 땅, 신선이 사는 곳, 별천지, 仙景의 뜻이다. 조선 중엽 풍수지리에 능한 남사고(南師古, 1509~1571)[10]의 '남격암산수십승보길지지(南格庵山水十勝保吉之地)'의 감결에 의하면, 보은의 속리산 아래 증항 근처(報恩俗離下 甑項近地)에는 난리를 당했을 때 이곳에 몸을 숨기면 만에 하나라도 다치지 않을 것이라며, 십승지지의 하나로 화북 용유리 표석이 세워진 부근을 우복동천[11]으로 간주하고 있다.

속리산 천황봉 연맥으로 시루봉 있는 곳이 피난의 적격지라고도 하는데, 이 기록들을 바탕으로 이곳 주민들은 속리산 아래 십승지로 확실하게 시루봉으로 불리어 온 산은 광정마을과 화산 마을 뒷산뿐이라고 믿는다. 그래서 이곳이 우복동이며, 옛날부터 이북이나 전라도 등지에서 피난을 와서 지금도 그 후손들이 살고 있다고 하며, 이곳은 임진왜란, 동학란, 6.25 등 큰 난리 때마다 인명 피해가 없었다고 전해진다.

송명흠(宋明欽, 1705~1768)[12]은 세상을 멀리하고 용이 머문다는 용유리에 정자를 지어 '늑천정

10) 이조 중엽에 명성을 날리던 감여가(堪輿家)로, 특히 풍수지리에 능한 지사(地師)였으니 세인들은 그를 경암(敬庵) 혹은 격암(格庵)이라고 불렀다. 현묘한 이치를 깨닫고 풍수천문음양복서 등의 술에 능통함으로써 명종 때는 천문학 교수로서 대우받았던 풍수지리학의 대가였다.

11) 화북면은 우리나라의 면 단위 지역 가운데 가장 많은 명산을 보유한 곳으로 '삼산(三山) 삼수(三水)의 고장'으로 불린다. 삼산은 속리산(1,057.7m), 청화산(984m), 도장산(827.9m)을, 삼수는 천왕봉에서 낙동강, 금강, 한강이 갈리는 것을 일컫는다.

12) 조선 후기 문신, 학자. 자는 회가(晦可), 호는 역천(櫟泉), 본관은 은진(恩津). 15세에 사림(士林)의 중망이 있었으나 사화를 피하여 낙향하는 아버지를 따라 옥천·도곡(塗谷) 등지로 옮겨다니며 살았다. 뒤에 천거되어 충청도도사·지평·장령 등에 임명되었으나 나아가지 않았다. 1764년 경연관(經筵官)이 되어 정치문제를 논의하던 중 영조에게 거슬리는 발언을 하여 파직되었다. 이조판서에 추증되었고, 지은 책은 「늑천집(櫟泉集)」이 있다.

(櫟泉亭)'이라 이름하고 제자들을 여기서 가르쳤다. 이곳을 흐르는 내 이름을 병천(瓶泉)이라 하였는데, 예전에는 이 정자를 '병천정(瓶泉亭)'이라 부르기도 하였다.

조선 후기 실학자 다산 정약용(丁若鏞, 1762~1836)은 우복동을 찾기 위해 전국 곳곳을 찾아다니는 사람들을 생각하며 실증적인 자료를 바탕으로 한 편의 시를 남겼다. 그는 〈우복동가(牛腹洞歌)〉에서 '속리산 동편에 항아리 같은 산이 있어 예전부터 그 속에 우복동이 있다고 한다네, 산봉우리 시냇물이 천 겹 백 겹 둘러싸서 여민 옷섶 겹친 주름 터진 곳이 없고, 기름진 땅 솟는 샘물 농사짓기 알맞아서 백 년 가도 늙지 않는 장수의 고장이라네'[13]라고 전한다.

화북에 들어서면 과연 어디로 나아가야 외부로 통할까 하는 생각이 들 정도로 사방이 첩첩산중의 소분지를 이룬다. 특히 천왕봉은 한강·금강·낙동강의 시점으로 삼파수(三派水) 꼭지점이며, 그 아래 장각계곡의 끝자락을 마감한 장각폭포와 용유계곡, 백악·청화·도장·승무산, 원적·심원사 등의 절이 자리하고 있어 주름 터진 곳이 없는 지세를 이루고 있으니, 사람이 사는데 전혀 부족함이 없는 길지로 옛날부터 이 부근 지역을 우복동, '완벽하게 복 받은 땅'이란 뜻으로 '완복지지(完福之地)'라 불렀으나 우복동은 찾기 어렵다고 말한다.

그는 '근세에 고가(故家) 후예로서 먼 지방으로 영락(零落)되어 와서 사는 사람들은 영달(榮達)

13) 牛腹洞歌(우복동가) - 정약용(丁若鏞) 우복동가(일부)
俗離之東山似甕(속리지동산사옹) : 속리산 동편에 산이 항아리 같아
古稱中藏牛腹洞(고칭중장우복동) : 옛날부터 그 속에 우복동이 감추어져 있다네
峯回磵抱千百曲(봉회간포천백곡) : 봉우리는 돌고 골짝 물은 천 굽이 백 굽이 둘러
衽交褶疊無綻縫(임교습첩무탄봉) : 여민 옷섶 겹친 주름 터진 곳도 없네
飛泉怒瀑恣喧豗(비천노폭자훤회) : 나는 샘과 성난 폭포가 마음껏 떠들며
壽藤亂刺相牽控(수등난자상견공) : 다래덩굴 가시나무가 얼기설기 막고 있네
洞門一竇小如管(동문일두소여관) : 출입문은 대롱만큼 작은 구멍 하나라네
牛子腹地纔入峒(우자복지재입동) : 송아지가 배를 땅에 붙여야 들어갈 정도라네
始入峭壁猶昏黑(시입초벽유혼흑) : 들어서면 가파른 절벽이 깜깜해도
稍深日月舒光色(초심일월서광색) : 조금 깊이 들어가면 해와 달 천천히 빛나고
平川斷麓互映帶(평천단록호영대) : 평평한 시냇물에 끊어진 산자락이 비쳐 흐르네
沃土甘泉宜稼穡(옥토감천의가색) : 기름진 땅 맛있는 샘물 농사짓기 알맞아
仇池淺狹那足比(구지천협나족비) : 얕고 좁은 구지와 어찌 비교가 되리오
漁子徊徨尋不得(어자회황심불득) : 어부가 아무리 돌아다녀도 찾아낼 수 없다네
玄髮翁嗔白髮兒(현발옹진백발아) : 머리 검은 영감이 백발 된 자식을 꾸짖고
熙熙不老眞壽域(희희불노진수역) : 백 년 가도 늙지 않는 정말 장수의 고장이라네
迂儒一聞心欣然(우유일문심흔연) : 멍청한 선비 소문 듣고서 마음이 흔연하여
徑欲往置二頃田(경욕왕치이경전) : 빨리 가서 두어 마지기 밭이라도 차지하였다네
竹杖芒屩飄然去(죽장망교표연거) : 죽장망혜 차림으로 훌쩍 찾아 떠나니
繞山百帀僵且顚(요산백잡강차전) : 백 바퀴나 산을 돌다 지치고 쓰러졌다네
天晴疑聞風雨響(천청의문풍우향) : 멀쩡한 하늘에서 비바람 소리 들리는 듯하고
世晏如見干戈纏(세안여견간과전) : 편안한 세상에 전쟁이라도 난 것 같았다네

할 뜻은 없이 오직 먹고살아가는 일에만 힘쓰고 있다. 심한 경우는 새처럼 높이 날아가고 짐승처럼 멀리 달아나려고 하여 우복동(牛腹洞)만 찾고 있는데, 한번 그 속으로 들어가면 자손들이 노루나 토끼가 되어 버리는 것을 전혀 알지 못하고 있다.'며, 세상을 이롭게 할 생각 없이 오직 자신의 목숨 부지에만 연연하는 선비를 '멍청한 선비'라고 비판하고, 실학자답게 우복동의 실증적인 자료를 바탕으로 자신의 생각을 시로 남긴 것이다.

규장각 편서를 지낸 실학자 이규경(李圭景, 1788년~?)은 길지에 대하여 다양한 관심을 갖고 우복동과 우복동도(牛腹洞圖)에 대한 변증설(辨證說)을 썼다. 거기서 '한강 남쪽의 모든 산이 다 이 속리산을 종마루(朝宗)로 한다. 신령한 기상을 품고 기르며, 높고 넓고 깊고 두터움은 여러 산이 비교할 바가 아니다.(「유속리산기」)'고 속리산 근방을 으뜸으로 꼽았다.

그런데 속리산의 우복동이 정확히 어딘지는 여러 설이 분분했다. 그는 '우복동변증설', '우복동진가변증설' 등의 글까지 써서 검토했는데, 대체로 화북면 용유리, 장암리, 상오리 권역으로 전한다. 그곳은 대체로 속리산(1058m), 청화산(984m), 도장산(828m)의 삼각형 꼭짓점으로 둘러싸인 분지로 용유동천, 우복동천이 있는 곳을 가리킨다.

"세상 사람들이 일컫는 동천복지로는 청학동과 우복동"이다. 이 두 곳은 모두 산지에 있다는 공통점이 있다. 서양의 유토피아가 평지에 도시로 구성되거나 천상을 꿈꾸는 것과 대비되지만, 우복동은 소의 뱃속 같은 편안하고 넉넉한 골짜기이고, 청학동은 푸른 학이 날아 깃든 듯 청아하고 신비로운 골짜기다. 그래서 우복동이 풍요로움이 묻어나는 복지의 생활형 이상향이라면, 청학동은 무릉도원과 같은 승지의 신선경에 해당하는 이상향이라 했다.

청화산 남쪽 기슭 용유리 일대가 일찍이 우복동으로 주목받아 왔듯이 용유동계곡 상류 너럭바위에는 풍운(風雲)을 만난 용이 하늘 높이 날아오르는 듯한 모습을 연상케 하는 서체로 '동천(洞天)'이라 새겨 놓은 멋진 글씨가 있다. '동천(洞天)'이란 곧 신선들이 사는 세계라는 의미로, 신선들이 살 만한 명산계곡의 승경을 이르는 말이다.

그렇다면 이 글씨는 과연 누가 썼을까? 양봉래(楊蓬萊)가 썼다고 하는데, 여기 양봉래는 조선 전기의 문인이자 서예가인 양사언(楊士彦, 1517~1584)이 아니라 속칭 양봉래로 일컬어진 상주 출신의 전설적인 도승 개운조사(開雲祖師, 1790년生)로, 그가 51세 되는 경자년 8월 세 번째 경일

(庚日)에 맨손으로 쓴 것이라는 '洞天'과 '閑坐(한좌)'가 있고, 그때 읊은 다음과 같은 게송이 전해진다.

주먹으로 동천(洞天)이란 글자를 쓰고	**拳寫洞天字**
손톱으로 한좌(閑坐)라는 글귀를 새기니	**瓜鐫閑坐句**
돌이 물렁한 흙처럼 부드러워서	**石柔如軟土**
나의 유명한 글귀를 잘 나타내 주네	**受我顯名區**
맑은 물 흐르는 반석 위에	**淸流磐石上**
일부러 용과 함께 놀며 분부했나니	**故敎龍子遊**
나의 조그마한 장난 같은 자취도	**此吾少戱跡**
천추만추에 전할 수 있거늘	**能傳千萬秋**
더구나 간경(刊經)의 공덕(功德)이랴!	**況刊經功德**
복의 터전(福海)은 한이 없으리라	**福海無邊頭**
수행하는 여러 어진 이들(諸賢)은	**修學諸賢等**
나고 죽는 물거품 같은 일을 벗어나리	**超脫死生漚**

민우식(閔禹植, 1885~1973)은 작은 용추 옆 벼랑 위에 '사우정(四友亭)'을 짓고, '쌍룡구곡시' 가운데 제9곡이 '홍류동'[14)]이며, 이곳을 우복동이라 노래하고 있다. 이 시는 별천지의 이상 공간이자 동시에 일상 공간임을 제시하고 있다. 산이 다하는 자리에 새롭게 열리는 세상이고, 복사꽃이 봄 물속에 떠내려오는 공간이며, 또한 무이촌처럼 확 트인 넓은 공간이다. 이같은 별천지 혹은 이상향은 복사꽃 등에서 볼 수 있듯이 소재 측면에서 도가적 분위기를 연출하면서도 우복동이 눈앞에 가까이 현실로 다가와 보이는 듯하다.

그는 '사우정기(四友亭記)'에서, 문경 남쪽 60리 지점에 한 언덕이 있는데 이를 쌍룡(雙龍)이라 하고, 화산(華山)이 그 북쪽에 있으며, 영수(穎水)가 동쪽에 흐른다고 했다. 지상에는 고산유수(高山流水)가 있고, 하늘에는 청풍명월(淸風明月)을 함께할 따름이니, 진실로 은자가 노닐고 군

14) 九曲紅流別有洞 구곡이라 홍류동에 별천지 동천이 있어
桃花春水謝塵鬨 복사꽃 봄 물속에 떠오니 세상 싸움 이르지 않네
始焉出峀終知環 구름은 묏부리서 나오고 새는 저녁에 돌아오는데
獸有麒麟鳥有鳳 짐승에는 기린이 있고 새에는 봉황이 있다네.

자가 살기에 합당하다. 사우정의 사우는 '산(山)'과 '물(水)', 그리고 '바람(風)'과 '달(月)'인데, 앞의 둘은 지상에 있고 뒤의 둘은 하늘에 있다고 하면서, 그의 선고 민영석(閔泳奭, 1868~1920)이 경술국치를 맞아 이곳 쌍룡에 찾아들어 흉금을 토로하며 선고의 뜻을 이루기 위해 사우정을 짓고 시를 썼다고 했다.

우복산(牛伏山)을 지명 검색해 보면 전국에서 2곳이 조회된다. 문경시 농암면과 경주시 천북면밖에는 없다. 곳곳마다 와우혈은 많은 편이지만 우복산은 기본적인 조건을 갖추어야 하므로 그렇게 부를 만한 지형이 많지 않다는 것이다. 우선 소는 풀을 먹기 때문에 머리 부근에 여물에 해당하는 적초안(積草案)이 있어야 함이 그렇고, 부지런히 일할 수 있어야 하므로 일터인 경전안(耕田案)이 있어야 한다. 또, 소는 되새김질을 하기 때문에 위가 4개인데 그 위(배)에 해당하는 부분에는 너른 들이 있어야 하고, 어떤 가축보다 물을 많이 먹기 때문에 물도 가까이 있어야 하며, 좌우로는 누울 자리까지 갖춰야 하므로 이런 조건을 두루 갖춘 곳이 적을 수밖에 없다. 먹는 물도 떡시루같이 생긴 시루봉에서 내려오는 쌀 씻은 물이라면 소가 더 살찌고 배부르게 살 수 있을 것이다.

소는 점잖고 뚝심이 있으며 외유내강(外柔內剛)형이라 평소에는 유순하지만, 위기가 닥치면 호랑이도 물리치는 뚝심의 동물이다. 그래서 사람들이 가장 살기 좋은 명당을 일컬어 '우복길지(牛腹吉地, 소의 배 안처럼 생겨 사람이 살기에 좋은 곳)'라고 부르고, 그런 곳을 찾으려고 한다.

불교에서 소는 부처의 상징이고, 연꽃은 빛과 생명의 상징으로 우리는 은연중에 소와 연꽃이 잘 어울린다고 생각한다. 연꽃은 오랜 수련 끝에 번뇌의 바다에서 벗어나 깨달음에 이른 수행자의 모습에 비유되고, 생명의 근원인 꽃잎마다 부처가 탄생한다는 불교의 믿음 때문이다. 이렇듯 연꽃은 생명의 근원, 대자대비, 윤회, 환생을 의미하는 꽃이다. 고려시대 보조국사 지눌은 자신의 호를 '소를 기르는 사람'이라는 뜻의 '목우자(牧牛子)'로 삼았고, 만해 한용운도 만년에 서울의 자택 이름을 '불성을 찾기에 전념하는 곳'의 의미를 담은 '심우장(尋牛莊)'으로 지었다.

부모와 자식지간의 지극한 정을 표현한 '지독지애(舐犢之愛)'란 말이 있다. 어미 소가 송아지를 핥는다는 뜻으로 소가 지닌 지극한 모성을 상징하고 있는 예이다. 소는 충절의 상징으로도 여겼는데 주인을 위해 호랑이와 싸우다 죽은 의로운 소를 기린 삼강행실도의 '의우도

(義牛圖)'에서 찾을 수 있다. 이렇듯 신성성과 친근성을 두루 갖춘 소를 함부로 잡지 않았음은 물론이다.

또한 '소같이 벌어서 쥐같이 먹어라', '소같이 일한다.'는 근면성, '느린 소도 성낼 적 있다.'는 온순함, '소 죽은 귀신같다.'는 고집스러움을 표현했는데, 이처럼 다양한 속담을 통하여 우리 선조들은 소를 귀감으로 삼거나 친숙함을 더하는 대상 그 자체였다. 그러므로 소의 형상을 닮은 산 역시 명당으로 부를 만하며, 그런 지형이 복을 내려 준다고 믿고 우복산을 찾으려고 방방곡곡을 누비고 다닌 것이다.

상주시에서는 이미 '우복동천 환주도'라는 이름의 등산로를 만들어 운영 중이다. 우리나라 십승지 중의 하나인 우복동이라는 명소를 자랑스럽게 생각하고 관리하며 활용한다는 점이다. 충북 보은과 화북면 일원에 걸쳐 있는 속리산과 문경시와 걸쳐 있는 청화산, 도장산을 연계하여 38km의 원점을 회귀하는 코스를 만들어 많은 등산 애호가들이 이곳을 찾고 있다.

다. 연화부수형(蓮花浮水形)

백두대간이 뻗어내려 청화산을 이루고 다시 뻗어내려 속리산을 형성하였으니 청화산은 속리산과 함께 이 지역의 2대 명산 중 하나다. 전설에 의하면 청화산이란 이름이 지어진 유래는 수십 리 밖 어디에서 봐도 항상 화려하고 푸르게 빛나고 있으며, 시루봉(청화산의 한 봉우리로 간주)도 변함없이 장엄한 자세로 그 위엄을 떨치고 있다 하여 이를 '청화산'이라 부르게 되었다고 한다. 청화산의 '華'자는 '연화(蓮華)'의 준말이며 '연꽃'의 뜻으로 많이 쓰이는 글자다. 그렇다면 '靑華山', 또는 '華山' 이란 산 이름은 산의 모습을 연꽃으로 본다는 말이다. 이 산은 연꽃 같은 형상의 수려한 산이란 의미로 지칭한 이름인 것이다. 한편 청화산의 연꽃 같은 여러 봉우리들 사이 한복판, 곧 그 연심(蓮心)에 자리한 절을 원적사(圓寂寺)라고 하며, 수행에 적합한 곳이라고 전해 온다.

청화산 산줄기가 동쪽으로 뻗어나간 곳에도 이와 관련이 있는 '연잎'을 뜻하는 '연엽산(蓮葉山)'이 있다. 또 이 산을 중심으로 주변에 산재해 있는 부락 이름들이 '청산리' 또는 '청화동', '화산리' 등으로 불려지고 있으며, '청화정', '청화연'이란 명칭도 이 산의 이름을 따서 부르게 된 것이다.

'택리지'에서 이 산의 아름다움을 언급하면서, '풍수지리설에 의하면 이곳이 연화부수형(蓮花浮水形)'이고, 마을 밑에는 맑은 물이 흐른다고 하여 '연계(蓮溪, 연꽃을 닮은 산에서 내려오는 개울, 연구렁 〈 영그렁)'라고 부르고 있다. 풍수에서는 연꽃 관련 혈을 연화부수혈(蓮花浮水穴), 연화도수혈(蓮花到水穴), 연화반개혈(蓮花半開穴), 연화함로혈(蓮花含露穴), 연화봉접혈(蓮花蜂蝶穴), 연엽도수혈(蓮葉到水穴) 등으로 나눈다. 이는 연꽃이 물 위에 떠 있거나 반쯤 핀 꽃, 뒤집혀 있거나 이슬을 머금고 있는 꽃, 벌과 나비가 날아오는 만개한 꽃의 형상과 함께 연잎이 뒤집힌 형상(연잎은 편평하지만 가운데로 갈수록 폭이 좁아지는 깔때기 모양이므로 산은 뒤집힌 형상으로 존재) 등을 통칭하여 '연꽃혈'로 분류하고, 연꽃과 연잎 닮은 지형을 길지로 간주하고 있다.

라. 청학포란형(青鶴抱卵形)

청화산 품안에 감싸인 마을로는 광정(문경시 농암면 내서리)과 화산 마을(상주시 화북면 용유리)이 있다. 이 마을을 중심으로 서쪽에 승무산, 북쪽에 청화산, 동쪽에 시루봉이 있어 전체적인 산세를 '청학포란형'이라 한다. 즉 푸른 학이 알을 품고 있는 산세로 청화산이 학의 머리와 몸통이라면 승무산은 오른쪽 날개, 시루봉은 왼쪽 날개가 된다. 청화산 정상 바로 아래에는 학의 앞가슴에 해당되는 지점에 원효대사가 창건한 원적사가 자리하고 있으며, 원적사 뒤뜰에는 학의 알에 비유되는 계란바위(일명 鶴바위)가 있어 신비함을 더하고 있다.

광정 마을 서쪽에 있는 청화산 남릉 상의 승무산은 옛날 도선국사가 이 산에 올라 청화산과 시루봉 풍광을 보고 너무 명산이라 감격해서 춤을 추었다는 전설이 전해지는데, 승무산(僧舞山, 559m)이라는 한자의 뜻을 새겨보면 머리가 끄덕여진다.

마. 모란형(牡丹形)

일설에는 청화산 아래 있는 원적암터를 풍수지리적 관점에서 '연꽃이나 청학 포란'이 아닌 '모란형(牡丹形)의 명당'이라 부른다고 한다. 모란의 그 중심에 절이 있으니 모란의 향기처럼 수행자의 자비가 멀리 전해질 수 있을 것이다. 원적사 사적(圓寂寺 事蹟)에 의하면, 신라 무열왕 7년(660)에 원효대사가 개산하였고, 조선 고종 광무 7년(1903)에 석교 선소(石橋 善沼) 선사가 중건하였다고 하며, 원적사에는 원효대사의 영정이 보관되어 있다.

바. 비치우산혈(飛雉于山穴)

청화산(984m)과 도장산(827.9m) 줄기 중간에 광정으로 넘어가는 비치재가 있고, 그 동쪽에는 비치(일명 비티) 마을이 있다. 시루봉 골짜기 아래로는 상비치(上飛稚), 중비치(中飛稚), 중리 3개의 마을로 이어진다. 이곳 비치라는 지명이 말해 주듯 꿩이 산 쪽으로 날으는 형상을 하였다 하여 '비치우산혈(飛雉于山穴)'이라 한다.

삼화사경(三花四景) 중 하나로 '비치주양(飛雉走揚)'이라 불렀는데, 여기서 비치주양이 바로 '비치우산혈'을 말하며, 상비치 마을 입구에는 천연기념물로 지정된 육소나무라고 불리는 거대한 반송이 자리하고 있어 경치를 으뜸으로 치고 있다.

사. 비학승천혈(飛鶴昇天穴)

청화산에는 산자수명의 승경이 있다고 했다. 청화산은 백두대간 서쪽 아래로 우복동과 용유동계곡 화양동계곡과 옥양동계곡을 끼고 있어 수십 리 밖 어디에서 바라보더라도 항상 화려하고 푸르게 빛나며, 시루봉도 장엄한 자세로 위엄을 떨치고 있다.

그곳은 다름 아닌 원적사가 있는 자리, 원효가 이곳을 찾아 공부했다는 원적사(660)가 있는 그곳을 비학승천혈(飛鶴昇天穴)이라 한다. 이곳은 풍수지리설에 의하면 학이 하늘을 향해 날아오르는 명당으로 옛날부터 깨달음을 빨리 얻을 수 있는 수도처로 알려져 있다. 절 뒤에 있는 큰 바위를 학바위, 또는 말바위라 부르기도 한다. 학이 날개를 펴고 날아오르는 것 같기도 하고, 잘 달리는 말의 안장이 올려진 바위 같기도 하여, 예로부터 관직에 나아가려는 사람들이나 큰 꿈을 이루려고 하는 사람들이 조용히 이곳을 찾아와 기도를 하는 곳으로도 알려져 있다.

4. 우복산 주변의 산과 지명 유래

가. 우복산 주변의 산

– 연엽산(蓮葉山, 791m)

'연엽'이란 연의 잎으로, 산의 형상이 연의 잎사귀를 닮았다는 말이다. 하지만 연잎은 하늘을 보고 있는 입이 넓은 깔때기 형태로 화산작용 시 생긴 칼데라 지형이 아니면 생성이 어렵지만, 반면 연잎을 뒤집어 놓은 것(연엽도수혈, 蓮葉到水穴)으로 생각하면 연엽산이 그렇게도 보인다.

청화산이 '큰 연꽃'이라면 연엽산은 청화산의 '연꽃을 받쳐 주고 있는 연잎'이거나 아니면 '작은 연꽃(蓮花, 蓮花浮水穴)', 또는 연꽃이 피어 있는 연화정수형상(蓮花淨水形象)이라 하여 연엽(蓮葉)으로 불렀다고 한다. 연엽산 정상을 올라가면 멀리서 바라보이던 제법 뾰족해 보이던 정수리는 간 곳 없고 거대한 연잎을 하늘에 펼쳐 놓은 듯한 편평하고 너른 밭 형상을 띤다.

– 시루봉(876m)

농암면 화산리와 내서리에 소재한 산으로 정상에는 시루를 닮은 암봉이 있다. 사방 어디에서 보아도 시루를 엎어 놓은 듯한 거대한 정상의 바위는 떡시루처럼 생겼다고 하여 시루봉이라 불린다. 백두대간 청화산에서 동남쪽으로 가지를 쳐 시루봉을 일으켰는데, 그 시루봉을 '푸른 학이 알을 품고 있는 산세'인 '청학포란혈'로 보기도 하지만 멀리서 보면 누가 봐도 멀리서 보면 떡시루를 엎어 놓은 형상으로 다가온다.

시루는 먹을거리를 만드는 떡을 찌는 그릇이다. 과거 삼재불입지의 우복동에서도 먹을 거리가 기본인 것을 생각하면 시루봉은 단순한 암봉 이상의 의미가 있다. '시루'는 곧 떡을 의미하는 것으로 이 지역은 잔치상을 차려 놓은 형세다. 이런 형세는 '백성들 모두가 와서 구경하라.'는 뜻과 '떡도 먹고 잔치도 즐길 수 있다.'는 뜻이 담겨 있다고 한다. 경남 고성군에 소재한 시루봉을 일명 '소풀산'이라고 부르는데, 그곳에는 소가 좋아하는 풀이 많기 때문인 것으로 볼 때 시루봉은 소와 밀접한 연관성이 있는 것으로 보인다.

속리산 주변에는 이런 4개의 시루봉이 몰려 있어, 그래서 이곳을 복지라고 부르는 또 다른 이유가 있다. 괴산군 청천면 송면리 북쪽의 시루봉, 칠성면 사은리 남쪽의 시루봉, 보은군 마로면 경계의 시루봉, 문경시 경계 청화산 동남쪽의 시루봉이 각각 있는데, 그중에서 청화산의 봉우리 중 하나로 청학이 알을 낳는 형상의 동쪽 시루봉이 단연 으뜸이며, 이 부근에 우복동이 있다고 믿었다.

– 우복산(牛伏山, 382m)

농암면 화산리와 종곡리에 걸쳐져 있는 382m의 작은 산이다. 그러나 이 산의 형상은 마치 소가 엎드려 있는 형상을 하고 있다는 점과 이 작은 산을 연엽산(791m)과 청화산(984m)이 품고, 머리맡에 시루봉(876m)을 두고 있다. 소가 큰 연꽃과 연잎의 보호를 받고 있으며, 소의 머리맡에 큰 시루를 두고 있으니 범상치 않은 지세임을 단박 느끼게 된다. 이곳 종곡리 주민들은 이 산의 정상을 '복기등'이라고 부르며, '복기'라는 말은 두 가지 의미를 갖고 있다. 그중 하나인 '복기(服氣)'는 '해와 달의 정기를 흡입하는 일로 낮에는 왼쪽 눈을 감고 오른손으로 햇빛을 받아 양기를 먹고, 밤에는 오른쪽 눈을 감고 왼손으로 달빛을 받아 음기를 먹는다.'는 뜻이다. 또 다른 '복기(福起)'는 '복을 일으키는 승지'라는 뜻을 갖고 있기도 하다. 전국에는 와우혈이 많은 편이지만 '우복산'이라는 지명[15]이 단 두 곳밖에 없다는 것도 이곳이 희소가치가 있는 길지임을 말해 주고 있다.

우복산을 가운데 두고 4곳의 경승을 꼽아 '삼화사경(三花四景)'[16]이라 했다. 삼화(三花)란 연꽃 세 송이가 산상에 피어 있다는 청화산을 일컫거나 연엽산을 의미하지만 4곳의 경승을 살펴보면 우복산이 그 중심이다. 비치(飛雉) 마을은 시루봉 아랫마을이지만 연계(蓮溪), 화산(華山, 괴밀), 북실(北室, 종곡1리) 마을은 우복산을 바로 인접하고 있어 그만큼 선인들이 우복산을 대단하게 생각했다고 말할 수 있다.

– 종곡산(鍾谷山, 370m)

종곡산은 지도상에 나타나는 산이 아니다. 1892년경 김성재가 〈산송몽 필사본〉에서 문제의 선조 산소가 있고 윤하정이 있는 뒷산을 '종곡산'으로 기록한 데서 출발한다. 종곡산의 뜻을 새겨보면 '산 모양이 종(鍾)처럼 생겼다.'는 뜻으로 종곡2리(뒷발이) 뒷산이다. 성재산을 마주보고 있으며, 동바리 쪽에서 보면 산이 종처럼 생긴 모습으로 다가오는 데 이 산은 윤

15) 전국의 산이름이 '매봉산' 97개, '국사봉' 86개, '봉화산' 82개, '옥녀봉' 75개, '시루봉' 53개, '남산' 43개 순이지만 우복산은 2개밖에 없다.

16) 화산청풍(華山淸風), 연계명월(蓮溪明月), 북실종성(北室鐘聲) 비치주양(飛雉走揚).

하정 뒷산(350m)이 아니라 북으로 조금 비껴 나간 봉우리(370m)이다. 예전에는 종을 '쇠북'이라 불렀는데, 쇠북은 생긴 모양이 종처럼 둥글어 '쇠북종'(鍾)이라 쓰고, 쇠북을 종과 같은 의미로 썼다. 종곡3리(한우물)에서 시작되어 종곡2리(뒷발이), 남북 방향으로 길게 산이 이어지는데, 여기서 종곡2리와 종곡3리는 우복산의 한 부분이 된다. 왜냐하면 우복산이 엎드려 있는 소의 형상으로 귀밑(화산)이 소의 귀와 머리 쪽이고, 한우물(진등)은 소의 등과 배이며, 뒷발이(종곡2리)가 소의 뒷발에 해당되어 한 마리의 소가 그려지기 때문이다.

종을 걸어 둔 것처럼 생긴 산이 만든 골짜기를 '종곡'이라 부르는데, 종곡은 동시에 '북실'이라는 지명을 갖는다. 충북 보은읍 종곡리(북실), 충남 아산시 송악면 종곡리(북실), 영월군 중동면 연상1리(종곡, 북실 마을)가 있으며, 농암면 종곡리도 이와 다르지 않지만, 문경시 산북면의 종곡리는 씨앗종(種)자를 사용하므로 북실이라 하지 않는다.

종이라 하면 경종의 알림을 주고, 북이라 하면 깨우침을 주는 것, 이런 좋은 의미를 내포하고 있으니 이곳을 길지로 보는 이유이다. 이 내용을 참고할 때 김성재가 뒷발이 뒷산을 우복산이라 칭하지 않고 왜 종곡산이라 불렀을까? 하는 의문점이 남는다. 짐작하건대 부친 김성의가 산송 사건 문제로 억울함을 당하자 최후의 수단으로 격쟁(쇠북을 침)을 통하여 신문고를 울렸고, 후일 왕명에 의해 정의가 승리하는 결과를 얻었기에 후세 사람들에게는 경종을 울리고 자손들에게 깨우침을 준다는 뜻에서 쇠북종(鍾)이 들어간 '종곡산'으로 불렀을 것으로 보인다.

- 도발산(道發山, 350m)

도발산도 지도상에 표기된 산이 아니다. 1892년경 김성재가 〈종곡산 산송몽〉 필사본에서 표지에는 종곡산, 내용에서는 도발산을 혼용하다가 1946. 8 김상건이 선조의 산송 사건 승소를 기록한 실화소설에서는 제목을 〈도발산 산송몽 윤신설지 또는 신설지〉라고 짓고, 또 격쟁 승소를 기념하기 위해 정자를 지으면서 쓴 〈윤하정誌〉에서 본격적으로 '도발산'이라 부르고 있다. 김성재가 산송을 벌인 선조 산소가 있는 산에서 북쪽으로 조금 물러 있는 봉우리를 '종곡산'이라 기록하였는데, 김상건은 산소가 있는 주룡을 아예 '도발산(道發山, 350m)'으로 다르게 명명하였다.

그렇다면 왜 김상건은 이 산을 우복산이나 종곡산으로 부르지 않았을까? 사실 우복산은 손꼽히는 명산이요, 종곡산도 이에 못지않은 의미를 내포하고 있는데 왜 굳이 도발산을 고집하였을지 의문이 생긴다. 정자가 있는 산에서 보면 수구의 양 끝을 지키는 산으로 종곡산(鍾谷山, 370m)이 청룡 쪽의 화표산이요, 우복산(382m)이 백호 쪽의 수구 화표가 되므로 그 가운데 있는 봉우리인 주룡의 이름을 도발산이라 다르게 붙인 것으로 보인다. 이런 지세에다 연엽산(연잎), 시루봉(떡시루), 청화산(연꽃), 장군봉(투구)의 기운이 힘을 더하고 있으니 당연히 길지가 될 수밖에 없지 않은가.

윤하정이 있는 곳은 소의 뒷발에 해당하는 부분이므로 〈뒷발이〉라는 지명을 갖고 있다. 그래서 '뒤'라는 것은 '앞'보다 왠지 격이 낮은 쪽으로 인식되어 이를 의도적으로 피하려 했을 것으로, '뒷발'을 '승팔(升八)'이라는 한자로도 표기하였다. 이는 '되 승(升)'자의 훈을 차용하여 '뒤'로, 여덟 '팔(八)'자는 발음이 비슷한 '발'자의 음으로 사용하였는데, 그는 '뒷발'이라는 이름을 거부하였을 것이다. 적어도 우복산이라는 길지는 하늘이 내리는 것이니 사람들은 이곳을 부를 때 '도(道)'를 대하듯 해야 한다는 생각으로 '도(道)'자를 넣었을 것이다. 우복동천 소의 발 정도에 해당하는 '도장산'의 한자 표기를 '道藏山'으로 쓴 것처럼, 우복산의 발에 해당하는 한자표기도 그와 같은 형태로 '도(道)'자를 넣어 '道發山'으로 표기했을 것이라는 추론이다. 우복동천의 도장산은 '도를 품고 있는 곳(道藏)'이요, 우복산의 뒷발은 '도를 펼치고 있는 곳(道發)'으로 지어 품격을 올렸을 것이리라.

– 성재산(城在山, 356m)

뒷발이(종곡2리)에서 동쪽으로 바라보이는 앞산이자, 농암면과 가은읍 경계 지점에 위치한다. 이 산은 '성이 있는 산'이라 하여 '성재산'으로 부르며, 정상에는 퇴뫼식 석성이 있다. 견훤이 쌓았다고 하여 '견훤산성', 또는 '백제성, 천마산성'이라고도 부르며, '마고(麻姑)할미'의 전설이 얽혀 있기도 하다.

속리산 천왕봉에서 발원하여 동진한 쌍룡천과 궁기리(견훤궁터) 불당골과 조항산에서 발원하여 남진한 궁기천이 농암1리 개바우 지점에서 서로 만나 농암천이 된다. 성재산(견훤산성)과 쪽금산(332m)을 휘돌아 민지 섬안 마을을 만들고, 동진하여 가은천과 조령천, 봉생정 앞 용연에서 합류, 고모산성 쪽으로 흘러 삼태극의 영강을 만들어 경북 제1경 진남교반의 비경을 빚은 다음, 낙동강 700리로 굽이굽이 흘러간다.

성재산은 농암천이 크게 곡류하는 꽃비리(벼랑)를 지나고 섬안을 거쳐 더대 마을로 이어지면서 그 가운데 우뚝 서 있는데, 섬안의 뒷산을 '쪽금산' 또는 '천마산'이라고 달리 부르기도 한다. '섬안' 마을은 성재산을 안고 크게 감입곡류하는 농암천이 물돌이를 이루어 마치 섬처럼 이루어졌던 까닭에 섬의 안쪽에 있는 것과 같다고 하여 '섬안'이라고 한다.

나. 우복산 주변 지명유래

– 다락골, 누동(樓洞)

농암면의 서남단에 위치한 도장산(道藏山, 828m)의 동남쪽 기슭에 있다. 이곳은 내서리에 해당되며 골짜기의 해발고도가 300m에 이르는 까닭에 다른 마을에 비하여 다락처럼 높은 곳에 있어 '다락골'이라 부른다. 이곳에서 서남쪽으로 가면 서재마을이 나오고, 동남쪽으로 가면 웃다락골마을이 나온다.

– 쇠꼴, 소꼴, 샛골, 소야곡(所也谷)

율수리와 내서리, 또는 밤소와 감막 사이에 있는 골짜기를 말하고, 황령에서 내려오는 물을 막아 못을 만든 곳을 말하기도 한다. '쇠꼴'은 소의 먹이를 말하며, '소꼴'로도 부른다. '샛골', '사이골', 또는 '소야곡(所也谷)'으로도 부른다.

– 밤소(栗谷, 栗藪, 栗林)

율수리는 밤나무가 많은 곳으로, '율수(栗谷, 栗藪, 栗林)'라고도 부르며, 율수는 우리말로 '밤소'라고 한다. '밤소'는 둑 주변에 밤나무를 많이 심어 놓은 못을 지칭하기도 하고, '황갈색(밤색) 털을 가진 소'라는 뜻도 갖고 있다. 위에 있는 밤나무골은 '상율', 아래쪽은 '하율'로 부른다.

– 감막, 시막(柿幕)

마을 앞 들판에 감나무가 많아 감을 지키는 움막이 있었다고 하여 '감막', '시막'이라 했다고 한다. 밤소의 아래 있는 마을이라 하여 하율(下栗)이라 하며, 우복산 소의 귀밑 부분 앞을 흐르는 쌍룡천의 건너편(빈지머리 건너편) 마을에 해당된다.

– 상비치(上飛雉), 중비치(中飛雉)

시루봉 아래 있는 마을로 좌로는 연엽산, 우로는 장군봉이 자리하고 있다. 꿩이 산으로 나는 비치우산혈(飛雉于山穴)이 있다고 하여 '비치'라 하고, 위쪽은 상비치, 중간은 중비치, 아래 쪽은 '청화(靑華)'라고도 한다. '비치'가 구개음화되어 '비티'라고도 불린다.

특히, 조선조 중엽 어떤 명풍수가 명산대천을 두루 돌아다니다가 청화산 동쪽 기슭 시루봉 줄기 영산봉에서 물이 내려오는 비치 골짝(장소는 미정)에 세 갈래로 한없이 솟아나는 삼파수가 있었다는 전설[17]이 전해 온다.

– 연계동(蓮溪洞), 중리(中里)

우복산 서쪽에 있는 마을로, 이곳에 연화부수형(蓮花浮水形)이 있고, 마을 밑에 맑은 물이 흐른다고 하여 연계(蓮溪)라 하였다고 한다. 남서쪽으로 내를 건너 조금 가면 중리(中里)가 있는데, 다락골 물과 율수의 샛골 물, 시루봉 물(시루봉 물과 연엽산 물이 합수)이 합류하면서 퇴적 지형을 형성한 곳이라 논농사와 밭농사가 성하다. 일명 '연구렁(연꽃 물이 흘러 내려오는 구릉분지, 영그렁)'이라고도 한다. 우복산의 소머리 윗부분에 해당하는 지역으로 시루봉 쌀 씻은 물과 연엽산 연꽃잎을 씻은 물을 먹는 우복산의 소는 보통 소가 아닐 법하다.

– 화산리(華山里), 청화(靑華)

청화산(靑華山) 바로 밑에 있는 화북면 용유리는 '화산 마을'이라 하고, 우복산 밑에 있는 지역은 농암면 '화산리(華山里)'라 한다. 여기서 화산은 두 곳 다 청화산을 말하지만, 거리상으로는 농암면 화산리는 청화산보다는 연엽산에 더 가깝다. 화산을 의미하는 꽃은 청화산이나 연엽산이나 같은 연꽃이지만 가까이 이웃하고 있는 산이 더 영향을 준다고 본다면 농암면 화산리는 연엽산의 기운을 받는다고 볼 수 있다. 우복산을 중심으로 남서는 내서리, 북동은 종곡리, 남은 율수리와 접하고 있으며, 우복산을 바로 접하고 있는 귀밑 마을 쪽을

17) 삼파수(三派水)의 전설
청화산 동쪽 기슭에 맑게 솟아나는 우물이 있어 이를 삼파수(三派水)라 불렀다. 시루봉 줄기의 영산봉에서 사방을 둘러보니 동쪽에 명당이 반드시 있을 것이라 생각하고 내려와 보니 바로 그곳에서 맑은 정화수가 용솟음치고 있었다고 한다. 그리하여 지관은 대명당 터에서 물이 솟아나는 것을 보고 애석하게 여겨 우물물 줄기를 세 갈래로 갈라 놓았다. 상류는 식수로, 중류는 농수로, 하류는 역시 식수로 이용하였는데 상여가 이곳으로 지나가니 그렇게 맑던 우물물이 갑자기 누런 물로 변하여 온 마을이 식수난을 겪게 되었다 한다. 그러던 어느 날 마을에서 목욕재계하고 제수를 차려 용왕님께 제사를 지냈더니 맑은 물이 다시 솟아났다고 한다.

머리안(모리안)이라고도 하고 편하게 청화라고도 한다.

– 머리안(豆內, 모리안, 두내골)

우복산의 초입(소의 머리 부분) 화산리 오괴정이 있는 귀밑 마을 쪽을 말한다. 이곳은 화북에서 속리천이 흘러내려오다가 쌍용계곡을 빠져나오면서 도장산에서 내려오는 다락골 물, 청화산 아래 시루봉 물, 황령의 샛골 물, 이렇게 삼수가 합수하면서 처음으로 비교적 넓은 퇴적지형을 형성한 곳이다.

이곳을 '머리안'이라고 부르는데, '우복산의 소의 머리가 있는 안쪽'이라는 뜻도 있고, '모리안(水內)'이라고 부르는 '물의 안쪽'(물이 넉넉한 곳)이라는 뜻도 담겨 있는데, 이곳이 소가 물을 잘 먹을 수 있는 지형이다.

– 오괴정(五槐亭)

우복산 아래 귀밑(머리안) 개울가에 있는 정자로 한학자인 연암 홍최식(蓮菴 洪最植, 1890~1971)을 추모하여 그의 문인 68인이 1964년에 이 정자를 세웠다.

– 쇠코바우(시코바우)

우복산 귀밑 위쪽에 있는 바위로 쇠의 콧구멍처럼 구멍이 뚫려 있는 바위를 말하며, 소의 코뚜레가 관통한 구멍이라고도 한다. 특이하게 생긴 바위(쇠코바우)가 있는 작은 골짝을 '괴석골'이라고 한다.

– 귀밑, 괴밑, 괴하(槐下)

우복산 바로 밑에 있는 마을로, 산이 소의 귀처럼 닮은 곳이라 하여 '귀밑'이라 불렀다. 우복산은 대부분 흙산으로 바위가 거의 없는데, 귀밑 마을에서 연계 마을 가는 방향으로 우복산 머리 부분에 '괴석골'과 '쇠코바우'가 있어 '괴밑' 또는 '괴하(槐下)'라고도 부른다.

– 큰 섬실(蟾室), 작은 섬실

귀밑에서 잣나무 고개로 넘어가는 중간지점의 우복산 골짜기 밑으로 크고 작은 두 개의 봉우리가 엎드려 있다. 봉우리 생김이 두꺼비를 닮았다 하여 섬실(蟾室, 두꺼비)이라 하고, 두꺼비는 행운과 부자, 집을 지키며 건강과 아들을 상징하는데, 이곳이 소의 목덜미 부분이다.

그 아래로 '빈지머리'가 있고 개울이 흘러 두꺼비의 서식이 용이한 지세를 갖추고 있다. 두꺼비가 먹잇감을 확보하려면 물이 있어야 하는데 귀밑에서 낙수바위 쪽으로 흐르는 물이 있으니 안심이다. 큰 두꺼비는 암놈이고 작은 두꺼비는 수놈으로 암수가 같이 정답게 있으므로 포접이 용이하고, 해감이나 이끼를 먹고 어둡고 습한 산간 생활을 할 수 있는 데다가 알을 방죽으로 내려와 낳아도 빈지머리가 맹지여서 안전이 보장되므로 이곳 역시 자손 번성의 길지로 보기도 한다.

– 빈지머리(빈터머리, 빈지모랭이)

우복산 소의 귀밑을 지나면 목덜미 쪽으로 넘어가는 종곡리 방향 쪽은 고개가 있다. 잣나무가 많다 하여 '잣나무고개'라고 불렀는데 고개를 넘기 전 두 개의 작은 솟음이 두꺼비처럼 앉아 있어 그곳이 바로 '큰 섬실', '작은 섬실'이다. 그 섬실과 건너편 '감막' 마을을 사이에 두고 머리안에서 낙수바위 쪽으로 쌍룡천이 흐르고, 그 개울에 물막이 보(머리안)가 있어 봇물은 봇도랑을 통해 한우물 들판으로 농수를 공급한다.

물길이 섬실, 잣나무 고개 밑의 산모퉁이 바위절벽을 휘돌아 낙수바위 방향으로 흐르는 쪽 후미진 곳 경사지에 빈 터 같은 작은 밭이 있으니 그곳을 '빈지머리'라고 부른다. 사람들의 접근이 용이하지 않고 진입로가 없는 맹지이므로 발길이 뜸한 곳이다. 꽃밭등(소의 앞다리)의 끝머리이자 수꾹대기가 있는 곳으로 산의 절벽과 하천과 잇닿아 있어 두꺼비들이 서식하기 좋은 장소가 된다.

– 잣나무고개(栢峴)

우복산(귀밑) 동쪽에서 종곡리로 넘어가는 고개로 꽃밭등과 수꾹대기 아래를 관통하는 작은 재다. 예전에는 잣나무가 많았다고 하고 인가와 후미져 있어 밤에는 고개 넘기가 무서운 곳으로 알려져 있다.

– 수꾹대기

잣나무 고개 아래 빈지머리와 벼랑을 품고 있는 작은 산이다. 이곳은 하천과 가까이 있을 뿐 아니라 논과 야산이 가까이 있어 새들의 풀씨, 볍씨, 물벌레 등의 먹잇감이 풍부한 곳이다. '쑤국 쑤국' 우는 '쑤국새'는 참새과의 작은 새인 '쑥새'인데, 이 새가 울 때 깃을 '수꾸(수수의 방언) 이삭'처럼 세운다고 하여 '수꾸새 〈 수꾹새'로 변음된 것이다. 이 새들이 강가 야산에 집단 서식한다고 하여 '수꾹대기'라고 부르며, 대정숲 서쪽에 해당된다.

어떤 효심이 깊은 여자아이가 쑥이 흔하던 시대에 병든 부모님을 모시고 살고 있었는데 그만 불의의 사고로 세상을 떠나게 되었다. 이 소녀는 죽어서도 부모님이 너무 걱정이 되어 저승으로 가지 못하고 새가 되어 이승에 머물면서 부모님께 쑥국을 끓여 드리고 싶어서 계속 "쑥국 쑥국 쑥국" 하며 울었다 하여 이 새를 孝心이 깊은 '쑥새'로 불렀다는 전설이 내려오고 있다.

수꾹대기 인근에 '백원각'이라는 효비각이 있는데 이 마을 강미옥의 처(밀양박씨)가 병든 시아버지를 극진히 봉양하여 하늘이 크게 감동하게 되었고 산비둘기 두 마리를 방 안에다 내려주었는데 그것을 시아버지에게 드리고 병이 완치되었다 한다.

– 꽃밭등

잣나무 고개 쪽에서 우복산 동서 방향으로 뻗어 있는 기다랗고 낮은 등성이다. 이곳은 소의 앞발에 해당하는 곳으로 봄이면 진달래가 많이 피어 꽃밭을 이룬다고 하여 '꽃밭등'으로 불린다. 예전에 역병으로 아이들이 한꺼번에 40여 명이 죽어 이곳에다 묻었는데, 그 원혼 들이 대낮에도 꽃밭등에 나와서 깔깔거리는 아이들의 웃음소리를 낸다고 한다. 우복산 소의 앞다리는 쇠똥이 묻은 다리가 아니라 봄이면 진달래꽃으로 치장하는 아름답고 늘씬한 앞다리인 셈이다.

– 쇠번디기(새번디기)

우복산에서 꽃밭등에 이르는 중간 지점의 평평한 지대를 말하며, 소의 잔등과 앞다리 사이 정도로 보인다. 아래로는 '꽃밭등', 남쪽으로는 '섬실', 북쪽으로는 한우물의 '사마실 골'을 두고 있다. '번디기'라는 말은 '등성이' 또는 '논배미' 등을 말한다.

– 삼화실(三花谷, 三花室)

우복산을 안산으로 동쪽에 두고, 연계동 북쪽에 있는 마을로, 바로 삼화실 뒷산이 '연엽산'이다. '연잎'과 '연꽃'은 엄연히 다르지만 청화산 봉우리는 '연꽃'과 같다 하고, 연엽산의 봉우리는 '연잎'을 닮았다고 하는데, 실은 연엽산을 '연화산'이라고도 부른다는 점에서 연엽산도 '연꽃' 인 것이다. 더욱이 멀리서 보면 산 정상의 모양이 연꽃 모양으로도 보여지고, 또한 연꽃이 피어 있는 명산의 기세와 풍광을 갖고 있다. 〈삼화 4경 : 화산청풍(華山淸風), 연계명월(蓮溪 明月), 북실종성(北室鐘聲), 비치주양(飛雉走揚)〉이라는 경승으로 꼽은 4경의 지역이 '화산, 연계, 북실, 비치'인 것을 보면, 이는 연엽산을 배산으로, 청화산을 주산으로 두었으며, 우복산을 안산으로 둔 것이다.

삼화실은 뒷산이 세 송이의 연꽃과 같다고 하여 삼화(三花)라 했으며, 상삼화와 하삼화로 구분된다. 앞은 우복산, 뒤로는 연엽산이 가로막아 앞이 터져 있지 않아 길지로라고 한다. 이곳은 6.25전쟁 때 주변 고을에서 피란을 가던 곳으로 우복동같이 적으로부터 전란의 피해를 입지 않는 곳으로 잘 알려져 있다. 남쪽으로는 연계, 북쪽으로는 종곡1리 북짓골(북실)로 이어진다.

– 소꼴머리(쇠꼴머리, 씨꼴머리)

삼화실에서 동쪽으로 보아 우복산 하부 능선 중간쯤에 살짝 들어간 골이 있다. 그곳은 우복산 뒤편인 까닭에 낙엽송 등 잡목과 칡넝쿨 같은 풀들이 무성하였는데, 이곳을 일컬어 '소꼴머리'라고 불렀다. 소의 또 다른 먹이가 되는 적초안이 소의 머리 쪽에 있는 형상이다.

– 분통골(粉桶谷)

연엽산 아래 골짝이며, 삼화실 뒷산이다. 분통은 '연꽃분을 담은 향기로운 통'이라는 뜻으로 우복산 소가 연꽃 분을 찍어 화장을 하는 골짜기를 말한다. 분통처럼 좁은 골이라는 뜻도 동시에 갖고 있다.

– 한우물, 하담, 중담, 샘골, 새터

종곡3리에 해당하는 이 마을은 우복산 소의 배에 해당되고, 해발고도 200m 정도의 산기슭에 남북 방향으로 줄지어 길게 발달해 있는데 마을 뒷산이 진등과 은장봉이다. 소의 위가 4개(혹위, 벌집위, 겹주름위, 주름위)이듯 한우물(종곡3리)에는 하담, 중담, 샘골, 새터마을 4곳으로 나눠져 있다. 마을 한가운데 수원(水源)이 좋고 물도 차가운 샘이 있어 찬우물 〈 한우물(寒井), 큰 우물이라는 '한우물(大井)', 연음화하여 '하느물'이라고도 부른다.

전설에 의하면, 마을 한가운데 용머리를 가진 큰 우물이 있었는데 지나가던 스님이 빠져 죽어서 샘을 없앴다고 전해 온다. 마을 뒷산에는 예로부터 여름 철새이자 보호조인 백로(왜가리)들이 해마다 찾아와 명물이 되고 있다.

– 대정숲(대정공원)

한우물 마을 앞에는 반달 모양의 큰 들판이 있고, 들판이 끝나는 곳에 쌍룡천이 흐르며, 그 강변의 둑 안쪽으로는 수백 년 이상된 노송이 큰 숲을 이루어 '한우물숲', '대정숲', '대정공원(大井公園)'이라 부르고 있다. 이 나무들은 마을 앞이 트여 강이 보이면 복이 빠져나간다고 하여 수구막이 역할이 필요하고, 우복산 소의 배에 물이 들면 안 되므로 숲으로 가려 줘야 한다며 인공조림을 하였다고 한다.

특히 대동아전쟁(1944. 2) 때 조선총독부에서 이 숲의 소나무를 벌목, 군함 제작을 하려 관령을 내리자 김상건 등이 주동, 동민들이 적극 항거하여 일부만 베고 낙락장송 92그루를 존치한 상태로 오늘에 이르고 있는 '항일의 애국 숲'이다.

– 은장봉(銀藏峰, 은장배기)

우복산 진등의 끝자락에 해당되는 작은 봉우리다. 은장봉의 '은(銀)'은 흰빛(소배, 소젖, 바위, 백로)을 갈무린 '봉우리'이고, 장(藏)은 '다락, 도장'을 말한다. 경기도 화성의 '은장고개'를 '다락고개'라고 부르는 이유는 형상이 다락같기 때문일 것이다. 이곳은 우복산 소의 배가 위로 올라간 뒷부분에 해당하여 '다락'에 비유될 수 있다. 은장봉 약간 아래쪽으로는 백로 서식지가 있어 이른 봄에서 가을까지 이곳 산을 은빛으로 수놓는다.

– 뒷발, 뒷바리, 승팔(升八)

성재산에서 농암1리 서쪽에 위치한 마을로, 조항산과 둔덕산에서 내려오는 궁기천을 건너 우복산 끝자락(도발산 아래, 종곡산 남쪽) 아래 있는 종곡2리에 해당된다. 괴정(槐亭) 마을에서 서쪽으로 이어지는 우복산(牛伏山)이 있는데 그 산 모양이 흡사 엎드린 소의 형상이며, 이 마을은 소의 뒷발 부분에 해당된다고 하여 '뒷발이 〉 뒷바리'라 부르게 되었다. '뒤빠리' 또는 '디빠리', 한자로는 '승팔(升八)' 즉, 승(升)의 훈(訓)인 '되' + 팔(八)의 변음인 '발(發)'이라고 부르기도 한다. 김상건은 〈윤하정〉지에서 이곳 지명의 격을 높여 '뒷발'의 유사 한자음과 훈을 차용한 '도발(道發, 道를 펼치고 있는 곳)'로 표기하였다.

– 윤하정(允下亭)

우복산(소) 뒷발에 해당하는 뒷바리 뒷산에 있는 정자이다. 뒷산은 우복산, 종곡산, 도발산으로도 불리며 마을이 끝나는 지점 윗편에 명당이라고 불리는 문제의 '김택수의 묘'가 있다. 이 자리를 두고 순천 김성의와 안동 김병옥이 10여 년간에 걸쳐 산송 사건을 벌이게 된다. 김병옥은 칠백 석 부자로 탐관오리를 매도하고 권모술수를 부려 명당자리를 노리고, 이에 김성의는 고종의 거둥을 막고 왕에게 격쟁상소하여, 천신만고 끝에 승소를 거두게 된다. 구타와 회유와 협박, 무고한 감옥살이 등 파란만장한 역경을 딛고 끝끝내 약자가 강자를, 정의가 불의를 이기는 지조 있는 양반가의 역사를 남긴다. 이를 후손 김상련과 김상건이 조상의 신문고 격쟁 승소를 후대에 전하고자 일제의 방해를 피해 해방 직후인 1946년 뒷발이 마을 뒤에 터를 잡아 정자를 지었다. 이 정자는 '신문고 격쟁 승소를 기념하여 지은 대한민국 최초의 정자'(2018 문경시 비지정문화재)로 오늘에 이르고 있다.

당시 산송 사건과 관련하여 소송 당사자인 김성재(김성의의 子)가 선산어사의 최종판결 후 관에서 보관하고 있던 산송 사건 관련 공문서 등 일체(감결 등 23건)를 필사 소장해 온 귀중한 자료가 있으며, 김상건은 이 사건을 정리하여 쓴 '신설지' 라는 실화소설도 전해지고 있다.

'윤하정(允下亭)'의 명칭은 윤(允)은 '임금'의 의미로, 당시 신문고 격쟁을 통해 고종의 어명으로 진실을 밝히게 되었다는 뜻으로 정자 이름이 지어졌다. 산송 사건 각종 서류에서도 '윤(允)'자가 여러 번 등장하게 되는데, 그것은 두 번의 격쟁으로 인해 승정원 등에서 각각 임금의 뜻을 물어 처리를 했기 때문이다. 그리고 "산소와 정자가 있는 이 산의 이름을 '종곡산'이라 부른 것은, 산 이름의 쇠북과 신문고 격쟁의 쇠북(징)이 동일 의미를 갖고 있다는 것을 감안한 것으로 보이며, 이것을 그냥 우연의 일치로 보기는 어렵다. 북소리는 맥박의 진동에 영향을 주어 혈관 심장 신경 등을 활성화시켜 공격 정신을 북돋워 준다고 하고, 꽹과리는 잡것과 부정부패 균을 척결하는 역할을 한다고 알려져 있다. 그러므로 김성재가 격쟁과의 관련성을 생각하여 꽹과리 소리와 상통되는 의미로 '종곡산'이라 명명했을 가능성이 더 크다는 점이다.

– 개바우

쌍룡천과 궁기천이 합류하는 지점인 농암1리 강변 언덕에는 작은 바위 하나가 있다. 이 바위는 나라가 위기에 처하면 개 짖는 소리를 내면서 사람들에게 위험을 알려 준다고 하여 '개바우'라고 불렀다 하며, 뒷발이와 성재산 중간 지점 정도에 있다. 구한말 이곳에서 친일 부역자들을 공개 처형한 장소로 알려져 있다.

– 사자바우, 선녀바우

농암1리 동남쪽 방향으로 보이는 성재산 하부에는 봉분처럼 생긴 큰 돌출부에 사자처럼 생긴 바위가 있는데 그 바위를 '사자바우'라 한다. 그 바위 아래 사람처럼 생긴 날씬한 바위를 '선녀바우'라고 부른다. 두 바위가 뒷발이 방향을 보고 있으며, 이 바위들이 나라가 국난이나 위기에 처하면 스스로 운다고 전해 온다.

– 종곡(鐘谷), 북실

동바리 마을 서쪽 궁기천에서 건너 보이는 마을로 흔히 '북실'이라고 부른다. 마을의 뒷산이 종 모양을 이룬 까닭에 '북실'이라 하고, 쇠북종자를 써서 종곡(鐘谷)이라고 한다. 북실과 종곡은 같은 말로 사용되고 있으며, 이 마을 뒷산을 '종곡산'이라고도 부르지만 지도상에는 표기되어 있지 않으며, 남쪽 '우복산'과 하나의 능선으로 이어져 내려오는 산이다.

– 골마, 북싯골, 북짓골(북짖골)

북실 마을에서 서북쪽으로 2백 미터 정도 들어가면 연엽산 자락인 뒷산 아래 작은 '골짜기 마을'이 형성되어 있어 '골마'라고 한다. 이곳은 작은 저수지가 있고, 옛날에는 종각이 있었 다고도 전한다. 골마에서 삼화실 방향으로 좁게 터진 골짜기를 북싯골(북짓골, 북짖골)이라고 하는데 북싯골의 '북'은 '쇠북'의 줄인 말로, 북실의 골짜기, 즉 '북실골 〈 북싯골 〈 북짓골 〈북짓골'로 변하여 혼용되고 있다.

견훤이 이 골짜기에서 군사들을 조련하면서 진군하는 북소리가 요란했다는 전설도 전해오는데, 북짓골은 '북을 치며 훈련하는 골'로 훈련이라는 말이 '북을 짓는다.'는 뜻으로 쓰인 것이다. 이곳은 연엽산과 궁기천의 서쪽편 낮은 단구면에 자리잡고 있어 일찍이 농업이 발달하여 선사시대 고인돌과 선돌이 전해지고 있다. 북싯골에서 궁기천을 따라 조금 더 올라가면 견훤이 용마를 만났다는 '말바위'와 그 위쪽으로 견훤의 궁이 있었다는 '궁터 마을'이 나온다.

– 시피골(쇠피골, 소피골)

농암면 종곡리 '골마'에서 삼화실 방향에 있는 골짜기로 연엽산 줄기의 작은 능선 아래 있다. 이 골은 '소가 쉬는 골짝', '소가 피안을 하는 곳(마굿간)'이라는 뜻으로, '쇠피골', '소피골'이라고 부른다. 앞산은 종처럼 생긴 '종곡산'으로 인해 소의 워낭 소리가 들릴 것 같은 곳으로 이 골짝의 능선을 '우골산(牛骨山, 牛骨谷山)'으로도 부르는데, 이는 '소처럼 굵고 뼈대 있는 튼튼한 곳(집)' 이라는 의미를 담고 있다.

5. 우복산 길지와 윤하정의 맥락(脈絡)

백두대간이라는 큰 산맥에서 빠져나온 작은 산들은 다른 산들과 서로 연하여 있다. 사람의 굵은 핏줄과 실핏줄의 계통처럼 맥락(脈絡)을 이루는 것을 '낙맥(落脈)'이라고 한다. 어떤 사물이나 현상이 다른 사물이나 현상과, 또는 둘 이상의 사물이나 현상이 서로 일정한 관계가 맺어지게 되는 것으로 세상에 존재하는 것들은 그냥 하늘에서 저절로 떨어진 것이 없고, 자연에는 인과의 법칙이 어김없이 적용된다. 큰 산이 있어야 작은 산이 있고, 높은 산이 있어야 깊은 골이 있으며, 산이 있으면 강이 생기는 것이다. 이는 역으로 말해서 산이 없으면 길지도 존재할 수 없는 것이다. 끝없이 광활한 들판만 있는 곳을 우리는 길지라 부르지 않고 끝없이 펼쳐진 바다를 보고 길지라고 말하지도 않는다.

이런 관점에서 우복산은 그냥 생겨나지 않았고 우연히 소처럼 생겨서 이름을 그렇게 붙인 것이 아니다. 백두대간으로 뻗어 내려온 산맥이 청화산으로 내려오다 낙맥하여 연엽산을 이루고 그 연엽산에 연하여 우복산이 생겨난 것이다. 그리고 윤하정의 뒷산인 도발산과 종곡산도 우복산과 연하여 있음으로써 '소의 뒷발'과 '쇠북으로 된 종'처럼 보이게 된 것이다. 여기서 우복산이 왜 길지인지, 윤하정의 뒷산이 우복산과 어떤 맥락을 갖고 있는지 살펴보고자 한다.

가. 우복산

우복산은 전국에서 단 두 곳밖에 없는 지명으로 산의 생김이 '소가 엎드려 있는 형국'이라는 점에서 일단 길지의 범주에 넣을 수 있다. 소는 인간에게 없어서는 안 될 가축으로 일소로 부리기도 하고, 육우로 사육하기도 하며, 순박하고 듬직한 품성으로 인해 복을 갖고 오는 대상으로 믿었다. 심우도의 그림에서는 소가 부처를 의미하듯 결코 우리 문화에서는 쉽게 지나칠 수 없으니 산이 소의 형상을 닮아 당연히 특별한 의미를 부여하게 된 것이다.

하지만 단순히 소의 형상만 닮는다고 길지가 될 수 없으며, 주변 지형을 꼼꼼히 살펴보아야 된다. 소는 형상만 닮아서 되는 게 아니라 소가 편하게 살 수 있는 환경이 갖추어져야만 한다. 소가 엎드려 있더라도 먹이가 되는 꼴이 있어야 하고, 물도 있어야 하며, 쉴 만한 장소도 있어야 한다는 말이다. 그런 소의 곁에 연잎이 있고 연꽃이 피어 있다면 소는 예사로운 소가 아니라 불교에서 깨달음을 찾게 되는 심우의 경지를 생각할 수 있을 것이다. 불교의 관점에서 보면 소의 옆에는 도가 있으며, 도를 얻기 위해 정진도 하거니와 도를 얻어 보관 저장하거나 이를 펼쳐 내기도 하는데, 그것을 저장한 곳이 도장산이요, 펼쳐 내는 곳이 도발산이다.

소는 풀이 많은데 있는 것보다 연엽과 연꽃이 함께 있으면 신령스럽게 된다. 연엽산 아래 궁벽한 곳에 세 송이 연꽃이라는 '삼화실' 골짜기 마을이 있고, 그 앞은 소를 닮은 산이 가로막고 있으며, 좌우로는 작은 길만 열려 있어 우마가 겨우 통행하는 지형이라면 이곳은 우복동은 아닐지라도 적어도 사람이 편안하게 살 만한 곳이라 하지 않을 수 없다.

– 소의 생김새

우복의 머리 부분은 화산리 '귀밑'이다. 이곳은 소의 귀에 해당한다 하여 '귀밑'으로 불린다. 그리고 소의 코에 해당하는 '쇠코바위'가 귀밑에서 연계 방향의 산밑에 위치하고 있는

데, 소 코가 있는 곳을 소의 얼굴 정면으로 보면 된다. 귀밑 마을을 '머리안'이라고 부르는 것은, '우복산의 소의 머리가 있는 안쪽'이라는 뜻이 있어서다. 소의 앞다리 부분은 '꽃밭등'과 '쇠번디기'와 '수꾹대기'가 있는 곳이 이에 해당되고, 소의 등은 한우물 뒷산의 '진등(긴등)'이, 소의 배는 남북 방향으로 길게 형성되어 있는 한우물 마을이 되고, 배의 뒷부분은 '은장봉(젖)'이가 된다. 그리고 소의 뒷발은 윤하정 정자가 있는 종곡2리 '뒷발이'가 이에 해당한다.

이 소를 더 높은 곳에서 조망해 보면 청화산 아래 용유리 우복동천[18]이 큰 소의 배라면, 연엽산 아래 있는 우복산 소는 큰 소가 품어 주고 있는 작은 소[19]가 된다. 청화산 큰 소가 품에 안긴 우복산 작은 소를 무시로 핥아 주고 있는 형국이니, 이 소는 얼마나 더 사랑받는 축복의 소가 되겠는가. 작은 소의 젖에 해당하는 부분에 '한우물' 마을의 샘이 있어, 그 물은 찬샘이 되고 큰 우물이 되어 목마른 자들의 목을 축여 주고 생명수 역할을 할 것이다.

– 적초안(여물, 積草案)

소의 먹이가 되는 꼴(풀, 풀더미, 적초)이 있어야 한다. 그것도 엎드린 소 앞에 밥상(와우 적초안)처럼 펼쳐져 있어야 하는데 그게 어찌 쉬운 일인가? 명당이 되려면 배가 불러야 소가 살이 찌고 젖이 풍부하며 순한 소가 되어 복을 품을 수 있기 때문이다. 그렇다면 이 소의 적초안은 어디 있는가? 머리안의 쌍룡천 바로 건너에 '쇠꼴'이 바로 적초안이 되고, 머리 위쪽에 해당하는 삼화실 앞산에는 '쇠꼴머리'가 있다. 쇠코바위에서 바라보이는 그곳에는 쇠꼴이 푸짐하게 있으며, 머리 위쪽 쇠꼴머리에는 칡넝쿨과 같은 맛있게 늘어진 풀이 있어 우복의 소는 넉넉하게 풀을 먹고 되새김질을 한다는 것이다. 와우혈에서는 소가 뜯을 풀이 무성해야 인물이 많이 난다고 했으니 그 조건에 부합하는 것이다.

– 소의 물

소가 먹는 물 또한 매우 중요한 한 가지다. 앞(입)쪽에 물이 있어야 소가 필요한 기본을 갖추게 된다. 우복산 소는 연계에서는 연엽산에서 내려오는 연잎(연꽃) 물과 상비치에서 내려오

18) 화북의 우복은 속리산(1058m), 청화산(984m), 도장산(828m)의 삼각형 꼭짓점으로 둘러싸인 분지로 용유동천, 우복동천이 있는 곳을 가리킨다.
19) 농암의 우복은 연엽산(791m), 시루봉(876m), 장군봉(654m)의 삼각형 꼭짓점으로 감싸인 우복산이 있는 곳이라 볼 수 있다.

는 시루봉 물이 합수하여 머리안 앞에서 도장골과 우복동 용유계곡에서 내려오는 쌍룡천과 합하는데 곧 이 물을 먹게 된다. 시루봉에서 흘러 내려오는 물은 쌀을 씻은 물이어서 곡기가 있고, 연엽산 물은 연꽃을 씻은 물이라 특별하며, 쌍룡천은 쌍룡이 멱을 감은 물이니 얼마나 신성한 물이겠는가. 전설에 의하면 시루봉(영산봉) 쪽에서 내려오는 물은 '삼파수'라 하여 천하제일로 꼽는 물이 있었다고 하므로 물에 관한 한 이보다 더 풍족하며 특별할 수 없을 것이다.

– 간식

소가 영물로 취급된다면 당연히 품격도 달라진다. 우복산 소는 보통의 소와는 다른 점이 연잎과 연꽃을 머리 위에 두고 있다는 점이다. 그래서 이 소는 풀 이외에 별도의 간식을 먹으며 더 존귀한 소의 대접을 받게 될 것이다. 이 소의 먹이가 되는 쇠꼴을 품고 있는 마을이 '밤소(율수)'이고 밤나무가 많은 곳이다. 그 바로 아래 마을은 '감막' 또는 '시막' 이라 하여 감나무가 많은 곳이다. 이 밤과 감은 사람들이 조상들의 제사 때 반드시 올리는 소중한 과일로서 우복산 소는 이 두 가지 과일을 먹게 되니 충분히 대접을 받는 소라고 할 수 있다.

– 소의 집

소는 원래 야생의 습성이 있는 짐승이라서 아무 곳에서 잘 수 있다. 하지만 영험한 소가 아무 곳에나 잔다는 것은 어울리지 않는다. 소도 엄연히 사람들과 함께 지내는 만큼 집이 있으면 더 좋다는 말이다. 소의 뒷발이 종곡2리에 있으니 엉덩이 뒤편에 해당하는 곳은 종곡1리 쪽이다. 그런데 종곡산과 연엽산 사이의 골짜기가 북싯골에 해당하는데 북싯골 뒤편 연엽산 자락에 시피골이 자리하고 있다. 시피골은 소피골, 즉 소가 편히 쉴 수 있는 곳을 의미하는데, 더욱이 이곳은 종곡산이 앞을 가려 주고 있으니 소의 집으로는 안성맞춤인 셈이다. 게다가 이 집의 생김이 등을 비빌 수 있는 언덕 역할도 하게 된다.

– 소의 치장

소의 코뚜레에 색천을 감는다든지 이마끈 중심에 번쩍번쩍한 황동판을 달아 치장을 하기도 한다. 이마끈 둘레에 빨간 털을 돌려대어 만든 납철판으로 된 완자라는 장식물을 달기고 하고 목도리 끈에는 쩔정쩔렁 소리가 나도록 엽전 꿰미를 걸거나 나무 목도리 끝에 놋쇠 종을 달아 주어 치장도 하고 움직일 때마다 존재를 확인하게 되는 소리의 즐거움도 준다. 우복산의 소는 이 같은 작은 장식이 아닌 꼬리 쪽에 쇠북종이 있으니 그것이 바로 '종곡산의 쇠북종'이다. 이 종소리는 알림 소리를 내는 기능을 넘어 쇠북이 맑은 소리로 깨달음을 전하는 범종의 역할을 한다는 점에서 깨어 있는 정신세계를 열어 준다고 할 수 있다. 앞다리에는 꽃으로 장식한 다리가 되는 '꽃밭등'이 있으니 얼마나 멋진가. 그런데다 삼화실 뒤에는 '분통골'이 있어 향기나는 분으로 화장을 하고 앉아 청화산 연꽃과 연엽산 연잎을 삼파수 지경의 '연계'의 물로 우려낸 차를 마시고 있는 소에겐 사람 냄새 이상의 품격과 자비의 냄새가 나지 않을까.

소는 주인이 빗질을 해 주어 털을 가꾸기도 하지만 마굿간엔 볏짚도 잘 갈아 주고 목욕을 시켜 주면 더 좋은 것이다. 소의 배가 따뜻하고 편할 수 있도록 우복산 소의 배는 한우물 '대정숲'이 그 역할을 하고 있고, 소의 목욕은 '낙수바위'와 쌍룡천의 물이 청결한 소로 살게 하고 있다. 힘을 많이 쓰고 발굽이 잘 닳는 뒷발의 족욕은 '궁기천'이 흐르며 소를 관리해 주고 있어 우복산 소는 건강한 아름다움을 갖지 않을 수 없다.

– 소의 친구

소의 친구는 또 다른 소라고 생각할 수 있지만 그것은 과욕이다. 자연적인 지형으로 소 한 마리의 조건을 제대로 갖추는 것도 어려운데 친구까지 있다는 것은 인공이 아니고서야 불가능할 것이다. 우복산 소는 머리안 건너편에 '밤소'가 있어 외로움을 달래 주는 친구 역할을 해 준다는 것이 큰 힘이 될 것이다. 그리고 큰 섬실, 작은 섬실이라는 두 마리의 두꺼비 친구를 갖고 있다. 소와 친화적이고 건강과 집지킴과 재복을 상징하는 길한 두꺼비가 소의 목덜미 아래(잣나무 고개 부근) 평화롭게 앉아 있다는 것은 특별한 축복이다.

거기에다 빈지머리 뒷산 '수꾹대기'에는 쑤국새(쑥새)가 살고 있으며 그 새는 효심을 상징하는 새인지라 소를 성가시게 할 친구가 아니니 머리 공기질할 일도 없고 먹이를 다툴 일도 없으며, 더러 심심하지도 않을 것이다.

그래도 소의 가장 진정한 도움의 친구는 사기가 떨어져 있으면 힘을 북돋워 주는 '종곡산의 쇠북'일 것이다. 그리고 위험한 일이 생기면 상황을 알려 주는 '개(개바우)'와 신변을 지켜 주는 '사자(사자바위)'와 마음을 달래 주는 '선녀(선녀바위)'가 함께 있으니 얼마나 축복받는 소인가. 아무리 사람이라 해도 이처럼 좋은 친구를 거느린 사람은 드물 것이다.

나. 윤하정

윤하정이 있는 산은 우복산의 일부분이다. 정자가 소재한 곳이 소의 뒷다리이자 뒷발이므로 우복산 끝자락으로 볼 수 있다. 그럼에도 뒷발이 뒷산이라는 뜻으로 '도발산'[20]이라고 불렀고, 종처럼 생긴 산의 일부로 보아 '종곡산'으로도 불렀다. 협의로 보면 '도발산'이 되고, 광의로 보면 '우복산'이 되는 셈인데, 종곡1, 2, 3리 마을 뒷산으로 연하여 있는 것을 보면 '종곡산'이라 해도 틀린 말이 아니다.

'윤하정'은 '임금(고종)이 신하(김성의)의 청(격쟁상소)을 허락'하여 조사를 실시하고 그 결과 약자의 정의가 권문세가의 불의를 꺾은 사건이라는 뜻으로 '윤하(允下)'라는 의미를 담아 '윤하정'이라 명명하였다. 윤하(允下)라는 말은 '윤허(允許), 윤준(允準), 윤재(允裁), 윤유(允兪), 윤가(允可)'와는 같은 말로 사용되고 있다. 당시 문경 고을에서 한양까지 먼 길을 달려가 격쟁을 시도한다는 것 자체도 어려운 일이었지만, 그보다 선량한 약자가 10여 년간에 걸친 강자의 구타, 협박, 회유와 무고, 모진 감옥살이 등을 견뎌 내고 천신만고 끝에 이루어 낸 승소 판결은 실로 기념비적인 일이 아닐 수 없다.

그렇다면 얼마나 좋은 산소자리였기에 가문의 명예를 걸고 목숨을 바친 다툼을 벌였을까 하는 의문을 갖게 된다. 문제의 산송 사건 현장은 윤하정에서 1백 미터도 떨어져 있지 않아 거의 같은 자리로 봐도 별반 무리가 없다. 명당이란 이것저것 따지지 않더라도 누가 보아도 좋아 보이면 일단 길지인 것이다. 눈앞에 전망이 좋고 들판이 보이며, 좌우에는 산이 안온하게 감싸고, 뒤로는 기세 좋은 주산이 넉넉한 품으로 안고 있다면 거의 명당에 가까울 것이기 때문이다. 그러므로 여기서는 다른 조건보다 정자가 있는 곳이 우복산 소의 뒷발이라는 관점에서 살펴보고자 한다.

---

20) 고흥읍 동남쪽 18킬로 지점에도 충무공 유적기념지인 〈충무사〉가 있는데, 그곳의 산 이름이 〈도발산〉이다.

– 소의 뒷발은 음택에 속한다

소의 앞발이 양택이라면 뒷발은 음택에 해당된다. 좌향에서 남쪽이 양이라면 북쪽은 음, 앞(前)이 양이라면 뒤(後)는 음으로 간주된다. 머리를 남쪽에 두고 엉덩이를 북쪽에 둔 우복산 소의 뒷발은 음택에 해당하여, 산소(음택)는 앞발보다는 뒷발이 적격이다.

– 뒷발은 속도와 균형을 지지한다

소는 걸을 때 뒷다리가 항상 앞다리의 발자취를 따라 움직인다. 앞다리가 밟은 지점을 뒷다리가 뒤좇아 발을 디뎌서 가므로 뒷다리의 움직임이 매우 중요한 척도이다. 소는 뒷다리가 일어서야 몸이 일어나게 되고, 몸이 일어나야 걷게 되며, 이런 순서를 무시하면 걸을 수 없다. 소의 뒷발이 부실하면 보폭이 열리고 힘을 받지 못해 속도도 나지 않고 균형마저 잃게 되므로 뒷다리는 소를 지지하는 중요한 기능을 한다. 이런 뒷다리에 해당하는 뒷바리 마을은 그만큼 좋은 자리라는 의미를 갖는다.

– 뒷다리 힘이 없으면 일어나지 못한다

소는 뒷다리에 힘이 없으면 주저앉게 되고, 짐을 실은 경우에는 버티는 힘이 없어 정지하지 못한다. 싸움소의 경우 두 소가 머리를 맞대고 밀면서 짧은 앞다리에 힘을 불끈 주고 뒷다리로 팽팽하게 버티는 일이지만 잠시 한 마리가 이마를 내리고 줄행랑치는데 그건 뒷다리의 힘이 부족하면 밀리기 때문이다. 우리 속담에 '다리뼈가 맏아들이다.'는 말은 그만큼 소에게는 맏아들처럼 믿을 만한 든든한 다리의 힘이 필요하다는 뜻이다. 앞다리에 비해 뒷다리는 힘을 더 받으며 뒷다리 허벅지 근육이 힘의 근원인데 그 근원의 중심에 바로 뒷발이의 윤하정이 있는 것이다.

– 뒷다리가 강한 소가 건강하다

소가 다산을 위해서는 뒷다리가 약하면 불가능하다. 잉태에서 출산과 수유 등이 뒷다리와 관련이 깊다. 우복산 소의 뒷다리의 힘은 앞에서 열거된 여러 가지 사항으로 보아 매우 건강하고 영험한 소에 해당되므로 당연히 힘 좋은 소의 뒷다리에 해당하는 뒷발이 주룡의 풍수는 다산의 복이 영향을 미칠 것이다. 이곳에 선조의 묘를 쓴 김성의는 5대 독자의 위태로운 처지를 면하고 후손들이 크게 번성하여 남부럽지 않은 복록을 누리고 있으니 누가 뭐래도 터에 걸맞는 자릿값을 충분히 하고 있다고 주변에서는 말한다.

– 종소리가 들리는 지형은 근면 지혜롭다

소가 있는 곳에 종이 있다는 것은 흔한 일이 아니다. 그러나 소가 '부처'라고 볼 때 그 종은 반드시 필요한 존재다. 절에서 처마 밑이나 간단한 걸이에 걸어 두고 공양 시간을 알리거나 종루를 만들어 놓고 사람들을 모을 때 종을 사용한다. 중앙에는 연꽃무늬가 있고 테두리에는 구름무늬가 있다. 종은 의식에도 사용하며, 종소리가 들리면 마음속 깊이 진리를 깨닫게 된다고 믿는다. 범종(전생, 지옥의 중생), 법고(땅 위의 짐승), 목어(물속 중생), 은판(날아다니는 날짐승 구제)을 일컬어 사물이라 하는데, 특히 범종(종곡산)은 사람과 더 밀접한 관련이 있으니 이곳 지형의 절묘한 조화에 주목하지 않을 수 없다.

사람들이 아침 저녁으로 종소리를 듣는다면 근면해질 것이고, 그 종소리가 깨우침을 준다면 지혜롭고 정의롭지 않을 수 없다. 종소리가 울리는 종곡산, 그 산은 예사로운 산을 넘어 신령한 산으로 엄연히 자리하고 있다.

– 도를 펼치는 산(도발산)은 의롭다

수행자들은 도를 닦기 위하여 고난의 길을 마다않고 정진한다. 열반에 이르는 길은 부처나 가능한 일인데 침묵의 산이 그 도를 펼치고 있다면 오히려 더 엄숙하고 믿음이 가지 않겠는가. '종이 신에게 말을 거는 것, 종의 여운이 신의 목소리이자 메아리'가 되어 죄를 정화함으로써 영혼과 직접 소통하는 통로가 된다는 것, 도를 펼치는 산은 변함없이 제자리를 지키며 생생한 역사의 증언자 또는 저항의 상징이 되어 애국이 무엇인지를 말해 주는 것은 신성한 것이다. 어찌 보면 개바우와 사자바우와 선녀바우가 우복산을 도와주기 위해 함께 존재하는 게 아닐까.

이런 우복산을 불의한 무리들이 탐하여 욕심을 부린다면 어찌 순순히 품겠는가. 이곳은 삼국이 자리를 바꾸어 가면서 점령했던 요새지라 유독 전란이 잦았는데, 이럴 때마다 우복산과 애국의 바위들은 선한 백성들을 향해 종을 울렸다. 신라가 망하자 울었고, 견훤이 패망하자 울었으며, 임진왜란과 한일합방, 6·25동란과 대통령의 피살 등이 바로 그러했다 한다.

산은 특별한 초자연의 힘을 지니고 있는 것, 현세가 영적 세계와 소통하고 있는 게 아니라면 정의가 이긴 오늘의 영광이 있을까? 도는 숨긴 것을 서서히 드러나게 한다. 그래서 종은 슬픈 사람이 치면 슬프고 기쁜 사람이 치면 기쁘다. 안개와 어둠, 절망이나 위기 속에서도 경고와 경종으로 김성의 일족에게 정의로운 행동을 촉구했으니 우복산의 힘은 위기에서도 굴하지 않는 신문고 격쟁과 같은 맥락이라 하겠다.

다. 우복 뚜벅길을 열다

앞에서 언급한 바와 같이 우복동천은 큰 어미 소이고, 우복산이 작은 소라고 정의했다. 그림으로 그려 보면 큰 소가 새끼 소를 품고 있는 모습이니 얼마나 평화로운 풍경인가. 그렇다면 여기서 큰 소가 행복한가 작은 소가 행복한가를 묻는다면 대부분 작은 소를 꼽게 될 것이다. 소도 사람과 크게 다르지 않아서 내리사랑일 터이고, 아무래도 사랑 주는 것보다 받는 모습이 더 행복해 보이기 때문이다. 우복산은 사랑받기 위해 존재하는 산, '그곳에 우복산이 있어 살고 있는 사람들이 축복을 받는다.' 는 말을 믿고 사는 고을 사람들이 우복산의 축복에 감사하며 오늘을 살고 있는 것이다.

우복산(도발산, 종곡산)을 중심으로 형성, 유래된 여러 지명을 유추해 보면 두 마리의 소와 세 송이의 연꽃과 큰 연잎, 두 마리의 복두꺼비, 쑥새와 백로, 애국의 소나무와 개, 사자, 선녀, 그리고 큰 종 등이 운집해 있다. 그곳을 길로 이어 보면 반구형의 둘레길이 된다. 화산에서 한우물과 뒷발이와 북실, 그리고 북싯골과 삼화실과 연계로 이어지는 길, 이미 소로가 있기는 하되 우복을 중심으로 한 스토리만 만들어지지 않았을 뿐, 그 길은 잰걸음이 아닌 소걸음으로 뚜벅뚜벅 걸어가야 경승이 주는 발복의 의미를 느끼게 된다. 뚜벅뚜벅 느릿느릿 소걸음을 걸어도 눈은 범처럼 형형히 빛나고 큰 눈망울에는 선한 마음이 가득 담겨 있는 소는 짐승이 아닌 성자의 모습이라 할 수 있다.

세종대왕 때 맹사성은 가마가 아닌 검은 소를 타고 피리를 불며 다닌 좌의정으로 유명하다. 그가 소를 타고 다닌다는 것이 검소하다는 뜻과 소를 타고 소걸음으로 세상을 빠짐없이 천천히 둘러본다는 뜻도 같이 들어 있는데, 청백리인 그가 죽자 소가 사흘을 먹지 않고 울다가 함께 죽었다고 한다. 목민으로서 검소 질박함과 묵묵히 소임을 다하는 모습을 사자성어로 바꾸어 말한다면 '우보천리(牛步千里)'라는 말과 같으니 이 길은 공직자들이 걸어 봐야 할 둘레길로 잘 어울릴 것이다.

요즘 지방자치단체들이 앞다투어 둘레길을 만들어 아무리 길이 넘쳐나는 시대가 되었다 해도 〈우복 뚜벅길〉은 기존의 길과는 좀 다른 길이 된다. 새로 조성하여도 이미 기존 길이 있어 큰 비용이 들지 않는 데다 요소요소마다 전설과 지명 유래가 이어지고 또한 주변 풍경과 잘 어우러져 누구나 꼭 한번 걸어 보고 싶은 길이 되지 않을까 생각된다.

이 노정에 '윤하정'이라는 역사적인 정자가 있어, 불의를 꺾고 정의가 승리한 신문고 격쟁 승소의 특별한 역사를 그냥 지나치기는 어려울 것이다. 뇌물에 매수된 현감 여러 명이 등장하는가 하면 마지막엔 청렴 정직한 사또가 나타나 정의로운 자의 팔을 들어주는 드라마틱한 장면으로 끝을 맺는데, 이 실화[21]를 뮤지컬로 제작 추진하여 무대에 올린다면 여행을 하면서 잠시 짬을 내어 관람해 보는 것도 의미 있는 일이 될 것이다.

복 받기를 싫어하는 사람이 어디 있으랴. 복 중에 최고의 복을 누리게 된다는 우복의 지세는 그냥 찾아가기만 해도 이미 복을 보았으니 행복해질 수 있을 것이다. 우복산의 복(福)과 종곡산의 깨우침(覺)과 도발산의 도(道)는 누구에게나 중요하며 공직자에게는 특히 그렇다. 공직자는 청렴(淸廉), 근검(勤儉) 이외에 도덕(道德), 경효(敬孝) 인의(仁義) 등의 덕목을 겸비하며, 묵묵히 소처럼 일하며 나가야 하기 때문이다

한번 상상해 보라. 우복산 소의 평화로운 되새김이나 북실에서 들려오는 자아를 일깨우는 종소리나 도발산 뒷발의 힘으로 버티고 펼치는 윤하정의 신문고 정신을, 그리고 섬실의 복두꺼비, 수꾹대기 효심의 쑥새, 은장봉의 청렴의 백로, 대정숲의 항일 소나무와 애국의 개바우, 사자바우, 선녀바우 등과 마주하게 되면 이내 마음의 묵은 때가 씻기는 힐링의 시간이 되리라. 여기에다 1박의 여유가 된다면 10킬로쯤 되는 둘레길을 소걸음으로 뚜벅뚜벅 걷고 난 후 우복동천의 품안에 자리한 쌍룡 S리조트에서 하룻밤을 머무르고 가는 일정

21) 1946년 김상건이 기록한 실화소설 〈신설지 또는 도발산 윤신설지〉가 전해지고 있다.

이라면 아마도 꿈자리에는 필시 두 마리의 용이 나타나 신비한 축복을 내려주는 잊지 못할 뜻깊은 밤이 되지 않을까 생각된다.

우복 뜨벅길은 삼화 4경인 화산청풍(華山淸風), 연계명월(蓮溪明月), 북실종성(北室鐘聲), 비치주양(飛雉走揚)에다 우이섬실(牛耳蟾室), 한천백로(寒泉白鷺), 대정장송(大井長松), 윤하도발(允下道發), 복기동천(服氣洞天)으로 '종곡 5경' 정도를 새로 만들어 넣으면 밑그림이 그럴듯하게 그려져 〈우복 9경〉을 즐기며 구경할 수 있을 것이다.

•우이섬실-길은 우복산 소의 목털미 아래 잣나무고개가 있는 큰 섬실에서 출발한다.

•한천백로-수꾹대기 쑥새 소리를 들으며 '백원각'에 들러 잠시 효심에 젖은 후, 한우물 백로 서식지에서 청렴 정신과 한우물 안을 들여다보며 물거울에 비친 자화상을 찾아본다.

•대정장송-대정숲의 낙락장송이 뿜어 주는 애국의 피톤치드를 폐부 깊숙이 들이마신다.

•윤하도발-윤하정에서 신문고 격쟁의 역사가 민주주의의 시작이자 백성을 보호하는 제도이었음을 상기하고, 권문세가의 횡포와 탐관오리의 부패에 대항하여 싸운 의로운 평민의 삶을 회상해 보며 나라의 주인은 백성임을 공유하고 깨닫는다.

•북실종성-북실에서 종곡산이 들려주는 종소리를 들으며 자성의 시간을 갖는다. 나라가 국난에 빠지면 운다는 개바우, 사자바우, 선녀바우의 음성이 들리는지 나라를 생각하며 국민의 한 사람으로서 소명의식을 새롭게 한다. 북짓골 견훤이 훈련하던 장소에서 평민도 부단한 훈련으로 나라 왕이 될 수 있음을 생각한다.

•복기동천–삼화실은 뒤로는 세 송이 연꽃이 피어 있는 산의 골짝이고, 앞에는 신령한 소가 엎드려 있으니 여기서 앞뒤를 바라보며 우복의 '복기동천'임을 체험한다. 복기(服氣)의 정기를 흡입하기 위해 '해가 있으면 왼쪽 눈을 감고 오른손으로 햇빛을 받아 양기를, 없으면 오른쪽 눈을 감고 왼손으로 달빛을 받아 음기를 마신다.'

•연계명월–삼화실에서 흘러 내려온 연꽃, 연잎물과 시루봉 줄기인 영산봉에서 내려오는 삼파수가 합수하는 연계천에서 〈참회〉의 세족식을 갖는다.

•비치주양–청화산의 청학이 알을 품고 시루봉 아래 꿩들이 날아오르는 상생의 기운을 받으며 삼파수가 솟는다는 시루봉의 생수로 목을 축이면 온몸이 날으는 독수리처럼 살아난다.

•화산청풍–귀밑에 서면 멀리 청산과 화산이 불어 주는 청화산 바람이 있고, 가까이는 용유의 승천 기세와 장군봉의 헌걸찬 기운이 쌍룡천을 따라 흘러넘친다. 우복산의 소는 소코바위로 큰 숨을 쉬고 있으니 나그네도 여기서 심호흡을 같이할 수밖에 없다. 앞으로 흐르는 명경지수는 기산영수와 같으니 우복산의 소 귀(귀밑)로는 더러운 소리를 듣지 않고 맑고 기쁜 소식만 듣는다. 여기 〈오괴정〉이 있으니 선비들의 글 읽는 소리가 삼희성 중에 하나임도 쉽게 안다. 뚜벅길이 끝나고 좀 더 시간이 있으면 쌍룡이 승천을 준비하는 용유계곡을 찾아 용의 눈초리라도 그려 본 후 편안한 리조트에서 휴식 시간을 가져 보는 일이다.

청화산과 우복산을 중심으로 두고 12곳의 사시절 경치를 12편의 시로 칭탄한 박승하(朴勝夏, 1877~1938)의 시가 전해지는데, 그중 우복산과 관련이 있는 시 7편을 음미해 보면서 이곳의 풍경을 한번 그려 보는 것도 좋을 것 같다.

青華朝旭　　　청화산에 돋는 아침 해

朝朝先得 此山朝　　　아침마다 이 산에 해 먼저 뜨자
頃刻紅輪 上碧霄　　　순시간에 붉은 해 창공에 솟았네
鳴凰無聲 山寂寂　　　봉황 소리 없으니 산은 적막하고
溪翁晞髮 步逍遙　　　산골 노인 머리털 말리며 소요하네

蓮葉歸雲　　　연엽산에 걸린 구름

太乙眞仙 臥白雲　　　태을 신선이 구름 위에 누워
無心相逐 有時分　　　무심코 어울리다 이따금 흩어지네
緣何不作 人間雨　　　어찌하여 인간 세상에는 비 내리지 않고
歸宿靑山 抵夕曛　　　땅거미 질 때까지 청산에 머무는가

蓮溪暮烟　　　연계의 저녁 연기

山村夕氣 精爲烟　　　산촌의 저녁 기운 쌓여서 연기 되어
渡水牽風 斷復連　　　물 건너고 바람에 끌려 끊겼다 이어지네
採蓮溪女 今何去　　　연밥 따는 시골처녀 어디로 가고
抵見漁舟 過月邊　　　달 옆을 지나는 고깃배만 보이네

栗里淸風　　　밤소의 맑은 바람

尙有先生 百世風　　　아직까지 선생(陶淵明)의 백세 풍도(風道) 남아 있어
黃花依舊 短籬東　　　국화는 옛날처럼 동쪽의 낮은 울타리에 피었구나
宇宙一窓 餘古里　　　우주는 한 창문이라더니 나머지 율리에 있어
何人高臥 此山中　　　어떤 사람이 이 산중에 편안히 은거하나

釣巖漁歌	**낙수바우에서 고기 잡는 어부의 노랫소리**
田歌不斷 又樵歌	**밭 가는 소리 끊이지 않고 초동의 노래 또 들리니**
淸景田家 入耳多	**맑은 풍광 속의 농가에는 들리는 소리도 많은데**
復有一聲 山水緣	**또다시 한 소리는 산골짝에 흐르는 물소리**
巖花落盡 少風波	**바위 위에 핀 꽃 다 지니 물결마저 잔잔하구나**

牛山落照	**우복산에서 지는 해**
爲看落照 上牛山	**낙조를 보기 위해 우복산에 오르니**
千古浮生 老此間	**태고의 인생들이 이승에서 늙어 갔네**
人如達觀 何須恨	**달관한 사람이라면 무엇을 한탄하랴**
一理消長 去復還	**쇠었다 자라나고 가면 다시 오는 이치인 것을**

雙龍瀑布	**쌍룡폭포**
百丈深湫 臥二龍	**백 길이나 깊은 소에 두 마리 용이 누워**
雷霆鬪罷 水溶溶	**우레치듯 싸운 뒤에 넘실거리네**
當年畵出 廬山面	**여기선 중국 여산 폭포 그려 내고**
去沃農田 又作春	**흘러가선 논물 대고 물레방아 돌리네**

6. 나가며

역사는 한번의 정의로 끝나지 않는다. 그동안 묻혀 있던 역사가 새로 발굴되기도 하고, 기록된 역사가 오류로 밝혀져 다시 쓰기도 한다. 그러나 아무리 역사가 승자의 기술이라 하더라도 진실은 바뀌지 않고 가치 있는 것들은 긴 생명력을 갖고 있다. 큰 소 같은 우복동천이 작은 소 같은 우복산을 낳고, 그 산이 뒷발이를 낳은 다음, 소의 뒷발에 해당하는 천혜의 명당은 사람들에게 길지로 회자되었다. 그 뒷발에 위치한 윤하정, 그동안 쇄락한 정자의 모습으로 나이를 더해 가고 있었으나 요즘 국민청원제도의 효시인 〈국민신문고〉라는 제도가 이 시대의 키워드로 크게 부각되어 새롭게 국민 참정권을 대표하는 단어로 통용되고 있으니 국민들의 관심의 대상이 되고 있다.

역사의 뒤안길에 가려져 있던 모습들이 〈윤하정〉 유적과 「우복산 산송몽」, 「신설지」, 「윤하정지」, 「백치자연보」[22] 등의 유물을 통해 서서히 실체가 드러나고, 그동안 전해 오던 이야기들이 올바르게 정리되기 시작했다. 이런 유적, 유물들이 국민신문고와 맥을 같이하는 점을 이를 좀 더 관심 있게 바라볼 필요가 있다. 후손들의 관심과 지자체 문화담당 공무원들의 적극적인 노력으로 윤하정 보수와 문서의 문화적 가치를 평가하는 시점에 이르고 있다. 서울대 규장각 도서관에 보관 중인 「추조결옥록」에서 신문고 격쟁의 사건기록을 찾을 수 있어 참으로 다행이었고, 여기서는 산송 사건 주변의 지명을 통한 격쟁의 현장과 역사를 살펴보는 좋은 기회가 되었다.

그중 한 가지가 바로 윤하정이 있는 이곳 산 이름이 무엇인가를 밝히는 일이었다. 우복산이라 불러야 할 것인지, 아니면 종곡산 또는 도발산으로 불러야 할 것인지가 애매하였으나, 주변 지형과 지명, 전설 등을 따지는 과정에서 자연스럽게 밝혀진 것은 이곳이 우복산 소의 뒷발에 해당된다는 것과 지도상에 기록된 우복산이라는 이름을 중시할 수밖에 없다는 점이었다. 그러므로 윤하정 산송 사건에서 등장하는 우복산, 종곡산, 도발산이라는 세 가지 명칭의 혼용은 이제 '우복산(종곡산, 도발산)'으로 통일하여 표기함이 가장 타당하다고 본다.

또한 여기서 주목할 것은 산 이름을 밝히는 과정에서 자연스레 드러난 '우복 뚜벅길'이다. 길지인 우복산을 중심에 두고 반구형으로 둘레를 도는 길이 형성되는데 그 길의 노정이 예사롭지 않다는 점이다. 삼화 4경과 종곡 5경을 합한 〈우복 9경〉을 구경하는 일은 〈우보천리〉의 길을 걸어가야만 하는 오늘날의 공직자들에게는 아주 좋은 체험장이 될 수 있기 때문이다. 제대로 된 청렴체험 학습장이 없는 현실을 보면 '우복 뚜벅길'은 그 요구를 충분히

22) 김상건(1881~ 1972), 호는 백치, 「신설지」, 「윤하정지」, 「백치자연보」를 썼으며, 〈윤하정〉을 건립하였음.

수용, 감당하고도 남음이 있다고 할 수 있다.

왜냐하면 길을 걷는 동안 만나게 되는 섬실의 복두꺼비, 효의 쑥새와 백원각, 청렴의 한 우물 백로와 애국의 대정숲, 정의가 불의를 이긴 신문고 격쟁의 윤하정, 국난을 알려 주는 개바우·사자바우·선녀바우, 자아성찰을 주는 종곡의 쇠북 소리, 복기등에서 내려오는 음양의 기운, 기산영수처럼 흐르는 쌍룡천의 명경지수 등이 그렇다.

끝으로 이렇게 우복산을 한 바퀴 돌다 보면 보이지 않는 자신의 가려운 등을 비빌 언덕이 생기고 걷고, 보고, 생각하고, 깨닫는 시간을 통해 지친 삶을 힐링하면서 심신의 저항력을 키워 언제 닥칠지 모르는 힘든 역경에도 굴하지 않고 굳세게 살아갈 수 있는 마음의 지표가 될 것이다.

참고 문헌

- 「문경지」 1994, 문경시
- 「청조향람」 1996, 농암면
- 「종곡산 산송몽」 1892, 김성재
- 「윤하정지」 1946. 8, 김상건
- 「신설지」 1946. 8, 김상건
- 「백치자연보」 1881~1972, 김상건
- 카카오 지도 및 스카이뷰
- 도선국사 「옥룡자비기」, 이중환 「택리지」, 정약용 「우복동가」, 민우식 「사우정기」 등은 인터넷에서 검색하여 인용.

〈우복산 뚜벅길 개략도〉

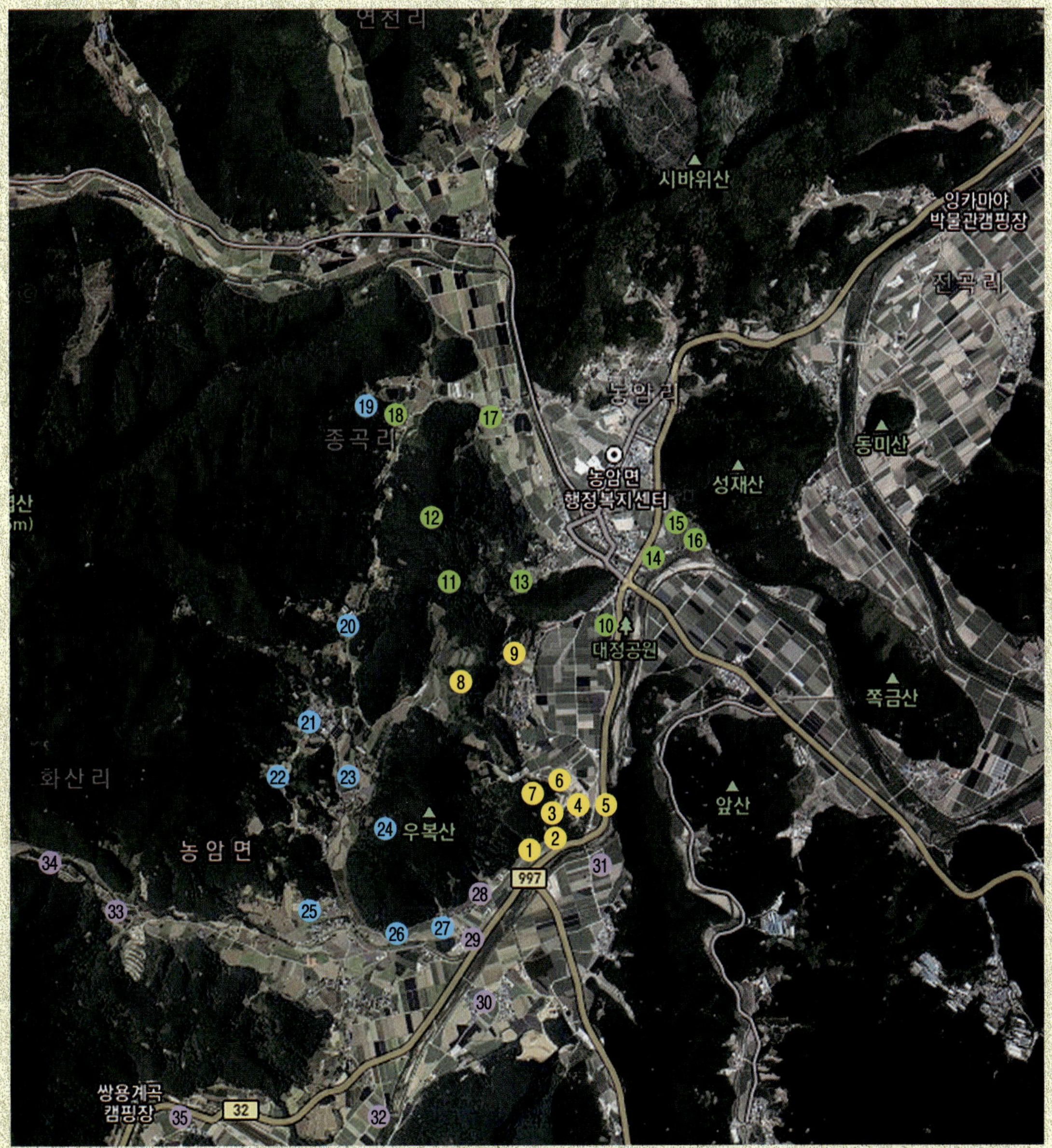

우복산 뚜벅길 주변지명

1 섬실
2 빈지머리
3 잣나무고개
4 수꾹대기
5 낙수바우
6 백원각
7 쇠번디기, 꽃밭등
8 은장봉
9 백로서식지
10 대정숲
11 도발산
12 종곡산
13 윤하정
14 개바우
15 선녀바우
16 사자바우
17 북실
18 골마
19 시피골
20 북싯골
21 상삼화
22 분통골
23 하삼화
24 시끌머리
25 연계, 영구렁
26 쇠코바위, 괴석골
27 머리안
28 귀밑
29 오괴정
30 밤소
31 감막
32 쇠꼴
33 중비치
34 상비치
35 용유동계곡, 사우정

청화산 학바위 원적사

연엽산 은장봉 대정숲

연엽산 종곡산

종곡산

우복산과 한우물

복기등

윤하정

<우복동, 우복동천, 우복산 관련 사진>

▲ 우복산(누워 있는 소 형상), 연엽산(연잎 모양), 북실(둥근쇠북 모양) 스카이뷰

▲ 청화산과 아래 우복동천(용유리, 광정 마을 형상), 쌍용계곡

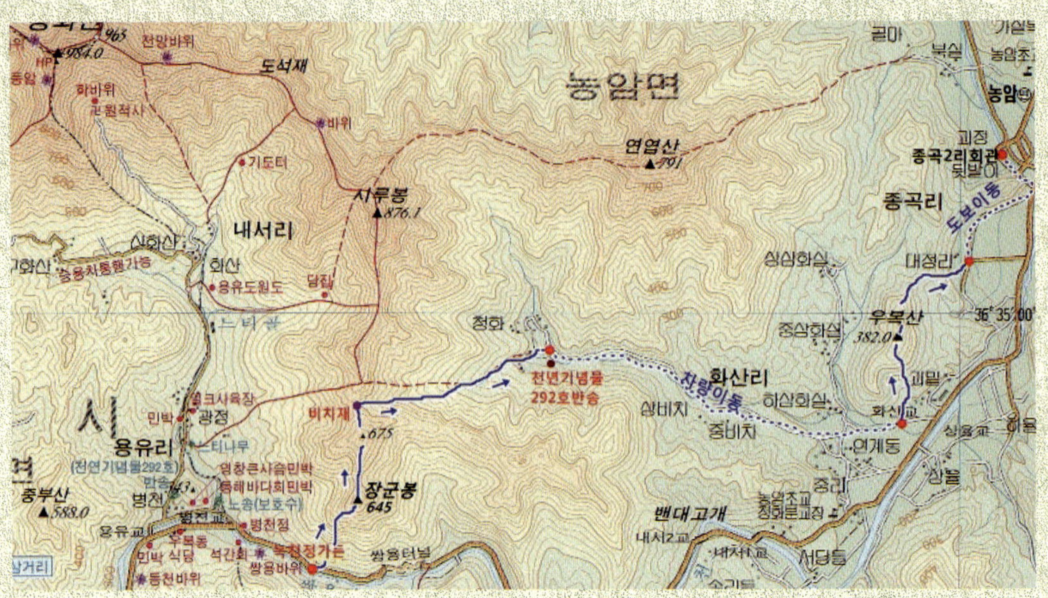

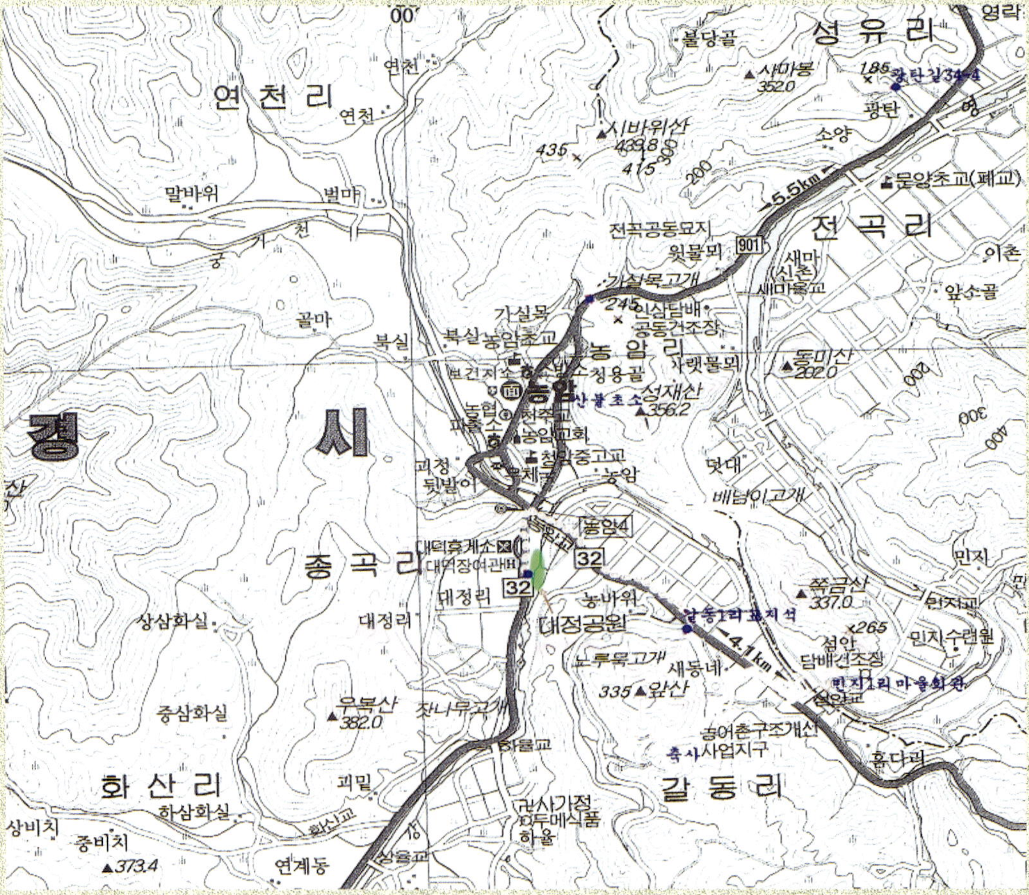

▲ 우복동천, 연계동, 비치, 우복산, 삼화실, 대정리, 뒷발이, 북실

▲ 연엽산(연꽃 형상)

▲ 청화산(연꽃 형상)

▲ 용유동(용유계곡) 회란석

▲ 용유동(용유계곡) 회란석

▲ 청화산 우복지 표석(신화산과 구화산 갈림길)

▲ 우복동 사적비(상주시 화북면)

▲ 우복동천에 새겨진 개운조사의 글씨

▲ 개운조사가 쓴 동천

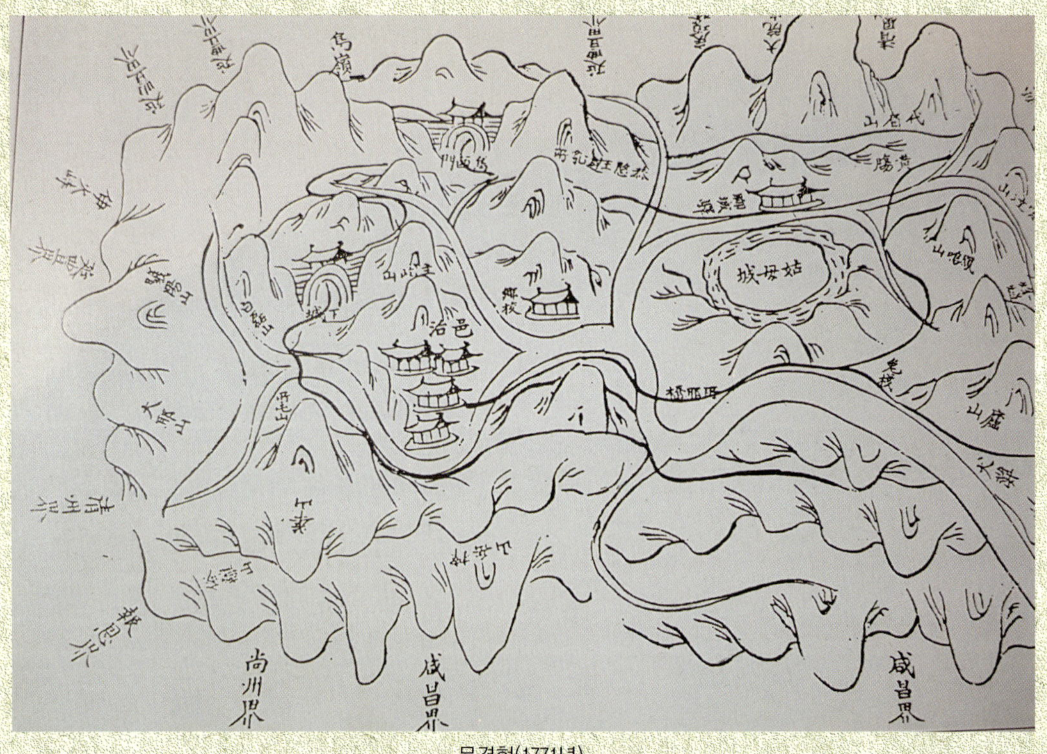

문경현(1771년)

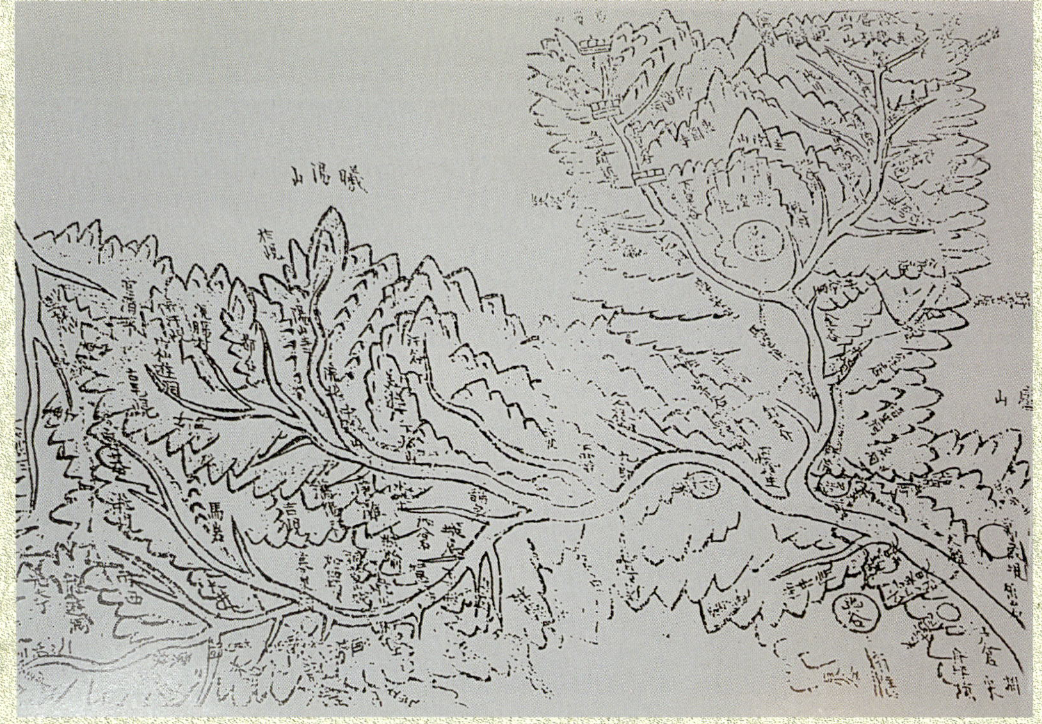

문경현 대정리 지도(1786년)

청화산 지도

▲ 연엽산이 우복산을 보듬다

▲ 우복산 원경(성재산에서)

고문서 필사본의 가치에 대한 검토

개요

고문서는 대부분 인쇄본과 필사본으로 분류되고 있으며, 특히 오래될수록 필사본이 많아 이러한 문서에 어떤 역사적 문화적 가치가 있는지 고찰을 통하여 윤하정 관련 산송 서류인 〈우복산 산송몽〉 23건과 실화소설 〈신설지〉 한글, 한문본 등의 가치를 살펴봄으로써 유물 가치의 보편성 획득과 보관관리에 만전을 기하고자 함.

현황

• 필사본의 定義

사본(manuscript)은 붓이나 펜을 이용해 손으로 쓴 것으로, 베낄 사(寫)와 책 본(本)의 합성어로 좁게는 베낀 책을 말하며, 라틴어 'manu'와 'scriptum'의 합성어로 손으로 쓴 책을 의미한다. 문헌에서 사본과 같은 의미로 사용되는 용어로는 필사본(筆寫本), 서사본(書寫本), 선사본(繕寫本), 초본(鈔本) 등이 있다.

• 필사본의 歷史

사본의 역사는 인쇄본보다 길고, 인쇄술이 발달되기 전에는 사본으로 책을 만들었으며, 서적이 많이 필요하게 되어 인쇄술의 발명으로 이어진다. 사본은 판본과 같이 번거롭게 비용이 많이 드는 출판이 아니어서 누구나 손쉽게 쓸 수 있어, 생각이 구체적이고 글을 아는 사람이라면 누구나 사본을 남길 수 있다. 통일신라시대인 서기 755년에 쓰여진 「백지묵서 화엄사경」이 가장 오래된 사본이다.

• 필사본의 種類

- 고본(稿本) : 개인이나 단체가 생산한 모든 저작물의 원고
- 전사본(轉寫本) : 원고본이나 인본이 있더라도 보존이나 기타 여러 가지 목적에서 소수의 전사본을 생산하였으며, 이런 기록은 다수에게 배포하여 공개할 성질이 아니어서 인쇄할 필요가 없으므로 이 경우 복본(複本)*을 만들어 후일을 위한 증거 자료로 보존하였음.

* 모두 같은 내용의 문서를 동시에 복수로 작성하는 경우의 그 문서로 ① 부본은 원본에 대응하고, 본래의 목적 외의 목적에 사용하기 위하여 작성한다. ② 복본은 원본과 다름이 없고 그 효력에 있어서 차이가 없다(법률용어사전).

- 사경(寫經) : 종교 경전을 손으로 직접 글을 옮겨 쓴 것.

• 필사본의 性格

- 사본은 전사가 거듭될수록 오류가 누적된다.
- 사본은 고도의 구술성을 지니고 있다.
- 사본은 음독 중심이고, 발화된 기록으로 여겨진다.
- 사본은 공동체문화를 발달시켰다.
- 사본은 생산자 지향적이고, 문단을 표시하는 기호가 발달했다.
- 사본은 개방적이다.

• 필사본의 문화재 등록 현황

- 우리나라의 등록 문화재(국가지정문화재, 시도지정문화재) 13,326건
  국보 331, 보물 2,106, 사적 500, 명승 110, 천연기념물 457
  국가무형문화재 138, 국가민속문화재 297, 등록문화재 724
  시도유형문화재 3,243, 시도무형문화재 576, 시도기념물 1,703
  시도민속문화재 469, 문화재자료 2,692

- 국가지정문화재 4,382건 중 840건(국보 62, 보물 685, 기타 93)이 종이류*

* 종이류(필사본)가 17.2%를 차지하여 시간의 흐름에 취약한 재질.

- 우리나라 필사본 문화재 등록현황 : 238건

예) 대동여지도, 김영훈 한의사 진료기록부*, 민건호 필사본 일괄** 등

* 1914~1974년 동제의학교 교수인 김영훈이 〈보춘의원〉을 운영하면서 기록한 진료기록부, 처방전, 필사본 의학서 등의 자료.
** 1883. 12~1894년 부산항 감리서 서기로 근무하면서 조사 시찰단을 수행하면서 쓴 일기「동행일록」, 환갑 축하시「해은수연운」, 자신이 쓴 시문을 모은「해은만록」등.

문제점

• 보편성 인증 곤란에 따른 필사본의 가치 저평가

대부분의 고문서가 유일무이한 존재로서 일차 사료이며, 한 부만 작성되기 때문에 그 자체가 유일성을 지니고 있지만, 필사본의 공적 보편성 인증을 문제삼아 실제보다 왜곡된 관점을 갖고 있어 필사본이 사료로서 가치나 학술적 이용의 차원에서 볼 때 지나치게 제한적이고 고문서를 조사 수집 정리하는 기관에서 실제보다 저평가되고 있음.

• 필사본의 홀대로 인한 향촌사 연구 소홀

고문서는 일정한 시기, 일정한 지역적 범주에 살았던 사람들의 삶의 기록으로 보편적이고 객관적인 문화서술을 가능케 하는 자료이나 사료적 관점에서 보면 사대부들이 만든 연대기류, 문집류로 편향되거나 중앙 중심, 지배층 중심의 역사로 서술되어 평민들의 삶의 몸부림이 숨쉬고 있는 향촌사 연구는 소홀한 입장이므로 우리 문화의 주인공이 소수가 아닌 전체라는 관점에서 그 사각지대의 개선이 요구됨.

• 문화재 발굴 및 관리의 적극성 부족

문화재청의 업무추진 방향은, 밖으로는 가치 있는 문화재의 발굴과 최상의 보존·관리 시스템 구축을 위해 노력하고 있다는 관점이지만, 안으로는 문화유산의 발굴과 활용에 예산이나 인력, 평가기준 등의 문제를 들어 다소 소극적이라는 문제점을 안고 있는 바, 문화재의 개념이나 정의에 구애됨이 없이 고서와 필사본을 비롯한 사료적 가치가 있는 모든 자료를 대상으로 발굴과 관리체제의 확립 필요.

• 지자체간 심사기준 상이 등으로 인한 문화재 방치

문화재 등록을 위해서는 1차적으로 시도지정문화재 지정을 추진하고, 2차적으로 국가지

정문화재 지정으로 진행되고 있으나, 현재 국가 및 시도지정문화재가 13,326건으로 그 등록 사유를 살펴보면 이에 준하는 문화재가 상당한 가치가 있음에도 불구하고, 지자체간 문화재 심사위원들의 심사기준 상이와 등록추진 준비자료 미흡 등으로 인해 가치 있는 문화재류가 불가하다고 취급되거나 등록이 방치 또는 답보상태로 있음.

윤하정 유물(필사본) 등의 역사·문화적 價値

- 우복산 산송 문제로 촉발된 사건이지만, 이는 단순한 일반적인 산송 사건이 아닌 2회 상언 격쟁을 통한 문제해결로 〈신문고 정신〉 거양.

- 소장 등이 고종대로 130년이 지나, 〈근대문화재*〉의 범주에 속하며, 〈우복산 산송몽 : 소장, 격쟁문, 상소문, 조사문서, 감결, 서목, 판결문 등 23여 가지〉를 필사 보관함으로써 당시 시대상을 파악할 수 있는 특별한 사료적 가치가 있음.

* 민건호의 일기, 환갑 축하시와 시문, 김영훈의 의료진료기록부, 처방전.

- 관련 유물로 당시 산송 사건을 기록한 실화소설인 김상건의 〈신설지〉의 한글본과 한문본의 작품은 우리나라 산송 사건 관련 소설인 〈박효랑전〉에 버금가는 가치가 있는 것으로 평가됨.

- 유적으로 〈윤하정〉이 건축되어, 문경시 농암면 우복산에 소재, 신문고 격쟁 승소를 기념하여 지은 우리나라에서 유일무이한 최초의 정자임.

- 문경, 상주 등의 유림 59명이 윤하정 완공과 산송 승소를 기념하여 지은 〈누정시 102편〉이 김상건이 쓴 〈윤하정지〉에 수록.

- 「우복산 산송몽 필사본」은 10여 년간에 걸친 다툼 끝에 최종 선산수어사또(암행어사)의 판결이 "다시는 분쟁을 일으키지 못하도록 하고, 끝까지 재발을 방지 함이 옳다."고 했고, 이를 성주 김정견이 패소한 김우용의 서류를 받아내어 소각하고 김성재에게는 후일 증

거 자료로 삼으라며 장첩을 돌려주고 소장과 판결문 등의 서류를 필사 보관하도록 하는 내용이 〈암행어사 판결문〉과 〈신설지〉에 나오므로, 동건에서 〈필사기〉와 〈이유〉가 명시됨을 확인할 수 있음.

• 산송 사건을 기록한 종이문서는 〈필사본〉이지만 사건의 공적 인증은 김성의와 김우용이 각각 격쟁 상소한 내용이 〈추조결옥록〉에 등재되어 있고, 판결 결과인 판결문이 〈우복산 산송몽〉 자료에서 입증되므로 〈윤하정〉은 김성의의 산송 사건 승소로 건축된 정자라는 사실이 입증됨.

• 현재 〈청와대〉와 〈국민권익위원회〉에서 〈국민신문고〉를 운영하고 있는 바, 윤하정은 신문고를 통한 〈민주주의 정신의 발현〉이라는 관점서 〈국민 참여정신〉과 부모에 대한 순종의 〈효행정신〉, 불의와 금력에 대항한 〈청렴 정신〉과 〈휴머니즘〉, 권선징악의 〈도덕 정신〉을 내포하고 있음.

필사본 문제 등의 검토 경과

• 2016. 3월부터 종친회에서는 본격적으로 〈윤하정〉 산송 사건에 대한 본격적인 자료 발굴 및 문화 역사적 가치 등에 대한 검토.

• 2016. 8월 문경시에 〈윤하정〉, 〈우복산 산송 서류〉, 〈신설誌〉 등의 문화적 가치가 있을 것으로 사료되어 이에 대한 사전 준비 및 검토할 사항에 대하여 문의.

• 2016. 9~ : 산송 사건의 공적 인증을 위한 자료 수집 및 발굴 추진.

• 2017. 3 : 문경시장 면담 및 윤하정 관련 설명과 문화재 등록 검토 의뢰.

• 2017. 12 : 경북문화재심사위원 중 한 분의 개인적 견해가 〈우복산 산송몽 필사본〉은 산송 사건 서류는 너무 흔한데다 필사본으로 가치가 매우 적다고 밝혀, 이에 김병중이 종류와 가치 등에 대해 설명을 하고자 면담을 요청했으나 이뤄지지 않았음.

• 2018. 3 ~ : 우리나라 필사본의 문화적 가치에 대한 검토(김병중).

결론

- 2016. 3월부터 시작된 〈윤하정〉 문화적 가치에 대한 검토 건은 관련 유물이나 유적이 각각 있고, 내용 면에서도 귀감이 되는 시대정신이 내포되어 있음에도 이를 깊이 검토하지 않고 일반적인 산송 소장 정도로 가볍게 판단을 하고 있는 것으로 보임.

- 문화재청 등의 행정기관에서는 가치 있는 문화재 발굴과 관리에 최선을 다한다고 표방하고 있으나, 본건 내용 검토를 진행한 지 2년이 경과하였음에도 일부 전문가의 개인적인 견해가 "필사본이라 불가하다."는 소극적 의견만 제시되었음.

- 귀중본이 아니라도 "필사기와 이유가 기록되어 있고, 댓필, 오자, 낙장, 낙서가 없으며, 최초의 원본 하나만 존재하는 것으로 원본과 진배없는 것으로 사료됨.

- 전체적으로 볼 때 "필사본이라 불가하다."는 말은 잘못된 견해로, 검토 결과 필사본은 일차적 사료로서 매우 중요하며, 문화 역사적 가치가 더 중요하다고 확인되었으며, 또한 "이런 산송 사건은 허다하다."고 하였으나 위에 적시한 문화 역사적 가치를 기술한 내용을 살펴보면 아무리 전문가라 하여도 올바른 답변으로 인정 곤란.

- 〈우복산 산송 서류〉는 23건의 공문서가 연대기 순으로 필사되어 있으며, 민원서에 해당하는 소장도 여러 건 포함되어 있으나 이 소장에는 '데김(題音)'[1]이나 '제사(題辭)'[2]가 없어 불발 문서로 본다고 견해를 가질 수도 있다.
  그러나 수령이나 관찰사의 판결만이 아니라 승정원, 한성부, 선산군수(암행어사) 등이 시행한 공문서와 판결문 등이 날짜순으로 기록되어 있고, 판결문의 내용도 소상히 기록되어 있으며, 당시 공문서 등을 담당 처리한 근무자의 직함과 이름까지 명시되어 있는 데다가 공적 기록인 형조에서 기록한 「추조결옥록」에도 2건의 격쟁 사실이 등재되어 있어 불발문서가 아닌 것으로 쉽게 확인된다. 그러므로 이 산송 서류에는 소장과 격쟁문, 각종

1) 수령에게 올린 민원서(訴狀) 여백에 쓴 처분(판결)을 말하며, 여기에는 관인을 날인한 다음 청원인에게 돌려주어 후일 증거 자료 등으로 삼게 하였다.
2) 관찰사(순찰사)에게 올린 민원서(議送) 여백에 쓴 처분(판결)을 말하며, 여기에도 관인을 날인한 다음 청원인에게 돌려주었다.

공문서 등이 들어 있어 데김과 제사만으로는 청원인의 증거 자료가 되기에는 다소 미흡하므로 이러한 점을 감안, 성주 입회하여 다른 공문까지 김성재에게 필사를 허락한 것으로 사료됨.

• 아직까지 제대로 검토도 되지 않은 상태에서 일방적 자의적 판단으로 가치의 올바른 평가로 인정하기 어려우므로 이를 보다 적극적, 긍정적으로 검토할 필요가 있다고 봄.

참고 자료

- 필사본 (다음사전)
- 필사본 (위키사전)
- 귀중본 (민족대백과사전)
- 근대문화유산 (문화재청)
- 고문서의 가치 (한국문화유산연구소)
- 필사본 (보도자료, 등록자료)

문화재청 등록 정자(亭子)에 대한 분석(分析)

개요

우리나라 문화재청에 등록된 유적 건축물인 정자에 대하여 소재지, 건립 목적, 관리자 현황 등의 분석을 통해 향후 미등록 유적 건축물에 대한 문화재 등록 추진 및 평가 업무의 적정성 확보를 통해 가치 있는 문화재(정자)의 효율적 관리를 기하고자 함.

현황 및 문제점

• 문화재 등록 현황 분석

-문화재청 사이트의 문화유산 정보*에 등록되어 있는 정자는 2017. 8 현재 217개로 75개 시군에 분산 소재되어 있음.

* 문화재청 홈페이지 : 문화유산정보/유적건조물/주거생활/조경건축/누정.

-보물 5건, 국가민속문화재 5건, 시도문화재 207건으로, 지자체에서 지정, 관리하고 있는 시도 문화재가 95%를 점하고 있음.

-정자가 6개 이상 있는 지역은 안동, 봉화, 영주, 합천, 거창, 경주, 광주, 밀양, 나주이며, 이 지역은 대부분 권문세가의 집성촌이 소재하고 있음.

-경상북도 북부지방에 43개소(20%)가 소재하고 있는 바, 이는 안동*, 봉화, 영주, 예천, 상주 등이 대표적인 반촌 고장인 점에 기인.

※ 안동(18)〉 봉화(9)〉 영주(8)〉 예천(5)〉 상주(3) 順임.

* 안동(18), 합천(8)이 압도적으로 많은 것은 임하댐, 합천댐 수몰지역 정자에 대한 민원 해소 차원에서 등록 심사 시 후히 배려한 점이 있는 것으로 사료됨.

※ 반가가 많은 경상도 북부 고을의 문경은 등록 정자가 1건도 없음.

-관리자별로 보면, 시·군 96건(44%), 종중 65건(30%), 개인 52건(24%), 단체 4건(2%) 순으로 특별시, 광역시, 시, 군 등의 지자체 관리보다 종중 및 개인 소유 관리가 56%를 차지하고 있음.

-종중별로 보면 65개소 중 광산김씨(6), 안동권씨(3), 안동김씨(2), 함안조씨(2), 고성이씨(2), 나주임씨(2), 영양남씨(2), 봉화금씨(2), 밀양박씨(2), 전주최씨(2), 여주이씨(2) 종중 순이며, 이 밖에 전주이씨, 용성송씨, 합천이씨 종중 등은 각각 1개소*의 정자를 등록 관리.

죽산전씨, 은진임씨, 흥해최씨, 경주김씨, 진주정씨, 상주주씨, 화산감씨, 남원윤씨, 해주오씨, 청주김씨, 밀성손씨, 서흥김씨, 옥천조씨, 진양정씨, 선산김씨, 인동장씨, 서산유씨, 영산신씨, 청안이씨, 영천이씨, 거창신씨, 영일정씨, 통천김씨, 삼척심씨, 신평송씨, 옥천전씨, 장암문씨, 문화류씨, 고흥류씨, 함양오씨, 고령박씨, 전주이씨, 용성송씨, 합천이씨 등

-종중 등이 관리하고 있는 정자의 건립 목적은 대부분 경승, 선조 추모, 위인 추모, 효행과 덕업, 강학, 학문 연구, 인재 양성, 휴게 등으로 나타나고 있으며, 이외에 특별한 목적으로 건립된 정자*도 있음.

정자 이름	소재지	건립 목적*
오성정	강릉	나라 잃은 설움 및 주권 회복
함벽정	익산	왕궁 저수지의 둑을 완공(1920) 기념
군자정/척서정	정읍/담양	마을 대동계 및 모임 장소
벽류정	나주	인조대왕의 별장 및 휴게
삼귀정/가천정	안동/영양	부모 효행 기념
종선정	봉화	금응석의 선행 기념
삼괴정	경주	의병 정신 추모
수봉정	경주	빈민 구제 및 교육사업, 독립운동 지원
양과동정	세종	국사 논의

정자 이름	소재지	건립 목적*
방호정	구례	일제시대 詩쓰기 위한 장소
상호정/경체정	순천/봉화	형제 우애 기념
오리정	남원	성춘향과 이몽룡 이별 장소
우곡정	진주	낙향 및 태조의 역성혁명 반대
백화정	부여	삼천 궁녀 원혼 추모
반구정	영주	고려 멸망에 대한 회복 기원
영훈정	영주	사신 마중 및 배웅

• 정자 등록의 문제점

- 특정지역에 편중 분포된 문화재 등록으로 업무의 공정성 저하.

문화재청에 등록된 정자에 대한 건립 목적은 대부분 경승, 풍류, 학문, 선조, 위인 추모 등이며, 유적의 가치는 큰 차이가 없는 것으로 보이지만 너무 특정지역에 분포되고 있어 문화재청 등록 업무 심사 시 수몰지역 배려나 적극적인 지자체, 권문세가 등에 편중된 평가로 공정성 저하.

- 지역별 문화재 등록의 극심한 편차에 따른 지자체 문화재 불균형.

경상도 북부 지역은 양반의 고장으로 지칭되고 있고, 권문세가들이 많아 정자가 지역별로 곳곳에 다수 존립하고 있는 바 안동, 봉화, 영주, 예천, 상주 등의 특정지역에는 문화재로 등록된 정자가 많지만 문경 등은 정자의 가치가 저평가되는 등의 이유로 단 한 건도 없어 정자에 대한 문화재 등록 업무의 신뢰가 저하되고, 시민들의 정자에 대한 문화적 가치의 경시 또는 외면.

- 역사적, 문화적 가치 등을 고려한 적정 평가 미흡.

정자는 건축물의 가치나 건립 목적, 역사적인 사건이나 인물 또는 시대정신과 차별화된 덕목 등을 발굴하여 후대에 역사적, 문화적 가치가 잘 전승될 수 있어야 하지만 너무 틀에 박힌 기준의 잣대를 적용하는 경향이 있어 가치 있는 유물이나 유적이 제대로 빛을 보지 못하는 경우가 발생하는 등 문화재의 적정 평가 미흡.

대책

• 미지정 문화재에 대한 지자체의 적극적 노력

지역에 산재되어 있는 정자 등 유적들을 단순히 일개 가문의 유산으로 보지 말고 보다 열린 자세로 역사와 시대정신을 연계하여 보다 가치 있는 등록 문화재로 평가받을 수 있도록 적극적으로 노력할 필요성 대두.

• 특별한 건립 목적을 가진 정자의 새로운 가치 발굴

경상도 북부 지역은 양반 고을로 알려져 있고, 문경에도 양반 문화의 유적(정자 77개)이 남아 있으나 정자의 경우 안동, 봉화 등은 다수가 등록되었지만 문경을 포함 전국 153개 시군은 단 한 곳도 등록되지 않고 있어 명승이나 휴게의 정자보다는 윤하정 같은 특별한 목적*을 가진 정자의 문화적 가치 발굴에 아낌없는 노력이 요구됨.

* 고종 때 두 번의 신문고 격쟁을 통한 다툼에서 정의가 불의를, 약자가 권문세가를 이긴 청렴과 정의, 죄를 미워하지 않는 휴머니즘과 양반 정신 등 기념하여 지은 정자.

붙임

1. 소재지별 문화재 등록 정자 현황 1부.
2. 문화재청 유적건조물 정자 현황 1부.

 # 붙임 1 : 소재지별 문화재 등록 정자 현황

보유정자	소재지		합계
18	안동	1	18
9	봉화	1	9
8	영주, 합천, 거창, 경주	4	32
7	광주	1	7
6	밀양, 나주	2	12
5	예천, 대구, 영양, 함양, 담양, 순창, 임실, 영암, 강릉, 서울	10	50
4	영천	1	4
3	상주, 청송, 진주, 세종, 남원, 장성, 정읍	7	21
2	포항, 구미, 창원, 함안, 산청, 창녕, 진안, 장흥, 영월, 옥천, 파주, 부여, 제주, 경기 광주, 고성, 논산, 구례	17	34
1	의성, 군위, 고령, 영덕, 김천, 경산, 하동, 완주, 예산, 천안, 영광, 철원, 무주, 전주, 횡성, 춘천, 공주, 순천, 화순, 보성, 강화, 고창, 곡성, 청주, 익산, 해남, 함평, 장수, 무안, 동해	30	30
계	75개 시군		217

붙임 2 : 문화재청 유적건조물 정자 현황 ('17. 8 현재)

구 분	정자명	소재지	관리자	건립 목적
보물	해운정	강릉	심씨 종중	경승
"	피향정	정읍	정읍시	경승, 풍류
"	관덕정	제주	제주시	인재 양성
"	관가정	경주	손성훈	거주
"	야옹정	예천	권재철	선조 추모
국가 민속문화재	수은정	경주	손석창	거주
"	심수정	"	이석진	거주
"	안락정	"	이재원	인재 양성
"	열화정	보성	이정민	경승
"	탁청정	안동	이미령	경승
시도문화재	연북정	제주	제주시	임금 연모
"	침괘정	경기 광주	광주시	경승
"	연미정	인천 강화	강화군	경승, 풍류
"	황학정	서울	종로구	인재 양성, 활터
"	석파정	"	"	경승
"	청간정	강원 고성	고성군	경승
"	쌍계정	나주	나주시	학문, 인재 양성
"	하목정	대구	이종국	인조 체류 기념
"	침락정	안동	김방식	학문
"	용암정	안동	신정순	경승
"	어은정	안동	고성이씨 종중	선조 추모
"	방초정	김천	이현택	선조 추모
"	오성정	강릉	강릉시	나라 잃은 설움, 주권 회복
"	방해정	강릉	강릉시	낙향, 풍류
"	사인정	장흥	김정식	인재 양성
"	화석정	파주	파주시	학문

구 분	정자명	소재지	관리자	건립 목적
시도문화재	호해정	강릉	강릉시	선조 추모
"	해암정	동해	삼척심씨 종중	낙향, 인재 양성
"	임리정	논산	논산시	학문, 인재 양성
"	강호정	영천	정재종	학문, 인재 양성
"	팔각정	서울	종로구	휴게
"	삼휴정	영천	정남식	경승, 학문
"	팔괘정	논산	논산시	학문, 위인 추모
"	오운정	서울	종로구	위인 추모
"	만취정	임실	김학종	선조 추모
"	지선정	청주	오옥균	낙향
"	함벽정	익산	익산시	왕궁 저수지 기념(1920)
"	군자정	정읍	고부노인회	공동체 장소
"	남계정	완주	통천김씨 종중	선조 추모
"	운서정	임실	김재두	선조 추모
"	한수정	봉화	안동권씨 종중	선조 추모
"	수은정	임실	경주김씨 종중	경승, 풍류
"	취석정	고창	광산김씨 종중	경승, 풍류
"	부계정	상주	진주정씨 종중	학문
"	무진정	함안	조용희	인재 양성
"	함허정	곡성	심해섭	경승, 풍류
"	삼산정	안동	유중식	인재 양성
"	벽류정	나주	광산김씨 종중	위인 추모(인조 별장)
"	호연정	합천	상주주씨 종중	인재 양성
"	체화정	안동	이헌석	학문
"	삼귀정	"	김백년	노모 효행
"	삼구정	영양	함양오씨 종중	경승
"	월연정	밀양	여주이씨 종중	낙향, 경승
"	종선정	봉화	봉화금씨 종중	선행 기념

구 분	정자명	소재지	관리자	건립 목적
시도문화재	삼괴정	경주	청안이씨 종중	위인 추모(의병 정신)
"	척서정	담양	영천이씨 종중	공동체 장소, 강학
"	옥간정	영천	정극	학문
"	고산정	안동	금만동	경승, 풍류
"	군자정	영주	오계서원	학문
"	부춘정	영암	영암군	경승
"	요수정	거창	거창신씨 종중	경승, 풍류
"	거연정	함양	함양군	학문
"	분옥정	포항	포항시	선조 추모
"	초간정	예천	예천군	학문
"	사미정	봉화	봉화군	경승, 풍류
"	송강정	담양	영일정씨 종중	선조 추모
"	면앙정	담양	신평송씨 종중	선조 추모
"	고석정	철원	철원군	경승, 풍류
"	양신정	옥천	옥천전씨 종중	학문
"	서벽정	무주	하헌균	학문, 인재 양성
"	수봉정	경주	이상열	빈민 구제, 교육사업
"	장암정	영암	장암문씨 종중	공동체 장소
"	영보정	"	전주최씨 종중	학문
"	영팔정	"	문화유씨 종중	경승, 풍류
"	영모정	나주	임씨 종중	선조 추모
"	만호정	"	서승렬	향약
"	장춘정	"	고흥류씨 종중	경승, 풍류
"	방호정	청송	함안조씨 종중	선조 추모
"	귀애정	영천	영천시	선조 추모
"	야옹정	봉화	봉화군	학문
"	소양정	춘천	춘천시	경승
"	관해정	창원	창원시	위인 추모

구 분	정자명	소재지	관리자	건립 목적
시도문화재	풍영정	광주	광산김씨 종중	선조 추모
"	만귀정	"	인동장씨 종중	선조 추모
"	금란정	강릉	강릉시	경승
"	천양정	전주	전주시	풍류
"	독락정	세종	세종시	경승
"	보만정	"	"	학문
"	양과동정	"	"	국사 논의
"	반구정	파주	파주시	위인 추모
"	부용정	광주	광산김씨 종중	"
"	고산정	진주	진주시	낙향, 은둔
"	호가정	광주	서산유씨 종중	선조 추모
"	지수당	경기 광주	광주시	고관 낚시터
"	풍암정	광주	광산김씨 종중	위인 추모
"	영모정	진안	신씨 종중	효행
"	운암정	횡성	횡성군	회갑 기념
"	상월정	담양	고정석	낙향, 수양
"	귀래정	안동	고성이씨 종중	낙향, 풍류
"	남희정	담양	김만선	노인 봉양, 인재 양성
"	독락정	옥천	주재명	경승, 학문
"	금강정	영월	영월군	경승
"	문암정	창녕	영산신씨 종중	선조 추모
"	만취정	광주	광주 광산	위인 추모
"	이노정	대구	제일강정	풍류, 학문
"	소계정	"	석주영	위인 기념
"	운흥정	구례	운흥정시사회	詩쓰기
"	방호정	"	유재규	일제시대 시쓰기
"	석문정	안동	김시인	경승, 인재 양성
"	시북정	"	김지환	선조 추모

구 분	정자명	소재지	관리자	건립 목적
시도문화재	관수정	대구 달성	서흥김씨 종중	경승, 선조 추모
"	만우정	안동	유성호	학문
"	요선정	영월	영월군	경승
"	약계정	안동	권오춘	학문
"	송 정	"	김시우	선조 추모
"	동계정	대구	대구시	휴게
"	쌍수정	공주	공주시	위인 추모(인조 피난)
"	상호정	순천	옥천조씨 종중	4형제 우애
"	대야정	구미	유영기	선조 추모
"	오리정	남원	남원시	성춘향, 이몽룡 이별 장소
"	심소정	거창	거창군	경승, 강학
"	동암정	구미	유영기	학문
"	우곡정	진주	진양정씨 종중	낙향 및 역성혁명 반대
"	귀래정	순창	순창읍	낙향, 불사이군 충절
"	영벽정	화순	화순읍	경승
"	낙덕정	순창	순창읍	낙향 은둔
"	교수정	함양	함안조씨 종중	낙향, 충절
"	약천정	영양	영양군	학문, 인재 양성
"	일원정	거창	선산김씨 종중	인재 양성
"	남악정	영양	이병두	학문
"	가남정	합천	정종호	선조 추모
"	청계정	장성	박용주	인재 양성
"	기영정	"	장성군	선조 추모
"	수북정	부여	부여군	위인 추모
"	관수정	장성	장성군	경승, 풍류
"	광암정	합천	안동권씨 종중	선조 추모
"	태고정	진안	진안군	위인 추모
"	백화정	부여	부여군	삼천 궁녀 원혼 추모

구 분	정자명	소재지	관리자	건립 목적
시도문화재	벽송정	고령	최승률	위인 추모, 인재 양성
"	관술정	창원	화산감씨 종중	선조 추모
"	지락정	장수	종중대표	경승
"	뇌룡정	합천	유림회	강학, 인재 양성
"	광제정	임실	종중대표	선조 추모
"	구암정	순창	순창군	덕행 추모
"	어은정	"	"	위인 추모
"	송 정	정읍	정읍시	낙향, 풍류
"	영광정	순창	순창군	한일합방 반대 계몽
"	장암정	봉화	김재원	강학, 인재 양성
"	현산정	합천	합천군	선조 추모
"	열무정	영암	영암군	공동 장소(3.1운동 집회)
"	소천정	경남 고성	전주최씨 종중	위인 추모
"	무진정	남원	남원윤씨 종중	경승, 선조 추모
"	퇴수정	"	밀양박씨 종중	경승, 낙향
"	수재정	경주	정인현	별장
"	오괴정	임실	해주오씨 종중	풍류, 인재 양성
"	영파정	함평	함평군	낙향
"	동백정	장흥	청주김씨 종중	공동 장소(친목계)
"	청계정	영양	오명원	풍류
"	농산정	합천	합천군	풍류(최치원)
"	만휴정	안동	김주현	독서, 사색
"	낙암정	"	배병욱	선조 추모
"	가천정	영양	영양군	효행
"	부사정	진주	성환덕	강학
"	방춘정	해남	해남군	학문, 인재 양성
"	오연정	밀양	밀성손씨 종중	선조 추모
"	양암정	군위	홍순철	학문

구 분	정자명	소재지	관리자	건립 목적
시도문화재	반계정	밀양	여주이씨 종중	경승 및 풍류
"	광심정	함안	용성송씨 종중	경승, 학문
"	악양정	하동	하동군	학문, 인재 양성
"	관수정	합천	합천이씨 종중	경승
"	벽한정	"	고령박씨 종중	은둔, 강학
"	영귀정	의성	안동김씨 종중	"
"	박연정	밀양	광산김씨 종중	낙향, 수양
"	식영정	무안	나주임씨 종중	경승, 풍류
"	창애정	봉화	봉화군	낙향, 강학
"	부용정	창녕	창녕군	인재 양성
"	사덕정	봉화	봉화군	"
"	원천정	거창	죽산전씨 종중	"
"	용암정	거창	은진임씨 종중	경승
"	기오정	나주	나주시	경승, 강학
"	침류정	청송	청송군	인재 양성
"	침류정	영광	영광군	경승
"	모선정	밀양	밀양박씨 종중	효행
"	청 정	산청	산청군	경승
"	경체정	봉화	강석한	형제 우애
"	광풍정	"	봉화군	학문
"	반구정	영주	안동권씨 종중	고려 멸망 회복 기원
"	유연정	경주	경주시	선조 추모
"	모현정	거창	흥해최씨 종중	강학 및 선조 추모
"	노은정	천안	안동김씨 종중	경승, 인재 양성
"	칠인정	포항	포항시	선조 추모
"	군자정	함양	함양군	위인 추모
"	동호정	"	"	위인 추모(선조 의주 몽진)
"	심원정	"	"	경승

구 분	정자명	소재지	관리자	건립 목적
시도문화재	이수정	예산	전주이씨 종중	경승, 강학
"	입천정	영덕	영양남씨 종중	선조 추모
"	인풍정	거창	거창군	풍류
"	영훈정	영주	영주시	사신 마중 및 배웅
"	구연정	경산	경산시	경승
"	오체정	청송	영양남씨 종중	선조 추모
"	수운정	안동	봉화금씨 종중	"
"	송은정	"	안동시	학문
"	삼수정	예천	예천시	경승
"	청원정	예천	"	위인 추모
"	일우정	영주	영주시	미등록
"	오의정	산청	산청군	"
"	청운정	영주	김종환	"
"	청간정	상주	상주시	"
"	모은정	영주	영주시	"
"	심원정	영주	영주시	공동체 장소
"	월춘정	"	"	강학, 수양
"	쾌재정	상주	상주시	선조 추모
"	취수정	거창	거창군	"
"	완재정	밀양	밀양시	"
"	함취정	예천	예천군	"
"	봉저정	서울	동작구	휴게
"	취가정	광주	광주시	학문, 풍류
계			217개	

칠백 석 부자의 100억대 뇌물액 계산법

김병옥家 뇌물(쌀 7천 석) 24억 원, 토지(700마지기) 140억 원
김성의家에서 김우용에게 적선(100냥)한 돈 4천만 원

뇌물(賂物)이란 순우리말로는 '꾹돈', 일본식 한자어로는 '촌지(寸志)'라고 한다. 어떤 직위 또는 권한이 있는 사람을 매수하여 사적인 일에 이용하기 위해 건네는 돈이나 물건 따위로, 대부분의 국가는 뇌물을 주고받는 행위를 정의에 반하는 범죄로 규정한다.

촌지도 불의에 해당되어 순수하게 고마움을 전하는 의미가 아니라 사사로운 이익을 얻기 위해 권력자에게 주는 정당하지 못한 돈이나 물건을 뜻하는 말로 인식되고 말았으니, 김영란법이 발효된 이후 우리 고유의 미풍양속 같은 선물 문화도 사라지고 있는 것은 어쩔 수 없는 시대적 흐름으로 보아야 할 것 같다.

우복산 산송 사건은 좋은 묘자리를 두고 순천김씨와 안동김씨가 벌이는 집안 간의 다툼이다. 엄연히 산의 주인이 따로 있는 데 이를 무시하고 김병옥이 남의 땅에다 자기 맘대로 부인의 주검을 늑장한 것이다. 그렇다면 김병옥이 무엇을 믿고 막무가내로 불법을 자행하였을까? 그 답은 바로 어딘가 믿는 구석이 있기 때문일 것이다.

그는 선산 사람으로 칠백 석 부자인 금력과 안동김씨 권문세가라는 권력을 동시에 갖고 있기 때문에 평민이 가진 산소 자리 하나 정도는 얼마든지 가로채도 뒷감당이 가능하다고 생각한 것이다. 고을 현감이나 성주에게 뇌물을 주어 거뜬하게 자기편으로 만들면 자기 의도대로 충분히 주무를 수 있다는 복안이 섰을 것이다.

이 산송 사건을 찬찬히 살펴보면 김병옥이 뇌물로 관리들을 매수하고 그들을 움직인 정황을 여러 곳에서 발견할 수 있다.

① 김병옥이 우복산에 명당이 있음을 알고 김성의에게 산소 자리 하나를 달라고 김성의에게 요구하였으나 거절당하자 1883. 4. 9 무단으로 부인의 묘를 쓰면서 이를 만류하는 김성의 일족을 구타하고 늑장을 강행.

② 피해자인 김성의는 김병옥이 선조의 산소 주룡을 누르는 곳에 불법으로 묘를 조성하면서 이를 만류하자 자기들을 구타하고 늑장을 강행하였으니 이장 조치와 더불어 구타에 대한 죄를 다스려 달라고 현감에게 상소했지만 감감무소식.

③ 1883. 8. 13 김성의의 장남 김영재가 고종 행차 시 격쟁을 한 후 형조 압송 → 한성부 이송 및 조사 → 8. 17 경상도 관찰사 조사 지시→ 9. 18 문경현감에게 조사 지시하였으나 미처리 ← 김성의가 임금 하명임을 내세워 순상에게 강력 항의하여 이장.

④ 1884. 4. 5 김병옥이 금력과 권력을 믿고 서류를 위조, 거짓 격쟁 상소문을 만들어 아들 김우용을 시켜 고종 거둥을 막고 격쟁 상언.

⑤ 1890. 6 김우용이 산을 적법 매수했다며 성주에게 소장을 제출하여 김상련이 감옥에 수감 → 김성의의 아들 김성재가 한성부에 가서 죄가 없다는 공문을 받아 성주에게 제출 → 성주는 상급관청 공문을 받고도 이를 적당히 폐기.

⑥ 김성재가 다시 상경하여 한성부에 도착, 사실을 고하고 공문을 재발급 받아 성주에게 제출 → 김상련이 수감 3개월 만에 석방.

⑦ 1891. 11 김우용이 선산군수에게 김성재를 무고하여 김성재는 감옥 수감 → 김상련이 상소문을 써서 군수에게 제출 → 김성재 석방.

⑧ 1892. 11. 16 김우용이 새로 부임한 현감과 짜고 딸에게 편지를 띄우게 하여 3천 냥을 받아 달라고 부탁 ← 김정견 성주가 양자를 조사하여 최종 판결 및 김우용의 송사 사건 서류 일체를 소각.

위 내용에서 보면 김병옥 家에서 8회에 걸쳐 현감, 성주 등에게 불법 자행 및 무고 등을 위해 관리들을 매수한 것으로 보인다. 거액의 뇌물을 주지 않고서야 현감이 한성부에서 시달한 공문서를 무단 폐기하거나 방치할 리가 없고 죄 없는 백성을 두 번씩이나 감옥에 가두지 않을 것이다. 특히 구한말 나라가 어지러운 틈을 타 탐관오리들의 부정이 많았다는 점도 이 사실을 반증한다. 그 결과 김병옥은 10여 년간의 송사로 인해 칠백 석 부자가 재산을 다 탕진한 알거지가 되었고, 한편 성주가 김성재에게 1백 냥을 받아 김우용에게 적선하였다는 기록(신설지)도 함께 전한다. 김성의는 3대, 김병옥은 2대에 걸쳐서 다툰 긴 송사 끝에 김병옥이 제공한 뇌물 액수는 과연 얼마나 될까 궁금하다.

김병옥이 칠백 석 부자의 재산을 모두 탕진했다는 것을 금액으로 한번 따져 보자. 1678년에 기록된 「행전절목」이라는 문헌을 살펴보면 당시 척관법으로는 조선시대 쌀 1섬은 10말로, 현재 144kg짜리 쌀 한 포대와 동일하다. 그러면 쌀 한 섬의 가격은 당시 돈으로 얼마였을까? 문헌에서 400문이 쌀 10말이라고 기록되어 있는데, 1문은 곧 1닢을 의미하고 있어 쌀 한 섬의 가격은 4냥이 되는 것(엽전 한닢=1문, 10문=1전, 10전=1냥, 10냥=1관)으로 10년 동안 28,000냥*을 탕진한 것이다.

* 700석(섬) × 4냥 × 10년 = 28,000냥

쌀 가격은 물가라던가 산지, 등급 등에 따라 차이가 있긴 하지만, 2013년 12월 31일 농림축산식품부 해양수산위원회에서 쌀 80킬로그램의 목표 가격을 18만 8천 원으로 정한 바 있어, 이는 곧 쌀 1kg당 2,350원이다. 10년간 24억여 원*으로 산출된다.

* 144kg(1섬) × 2,350원 × 700섬 × 10년(송사기간) = 2,368,800,000원
(여기서 소작농에게 주었다면 소작농 지급 30%를 빼면 1,658,160,000원)

그리고 논 한 마지기(200평으로 간주)에서 쌀 10두, 즉 1섬의 소출이 있었으니, 김병옥이 칠백

석 부자이면 논 7백 마지기를 소유하고 있었다는 계산이 나온다. 당시 워낙 빈곤한 사회여서 논 가격이 평당 2,800원 정도로 조사되지만, 지금 가격으로 보면 평당 10만 원 정도로 토지가격이 무려 70억 원 정도*가 넘는다고 보면 된다.

* 700(마지기) × 200평(1마지기) × 100,000원 (평당가격)= 14,000,000,000원

결국 김병옥은 불법으로 산소를 빼앗기 위해 탕진한 돈이 무려 163억 원을 넘었으니 당대에 찾아보기 어려운 거액의 뇌물사건으로 여타 사건과 비교가 불가할 것으로 보인다. 다른 계산법으로 당시 장정 한 사람이 일 년간 받는 품값이 쌀 한 섬 정도였으니, 이는 곧 332,000원이 연봉이 되는데, 지금보다 화폐가치가 대략 200배 정도는 차이가 난다고 보면 뇌물액수는 입이 딱 벌어지는 460억 원대*로 계산된다.

* 332,000원 × 200배(화폐가치) × 7,000석 = 464,800,000,000원

그리고 김성의 家에서 거지가 된 김우용에게 적선한 돈 100냥은 얼마의 가치로 환산될까? 전북대박물관 이병규 전임연구원의 자료에 의하면 1877년 당시 1냥의 가치를 40만 원으로 보았으니, 1백 냥은 4천만 원*이 된다.

* 400,000원(1877년 1냥의 가치) × 100냥(적선한 돈) = 40,000,000원

이렇게 4천만 원이 넘는 큰 금액을 원수에게 도와준 것이니, 철천지원수까지 사랑한 김성의 家의 휴머니즘은 결코 가볍게 보아 넘길 수 없는 것이다. 요즘 송사에서는 패소한 자는 승소한 자에게 손해금액은 물론 변호사 비용까지 물어주는 추세를 감안해 본다면 이것을 어찌 가벼운 사건으로 치부할 수 있을 것인가?

불의는 정의를 이기지 못한다. 김성의 家에서는 처음부터 중과부적이고 이란격석의 싸움이었지만 정의를 위해 목숨을 걸고 이에 협박과 거짓과 회유와 구속 등에 조금도 굴하지 않고 싸워서 끝내 청렴한 양반 정신이 부패한 권문세가의 힘과 금력을 꺾어 신문고 격쟁 사건의 새로운 이정표를 세우게 된 것이다. 김병옥은 160억 원의 뇌물로 패가망신하고, 김성의는 4천만 원의 적선으로 죄인을 사랑한 만고에 길이 빛날 윤하정 역사를 남겼다.

참고 자료

당시 임금 및 물가 정보

- 5인 가족 최저생활비는 쌀 10섬, 50냥 → 환산하면 360만 원
- 정승(국무총리) 연봉이 3,110만 원, 9품 연봉이(공무원 초급관리)가 360만 원
- 왕실 소유재산인 내수사 토지가격이 1,280만 냥 → 9,216억 원
- 국립대학교격인 성균관 재산이 토지가 76만 7,600냥 → 552억 원
- 율곡 이이 아버지 재산이 토지가 2억 8천만 원(노비가 160명인 집안)
- 서울 기와집 13.5칸 비용이 450냥 → 3,240만 원

* 출처 : 조선왕조실록, 만기요람, 비변사등록, 승정원일기, 의궤와 지방 읍지, 문기

금액 환산 참고 자료

조선시대 쓰였던 화폐단위는 문(文), 전(錢), 냥(兩), 관(貫)이며 10문(文)이 1전(錢), 10전(錢)이 1냥(兩), 10냥(兩)이 1관(貫)이 된다. 우리가 흔히 엽전 한 닢, 두 닢이라는 표현을 쓰게 되는데, 이는 조선시대 가장 널리 쓰였던 상평통보(常平通寶) 동전 한 개, 두 개라는 의미이며 상평통보 한 닢은 1문(文)에 해당한다. 위에서 과부 주씨가 3두락(斗落) 즉 세 마지기를 60냥(兩)에 팔고 있는데, 당시 논 한 마지기의 가격이 20냥(兩) 정도였음을 알 수 있다. 한 마지기를 200평이라고 할 때 요즘 논값이 평당 5만 원이라고 가정하면, 한 마지기 논의 값은 대략 1,000만 원 이내 정도가 된다. 결국 1,000만 원과 20냥(兩)이 비슷한 가치를 가지고 있다고 하겠다. 대개 우리가 한 냥(兩), 두 냥(兩)이라고 할 때 별로 그 가치가 높지 않게 생각하는데, 조선시대(1877) 한 냥(兩)의 가치는 지금의 40만 원 정도로 매우 높은 것이었다.

* 출처 : 이병규(전북대박물관 고문서팀, 전임연구원)

윤하정(允下亭)의 누정시(樓亭詩)에 대한 소고(小考)

1. 누정(樓亭)의 개요

누각(樓閣)과 정자(亭子)를 함께 일컫는 명칭으로서 누정(樓亭), 정루(亭樓)라고 한다. 그러나 일반적으로는 「신증동국여지승람」 누정조에서 보는 바와 같이, '누정'은 누(樓) · 정(亭) · 당(堂) · 대(臺) · 각(閣) · 헌(軒) 등을 포함하여 일컫는 개념으로 사용되고 있다.

우리나라 누정은 신라의 소지왕이 서기 488년 정월에 천천정(天泉亭)에 행차하였다는 「삼국유사」의 기록에서 처음 보인다. 여기에서 서출지(書出池)의 지명설화로 미루어 천천정은 연못을 갖춘 정자였을 것으로 생각된다. 구전(口傳)에 의하면 삼한시대에 춘천의 소양정(昭陽亭) 자리에 이요루(二樂樓)가 있었다고도 한다.

이후 정철(鄭澈)의 송강정(松江亭)을 비롯하여, 임억령(林億齡)의 식영정(息影亭), 김윤제(金允悌)의 환벽당, 전신민(全新民)의 독수정(獨守亭), 김덕령(金德齡)의 후손이 지은 취가정(醉歌亭) 등이 있다. 특히, 우리나라의 국토는 삼면이 바다로 둘러싸여 있기 때문에 바닷가에 누정이 많다. 빼어난 경치의 산세를 끼고 동해에 접한 관동지방에 유명한 누정이 집중되어 있는데, 평해의 망양정(望洋亭), 통천의 총석정(叢石亭)은 동해에 임한 이름 있는 누정이다. 조선 중종 때에 양산보(梁山甫)가 경영하였던 담양의 소쇄원(瀟灑園) 경내에는 광풍각(光風閣)과 제월당(霽月堂)이 아직 남아 있으며, 윤선도(尹善道)는 보길도(甫吉島)에 세연정(洗然亭)을 비롯하여 호광루(呼光樓) · 회수당(回水堂) · 정성당(靜成堂) 등 열두 정자를 짓고 부용동(芙蓉洞) 원림을 경영하였다.

우리나라의 누정은 경상북도에 가장 많이 분포되어 있고 그다음이 경상남도이며, 전라도

지방도 다른 지역에 비하여 그 수가 적지 않다. 경상도는 경주·안동·거제·영해·상주·구미 등에, 전라도는 전주·남원·순창·광산·화순 등에 누정이 많은 것으로 나타난다.

2. 누정의 기능

누정은 시단(詩壇)을 이루는 기능을 하였다. 곧 시를 아는 선비들이 누정을 짓고 이를 휴식처로 삼아 거기에서 유유자적할 때 찾아오는 이는 물론 뜻이 통하는 시우(詩友)들의 만남의 장소가 되었다. 유흥상경의 흥치가 시적으로 나타나면 그것은 곧 누정시가 되었고, 자주 만나는 사람들끼리 누정시단이 형성되었다.

흔히 면앙정시단이니 식영정시단이니 함은 면앙정이나 식영정에서 누정제영을 읊으며 시작 활동을 하던 시적 교류의 집단을 말한다. 그중 식영정에서는 임억령을 중심으로 한 김성원(金成遠)·고경명(高敬命)·정철 등 성산(星山)의 사선(四仙)이 호운작시(呼韻作詩)하며 시적 사귐을 가졌는데, 이들은 식영정시단의 대표적인 인물이다.

또한, 누정은 학문으로 수양하고 강학(講學)하며 인륜의 도를 가르치던 구실을 하였다. 누정에는 사대부들이 벼슬을 그만두고 은퇴하여 유휴처로 지내던 곳이 많다. 광해군 때의 처사(處士) 오유립(吳裕立)이 청원에 월송정과 지선정(止善亭)을 짓고, 그곳에 은거하면서 유생을 가르쳐 많은 문사를 배출하였다는 것은 잘 알려져 있다. 누정은 강학하던 장소가 되고, 또 인간의 규범을 깨우치던 정사(精舍)의 구실을 겸하였다고 볼 수 있다.

그리고 누정은 한 고을의 문루(門樓) 또는 그곳의 치적을 표상하는 것으로도 건립되었다. 옛날에는 고을을 지키기 위하여 성을 쌓으면 으레 성루(城樓)를 두었다. 「신증동국여지승람」 함흥부의 누정조에, 남쪽의 남화루(南華樓), 북쪽의 망양루(望洋樓) 등 열두 성루가 있었다고 하는데, 이는 모두 성의 기능을 가진 누정들이다. 변방을 지키기 위하여 세웠던 삼수의 진융루, 은성의 진변루(鎭邊樓), 의주의 통군정(統軍亭)도 성루의 하나이다.

누정은 역사적 인물과 사건에 관계된 특별한 치적을 기리기 위하여 건립된 것도 있다. 홍

건적(紅巾賊)의 침입으로 몽진(蒙塵)하여 다니던 공민왕이 난을 평정하고 문과(文科)와 감시(監試)를 행하고 방을 붙였다는 청주의 취경루, 병자호란에 피난 온 태백오현(太白五賢)이 정자 옆을 흐르는 물에 누워 목욕하였다는 데서 유래된 봉화의 와선정(臥仙亭), 헌종 때에 황기익(黃基益)의 문하생인 홍철태(洪哲泰)가 스승과 함께 과시(科試)를 보았는데 자신만이 급제한 데 통한하여 스승을 위하여 지었다는 함안의 와룡정(臥龍亭), 고려 말의 권정(權定)이 고려가 망하자 벼슬을 버리고 은거하면서 지었다는 영주의 봉송대(奉松臺), 양재역 벽서사건(良才驛壁書事件)으로 단양에서 귀양살이를 한 김난상(金鸞祥)을 추모하기 위하여 후손들이 지었다는 영주의 매양정(梅陽亭)과 김성의(金性義)의 격쟁 승소를 기념하기 위해 지은 문경의 윤하정(允下亭)도 이에 속하는 하나의 예가 된다.

3. 누정과 시문

어느 누정이나 대부분 누정기와 누정시가 있다. 누정에 걸려 있는 현판 중 누정명 외에는 모두 그곳의 승경(勝景)을 노래한 누정시문이다. 누정에 따라서는 감상을 위하여 유명한 시문을 새겨 현판한 곳도 있으나 이 같은 예는 흔하지 않다. 적게는 한두 편, 많게는 수백 편의 시문을 낳게 한 곳이 바로 누정이다. 1978년 진주시에서 출간한 「촉석루시집」에 의하면, 촉석루의 누정시문은 대개 5언 또는 7언으로 된 한시로서 400편이 넘는다.

누정에서 제작된 한시는 '누정제영'이라고 일러 왔는데, 역사가 오래되고 유명한 누정일수록 그 제영이 많다. 그러나 1918년에 세운 광주(光州)의 연파정(蓮坡亭)이나 1934년에 세운 하은정(荷隱亭)은 그 역사가 오랜 편은 아니나 여기에서도 많은 시문이 제작되었다. 연파정에서 지어진 제영은 400수가 넘는데 이는 짧은 기간에 많은 시인이 출입하였음을 뜻한다. 「신증동국여지승람」의 제영조에도 많은 한시가 수록되어 있는데 대부분이 누정제영이라는 점이다.

이처럼 누정이 시문의 산실이 된 까닭은 누정이 주로 경승지에 건립된 데다가 주인은 대부분 시문을 즐기던 식자층으로 그 교우가 대부분이 학자요 시인이었기 때문이다. 당대의 학자이며 이름난 시인이었던 김인후(金麟厚)가 무등산 밑에 은퇴하여 지내던 소쇄원의 주인

양산보와 친하여짐으로써 그곳의 광풍각과 제월당을 소요하면서 지은 소쇄원 48영(詠)의 서경시는 이러한 시적 교유로 생긴 누정시의 대표적인 예이다.

식영정의 주인이던 임억령도 식영정 중심의 20가지 승구(勝區, 경치 좋은 구역)를 가려 이에 이름을 짓고 식영정 20영의 누정시를 남겼다. 이러한 서경시는 연작되게 마련인데, 김성원과 고경명·정철 등은 임억령으로부터 시를 배우며 그의 호운(呼韻)에 따라 각각 식영정 20영을 지었고, 뒤에 이곳을 찾은 시인들도 그들의 시에 차운(次韻)한 식영정 시를 남겼다.

누정에서의 교유와 그 서정이 문학에 끼친 영향은 이처럼 커서, 유명 인사나 유림들이 경영하던 누정에서는 누정시단이 형성되었고 거기에서 많은 시회가 이루어졌다. 이 시회의 모임은 대개 한시문을 아는 유생이 주가 되었는데, 그 한 예로 유림들이 건립한 정읍의 쌍청정(雙淸亭)에서는 해마다 2회의 글짓기 및 풍월놀이가 있었고, 명유들의 집합소로 알려진 강릉의 경호정(鏡湖亭)에서는 춘하추동에 걸쳐 시회를 가졌던 것으로 전한다.

「신증동국여지승람」에 소개된 누정시문을 볼 때 고려조의 김극기(金克己)·안축(安軸)·이규보(李奎報)·이곡(李穀)·이첨(李詹)·정추(鄭樞)·정이오(鄭以吾)·이색(李穡) 등, 조선조의 권근(權近)·변계량(卞季良)·김종직(金宗直)·이승소(李承召)·서거정·성임(成任)·성현(成俔) 등이 대표적인 누정시인이었음을 알 수 있다.

이들은 누정 건립 때 청에 의하여 누정기를 짓고, 또 축의로 누정시를 짓는 경우가 적지 않았지만, 뒷날 유서 깊은 누정을 유람하며 회고적으로 누정에서의 승경흥취를 노래한 예가 적지 않다.

이상의 예로 든 누정시문 이외에 누정문학 중에는 시조와 가사 등 국문시가가 적지 않다. 안주의 백상루(百祥樓)에서 지은 이현(李俔)의 〈백상루별곡(百祥樓別曲)〉과 담양의 면앙정에서 지은 송순의 〈면앙정가〉는 대표적인 누정시가이다. 식영정에서 쓴 정철의 〈성산별곡〉도 임억령의 식영정 20영의 영향으로 이루어진 가사로서, '식영정별곡'이라 하여도 무방한 대표적인 누정가사이다.

시인들의 기행은 으레 누정의 유람을 겸하였기 때문에 이러한 여행을 노래한 기행가사는 누정문학의 성격을 띠게 마련이었다. 백광홍(白光弘)이 서도지방에서 그곳의 정사를 보살피며 자연풍물을 편력하고 지은 〈관서별곡〉에는 그곳의 재송정(栽松亭)·연광정(練光亭)·부벽루(浮碧樓)·풍월루·백상루·결승정(決勝亭)·수항정(受降亭)·통군정 등을 유람하던 흥취가 담겨 있다. 정철이 강원도 관찰사가 되어 관동팔경을 유람하고 지은 〈관동별곡〉에는 북관정(北關亭)·산영루(山暎樓)·총석정·백옥루(白玉樓)·청간정(淸澗亭)·죽서루·망양정 등을 구경하던 시흥이 담겨 있어, 이 두 기행가사도 누정문학의 일환으로 이해된다.

누정은 결국 수많은 시인 묵객들이 소요하며 출입하던 곳이므로 누정제영으로서의 한시는 물론, 가사와 시조 등 국문 시가까지 지은 곳으로, 시가문학의 산실이 되었을 뿐 아니라 우리 문학을 발전시키는 데에 한몫을 하였다. 누정문학의 차원에서도 우리나라 문학사상 누정시인의 비중은 결코 가볍게 여길 수 없다. 우리 문학에 산수시가 많은 점을 감안할 때 누정문학의 비중을 가볍게 볼 수 없다는 점에 주목하여야 할 것이다.

4. 윤하정 누정제영의 가치

윤하정은 김성의가 신문고 격쟁을 통하여 숭조사상과 인본주의 정신 등을 실천, 거양시킨 치적을 기리고자 일제 탄압에서 해방이 되던 이듬해인 1946년 후손들이 건립한 정자다. 이 정자를 지은 목적은 단순히 한 가문의 산송 사건을 기념하기보다는 힘이 없는 평민이 구한말 안동김씨의 권력과 부에 맞서 목숨을 건 투쟁에서 정의로운 약자가 불의의 양반을 이겼다는 데 가벼이 넘기지 못할 중요한 정신이 깃들어 있다.

그리고 〈윤하정지〉 기록에서 보여 주듯 주변 유림들이 쓴 102편이 넘는 한시, 누정제영은 그 나름대로 남다른 가치를 갖고 있다. 누정시는 곳곳에서 쉽사리 찾아볼 수 있지만 윤하정 누정시처럼 신문고 격쟁 정신(민주주의 정신)을 노래한 시는 찾아보기 어렵다. 그리고 시편의 숫자가 1백여 편(가족, 친지들의 시는 미포함)이 훨씬 넘는다는 점과, 그것이 한글 전용 시대로 이행되어 가는 시점에서 쓴 마지막 한시라는 점이 갖는 희소가치는 인정되어야 할 것이다.

여기서 거론하는 누정시는 일반적인 산수를 노래한 누정시가 아니라 참여 유림들이 정의 편에 서서 격쟁 승소의 양반 정신을 칭송한 점에서 청렴 정직한 사림들의 지조와 품격을 느낄 수 있다. 짧은 기간 동안 많은 식자층이 이 정자를 출입하여 윤하정을 노래하였으니 당시 지역의 민심과 시대정신을 찾아볼 수 있는 좋은 사료가 될 수 있다.

시를 쓴 시기가 가진 자의 횡포와 피폐한 민생 및 사회적 불안에도 불구하고 스스럼없이 당당히 권문세족을 비판하는 정의를 노래한 7언으로 된 한시(참여시)를 쓸 수 있었다. 오히려 한글로 시를 쓰면 전파력은 높지만 가볍고 권문세가의 반대 여론이 형성되어 질타의 표적이 될 수 있으므로 이를 비켜 가면서도 사림들이 정의 앞에 굳게 결집하는 누정시 속에 조선 후기 시대의 풀뿌리 민주정신이 강하게 숨어 있음을 짐작해 볼 수 있다.

참고 자료

* 윤하정지 발췌 : 102편

• **윤하정 詩**(윤하정原韻 : 1946. 8 중추) **: 儒林 등 59명,**

친족 10명(생략)**—姜尙熙 : 百年種德奪如城 來後兀光…**

- 靑啓煥 : 傳家以孝以無窮 伸雪成亭…
- 孫從漢 : 血訴當年恨不窮 昭明鑑在倉穹…
- 孫容漢 : 一亭新起背山城 扁額生暉…
- 申賦均 : 千里叫閽恨未窮 孝心…
- 閔禹植 : 有事先原恨欲窮 擊錚當日泣蒼穹至彼…
- 洪最植 : 亭名允下是無窮 畫棟珠欄向碧穹 處世經綸…
- 金震英 : 愍雪先寃恨不窮 衝腸漏血…
- 申鍾熙 : 孝心不以服期窮 同祖來…
- 鄭基成 : 通生於變變生窮 究竟何人…
- 金命性 : 蒙允先原是鐵城 千秋…
- 金淵默 : 潫江廻處華山窮 屹樓臺立…
- 李康鎬 : 誰道人間恨不窮 一心報本仰蒼穹…
- 申鍾熙 : 允自通生變自窮 昭…
- 申仁均 : 水以弓萬山以城 端宜今可表…
- 林錫九 : 誠孝無窮事有窮 肖孫終感彼蒼穹 一亭…
- 朴魯燦 : 水曲山面境未窮…
- 洪秉玉 : 千里間關泣帝城 王言志喜無…
- 南圭元 : 靑華山色僥收城 作者謂誰…
- 金教貞 : 亭外溪山目欲窮 危欄高倚望虛穹 周觀…
- 成瑢煥 : 人誠世傳允下承…
- 成永植 : 路轉峰回炅不窮 翼丞亭…

- 金教亨 : 恩雨仍詀孝感中…
- 金　燁 : 美人方橈憶帝城 如天
- 南啓仁 : 誠是純勤志不窮 亭高而尺仰蒼穹…
- 南利元 : 天恩降出漢陽城 依允當…
- 南海元 : 正量水回最不窮…
- 南廷國 : 青華一麓炅無窮…
- 安承翰 : 昭昭天理正燐窮…
- 成禹植 : 主屹山南百流城…
- 田在睦 : 一雪仲心我不窮…
- 金鳳浩 : 登無亨方意任窮…
- 金成九 : 諍訴其時恨不窮…
- 任世準 : 積年寃恨啓皇城 蒙允爲亭允以名…
- 柳甲馨 : 一孝傳承旦不窮…
- 柳承祚 : 幹蓋誠江事不窮…
- 權孝鎭 : 允下名山連鍾谷 峰屹水曉籠岩野…
- 鄭明和 : 新亭建築傍山城 追仰千秋…
- 申鉉相 : 尊君下聽亦蒼窮…
- 李丙稷 : 世德皇恩旦不窮…
- 權在益 : 忍百堂名世不窮…
- 金鎭夏 : 爲光裕後訴無窮…
- 金洸黙 : 奉光思孝出於窮…
- 曺承煥 : 人有賞行久不窮…
- 金潤紀 : 渴望先山委度窮…
- 金昌漢 : 玲瓏瑞色憢山城…
- 申東鎭 : 恩溪允下威無窮…
- 閔舜鎬 : 先山蒙允下皇城…
- 全敬錫 : 允下亭成孝不窮…

- 權重熙 : 鐵石其心意似城…
- 金在漢 : 華岳東地鎭古城…
- 李相佶 : 天恩至重輝山城 白世斯亭不朽名…
- 權在永 : 慣聞允下感無窮…
- 曺秉武 : 允下當當出帝城…
- 蔡鴻琦 : 恩天百日照無窮…
- 蔡容鎭 : 王春邱木暢無窮…
- 蔡鴻淵 : 翼然達出古隈城…
- 蔡斗植 : 煌煌扁額意無窮…
- 蔡庸鎭 : 一上層軒望眼窮…

윤하정 詩(윤하정 原韻 : 1955. 10. 8) **: 儒林 등 43명, 친족 3명**(생략)

- 朴魯弘 : 允下恩弔起成亭…
- 申鉉相 : 以允胡爲號成亭…
- 南伯元 : 水出僞稚山自青…
- 朴昌植 : 華之南麓瀕之汀…
- 申鉉駿 : 感天恩涯又恩亭…
- 權孝鎭 : 積極誠心作成亭…
- 高文煥 : 有谷成地有成亭…
- 申尙均 : 山回路耕翼然亭…
- 申元植 : 孝孫肯構立斯亭…
- 申匡優 : 居然泉石地尤炅…
- 孫從漢 : 淸霜丘木倍前靑…
- 趙誠萬 : 蓮葉峰前曲水汀…
- 金淵默 : 邱木依前松前庭…
- 申東鎭 : 不忘允下特急亭…
- 申德均 : 允下天恩閱世靑…

- 李德宰 : 炅地大蒙君主峰…
- 全敬錫 : 林泉居士得其炅…
- 申寬植 : 名山果數又名亭…
- 申鉉九 : 城表亭名允下亭…
- 權勢律 : 一江白日四山青…
- 余學文 : 臨高天點善卑青…
- 李鍾喆 : 每憶天恩疫流惆…
- 朴魯友 : 國誠呼嶺達天聽…
- 申岐鉉 : 守事機曾淂達天…
- 申泰鉉 : 一擊疊串聽高亭…
- 李寅協 : 前威令日士林青…
- 尹台鉉 : 天恩下得史中青…
- 任世準 : 切告如今界歲徑…
- 金澤鄉 : 允下亭高貫太青…
- 閔禹植 : 孝恩先原立成亭…
- 沈紀澤 : 孝恩先原有史青…
- 金博淵 : 華山秀果更青青…
- 呂洪植 : 伐彼槁桐降室星…
- 金熹永 : 光先祕沒成名亭…
- 禹汝楨 : 成階因地勢象文…
- 金震英 : 允下高亭把遠汀…
- 任謹鎬 : 踏來山路又松青…
- 李鍾世 : 上受天恩起成亭…
- 洪秉玉 : 礎末龜形知化石…
- 黃泰源 : 天恩命久刻心青…
- 高敬煥 : 尊光逢厄恨摩窮…
- 趙誠立 : 紫翠晴崑別偩名…
- 高斗煥 : 青葬刑勝允聞名…

형제간 이름을 같게 지은 이유

김성의(金性義, 號 枕泉堂)는 도발산 산송 사건을 통해 기념비적인 〈윤하정〉의 역사를 쓴 분이다. 우복산 선영을 지켜 내기 위해 큰아들(濚在, 영재)를 시켜 한양으로 가서 고종 거둥을 막고 거사를 벌이도록 신문고 상언을 작성하고, 격쟁을 진두지휘하였다. 차가 없던 시절이라 문경에서 한양까지 길이 얼마나 먼 길이었는지 잘 짐작이 되질 않지만, 일주일이 넘는 여정을 주야로 걸어서 도착한다는 것은 보통 일이 아닐 것이다.

1차로 선영의 주룡을 누르고 있는 김병옥의 부인 묘를 이장하는 데 성공하고 소송이 일단락되는 듯했지만, 소송의 후유증과 유행병이 돌아 1년 내 4명의 가족이 목숨을 잃고 만다. 김성의가 이렇게 세상을 떠나자 사악하게도 김병옥의 아들 김우용은 집안에 어른이 없음을 알고 다시 서류를 위조하여 송사를 벌이게 된다. 대를 이어 막내아들(韺在, 영재)과 손자(商璉, 상련)가 함께한 처절한 다툼 끝에 결국 승리의 기쁨을 맞이하게 되고 이를 기념하여 오늘의 윤하정이 세워지게 되었다.

5대 독자가 되면 언제 어떤 불행이 닥쳐 대가 끊길지 모르는 위태로운 백척간두의 불안을 안고 살아가야 한다. 당시에는 아무리 권세나 부와 명예가 있다 하더라도 후손을 잇지 못하면 결국 멸문지화(滅門之禍)와 다름없는 제사를 올릴 수 없는 폐가가 되고 마는 것이다. 양자를 들이거나 축첩을 해서라도 대를 잇는 최후의 수단도 서슴지 않았으니, 김성의 또한 이런 압박감을 느끼지 않을 수 없었을 터이다.

5대 독자임에도 요행히 대를 잘 이어온 순천김씨 대정파의 가계가 웃음꽃을 피운 것은 김성의가 3명의 아들과 1명의 딸을 두면서 독자 종지부를 찍게 되었으니 이 얼마나 가문의 큰 영광인가? 주변에서는 우복산에 할아버지 묘(택수)를 잘 써서 축복을 받았다는 말을 전하는데, 누구도 그 말을 부정할 수 없는 것은 3백여 명의 후손들이 경향각지에서 이 시대의 주역으로 잘 살아가고 있기 때문이다.

여기서 한 가지 특이한 사실은 큰아들 영재(瀯在), 둘째아들 학재(學在), 셋째아들 영재(䕦在)인데, 첫째와 셋째가 이름은 같고 한자만 다르다는 것이 잘 이해가 되지 않는다. 한집에 살면서 부모가 아들을 부를 때는 음이 같으므로 누구를 부르는지 구분이 잘 되지 않는 건 보통의 문제가 아니다. 눈을 씻고 보아도 형제자매간에 이름이 같은 경우는 찾아볼 수 없고, 이것은 〈세상에 이런 일이〉에 방송되거나 기네스북에나 오를 법한 일이다. 그렇다면 김성의는 왜 첫째와 셋째를 같은 이름으로 지었는지 그 이유를 한번쯤 살펴볼 필요가 있을 것이다.

큰아들 瀯在의 영은 '물이 소용돌이칠 영', 셋째아들 䕦在의 영은 '풍류 이름 영'이다. 그래서인지 장남 영재는 물결이 소용돌이치듯 격랑의 세월을 살다 34세의 나이로 세상을 훌쩍 떠났고, 막내 영재는 아버지의 유업을 이어 극심한 옥살이를 겪고도 천신만고 끝에 소송에서 승소하여 풍류의 이름을 값을 하는 지조 있는 선비로서 훌륭한 필적으로 〈우복산 산송몽〉을 기록하였다. 이런 사실을 되짚어 보면 사람이 자기 이름대로 산다는 말을 부정할 수 없는 것 같다. 그렇다면 영재라는 이름을 좀 더 접근하여 살펴보기로 한다.

첫째, 이름에 사용된 한자가 매우 특이하고 어렵다는 점이다. 일반적으로 잘 사용하지 않는 한자로 여기서 사용된 한자는 작은 한자사전에는 잘 나오지 않는다. '물이 소용돌이칠 영'이나 '풍류 이름 영'이 바로 그것인데 그렇다면 왜 굳이 이 한자를 사용했을까?

추측컨대, 독자를 면하기 위해서는 우선 아들의 수명이 길어야 하고, 그것을 이름에 반영하기 위해서는 "(수명이) 길다"는 뜻의 '永자'를 쓰고 싶었을 것이다. 그러나 옛사람들은 정말 간절히 원할 때는 겸양의 뜻으로 그 축복의 글자를 피하는 것이 발복이 지속되고 호사다마의 위험을 피해 갈 수 있다고 믿었다. 귀한 자식들이 무사하게 잘 자라도록 개똥이, 무쇠, 돌쇠 같은 천박한 아명으로 부르는 것도 이와 무관하지 않다. 결국 잡귀들의 시기를 피하기 위해 어려운 한자를 씀으로써 마의 시선을 회피하고자 했을 것이다.

한자도 '永자' 대신 '영화롭다'는 '榮자'를 쓰고 싶었을 것이나, 이마저도 "영화"라는 말에 해가 끼칠까 두려워 삼수변이 들어간 물이 소용돌이치므로 접근이 어려운 '소용돌이칠 영(濚)'자를 써서 잡귀가 아예 범접하지 못하도록 문제의 접근을 차단하게 하였을 것이다.

막내아들의 '풍류 이름 영(韺)'자 역시 '길다'는 뜻의 永자를 피하고, 차선책으로 아름다운 '꽃부리 영(英)자'를 쓰고 싶었을 것이지만, 잡귀의 해코지를 막고자 '音'자를 덧붙여 풍류 이름 '영(韺)'자를 사용하였다. 그것은 '귀신이여, 여기 풍류를 즐기는 출중한 선비가 있는데 네가 어쩔 텐가?' 하는 담대한 마음을 갖고 귀신에게 맞서는 대항의 뜻으로 '풍류 이름 영(韺)'자를 채택한 속마음이 읽힌다.

둘째, 옛날에는 장남이라면 광(光), 대(大), 일(一), 거(巨), 덕(德), 경(慶)자 등을 써서 크고 빛나는 이름으로 부르는 게 다반사였다. 김성의는 5대 독자에서 아들 셋을 낳았으니 금이야 복이야 얼마나 애지중지하면서 남달리 음양오행을 따져 이름을 지었을 것이다. 특히 똑똑한 선비 집안일수록 이를 챙겼기 때문에 생각보다 이름에 어려운 한자어가 사용되었을 것이다. 이런 관점에서 보면 "물이 소용돌이칠 영(濚)", "풍류 이름 영(韺)"은 쉬운 한자가 아니므로 음양오행에 꼭 필요한 한자였을 것이므로, 김성의의 집안은 보통 이상의 식견을 가진 양반 가문임을 넉넉히 짐작할 수 있겠다.

셋째, 한자는 다르지만 부를 때 같은 소리가 나는 이름으로 짓는다는 것도 잘 이해가 되질 않는다. 부부간에 동명은 있을 수 있으나 예전에는 사촌 간에도 동명이 없으며, 친형제지간에는 더더욱 있을 수 없는 일이었다. 그러나 이렇게 이름을 지은 것은 손이 아주 귀한 집안에서는 부정 타는 것을 우려하여 그 대안으로 같은 이름으로 지었을 것이라 생각된다.

다시 말해서 큰아들이 잘못되면 막내아들이 그 역할을 수행해야 한다는 부모의 대안이 이름 속에 숨어 있다는 것이다. 이렇게 볼 때 김성의는 자식의 이름을 방패 삼아 목숨을 건 험난한 산송 사건의 승소와 더불어 5대 독자의 위기를 면하고 가운이 왕성한 집안으로 대를 잇게 한 것이라 짐작된다.

성명학에서는 이름을 잘못 지으면 부귀영화와 수명이 흩어지고 곤궁하며 주거가 불안정해진다. 가정은 쇠약하며 형액의 위험이 뒤따른다. 그리고 고독과 이별, 사별, 질병, 불명예, 단명, 불구, 부모 형제의 덕 등이 없다고도 했다. 사람마다 다른 얼굴을 하듯 이름은 이름값을 한다고 믿었는데, 그래서 특히 독자들을 위한 특별한 작명을 하기도 했다. 독자인 경우 돌림자를 쓰지 않기도 했고, 명을 길게 하기 위해 이름을 길게 짓는 현상까지 벌어진 것이다.

작명가들은 이름이 어느 정도 사람의 운명을 좌우한다고 하는데, 김택수는 '못 택(澤)자와 목숨 수(壽)'가 들어가 있는 이름이어서 범(못)에게 '목숨을 바친' 형태가 되었다면, 그 아들은 범의 기운을 받아 유복자로 태어났으니 한문(虎)을 직접 인용하진 않았으나 '범 중의 큰 범'이라는 의미를 담아 '대범(大範)'이라 하였다. 그리고 김성의는 '품성 성(性), 옳을 의(義)'가 들어가 있는 이름이어서 '의에 살고 의에 죽는다.'는 품성을 타고나 불가항력의 불의에도 물러섬이 당당한 기개로 맞서 싸우며 정의롭게 살다간 것을 보면 이름이 그저 우연의 일치이거나 아니면 아무 영향을 미치지 않는다고 말하기는 어려울 것 같다.

김성의는 자식의 이름에 돌림자를 쓰면서도 부정을 피할 수 있는 가장 좋은 이름을 지으려고 고민하였다. 윤하정 비석(금석문)에 의하면 막내아들은 출생 당시 영재(韺在)로 부르다가 후일 '성재(聲在)'로 불렀다고 각인되어 있고, 그의 호는 '청파(靑波)'라고 쓰고 있다. 영(韺)의 '音'과 '성(聲)'과 '청파(靑波)'가 모두 "소리"와 관련이 있다는 점에서 그것이 무슨 소리일지 의문을 갖게 한다. 그 소리가 선비의 글 읽는 소리인지, 아니면 사자후 같은 대장부의 부르짖음인지, 아니면 임금을 향한 격쟁의 신문고 소리인지 알 수 없지만, 아마도 막내아들이 불의로 혼탁해진 세상을 일깨우는 소리로 나라에 큰 역할을 하였으면 하는 김성의의 간절한 바람이 들어 있는 것이 아닐까 생각된다.

부록

우복산 산송몽(원문 한문본)

우복산(도발산, 종곡산) 산송몽 신설지(소설)

가. 한문 축약본

나. 한글 원문

다. 한글 정리본

누정시(한문본)

김성의 금석문

윤하정 비지정문화재 등록

기타 참고 사진 등 자료

鍾谷山訟狀

鍾谷山訟狀

加西面大井里金濼在

右謹言伏以民之曾祖父母墳墓在於本面鍾谷山麓無弊守護矣今初九日旺陵居金東玉以其妻葬多率募丁數百名偃入於民之山内欲窆於單玉龍肩甲是乎所民来觀文會所白場未及還家民之父率民褌弟赴到禁葬則東玉四父子執裂衣冠各執手足乃至轉壑之境滿身受傷如干奴丁率去被打於彼来募丁莫不重傷如斯之際讐骨入地坏土已成壓人勒葬豈有此甚賊反荷杖於斯可見勒葬之

當據法旣在焉亟 賜處分民父之被打
受傷宜可雪憤玆敢仰訴爲去乎 洞燭
敎是後金東王卽刻捉致嚴治其毆打民
父之罪勒葬之塚嚴囚督掘之地千萬望
良爲只爲
行下向敎是事
城主處分
題內勒葬於當禁之地已是駭歎其
毆禁葬之山主尤爲悖頑與金繩尺
後兩罪嚴憑次捉待向事
癸未八月十三日動駕時擊錚文
白等臣矣身敢將至冤之事冒死仰籲於

法駕之側冀伏蒙　生成之澤是白齊矣
臣祖父母墳塚在於加西面鍾谷山麓而
積年無繫守護是白乎所本縣居金東王
爲名漢素以頑悖之類挾富藉勢眼下無
人而今年四月分募丁數百暗葬其妻於
矣臣祖父母墳塚狎近之地故矣臣會率
子侄卽往禁葬則金東王數百同黨並起
亂打矣臣等不得以小敵大盡爲受傷幾
至死境則一無逐送之人矣金東王等恣
意勒葬而至于屢朔終不掘去世豈有如
許徹骨痛憤之事乎矣臣以窮殘祇不可
以私力掘移伏乞

天地父母特垂 孝理之澤嚴治隶王督
掘其矣偷塚俾使矣臣先壠無弊守護之
地千萬血祝 敎啓
光緒九年八月十九日
啓依允 同副承旨臣洪
入啓 啓內曰
是白在果取考其原情則閔慶幼學金性
義為其祖父母墳塚山訟稱寃事也係是
山訟令漢城府稟處何如
光緒九年八月二十日判書臣洪佐
郎臣李
漢城府 啓目帖連

啓下是白有亦觀此狀辭金秉玉之挾圖
藉勢募丁數百暗葬於他人祖父母墳塚
押近者係是當掘是白乎尼令該道臣發
關掘移後狀 聞何如
光緒九年八月二十日判尹臣閔種
默主簿臣鄭遜朝同副承旨臣洪承
憲次知 內
啓依允 敎是如乎判下辭意奉審施行
宜當向事
合行移關請照驗施行須至關者
右關
慶尚道觀察使 光緒九年八月日

印相考

左尹　　主簿

押庶尹　　判官

右尹　　主簿

甘結聞慶

前矣到付漢城府 啓下關據本邑加西

面金性義祖父母墳押近之地金秉玉勒

葬塚即爲掘去形止報來以狀 聞之意

發甘已過一朔修報尚今杳然以致狀

聞之稽滯揆以事體極涉悚悶乙仍于兹

以吏甘同金秉玉發遣將吏即爲掘移并

與稽滯委折即星火馳報以爲憑處之地

向事

癸未十月十八日本營

本邑掘移報狀

聞慶縣監為牒報事即到付漢城府關據

使甘結內節該本邑加西面金性義祖父

母墳押近之地金秉壬勒葬塚掘去之意

發甘已過一朔修報尚今杳然殊以事體

極涉悚悶同金秉壬塚發遣將吏即為掘

移并與稽滯委折星火馳報向事教是乎

前下甘結初無到付未得擧行是乎旀同

金秉壬塚令始出送將吏即為掘去為有

等以緣由牒報為臥乎事是良旀合行牒

呈伏請　照驗施行須至牒呈者

右牒呈　兼巡察使

光緒九年十月二十九日行縣監鄭着

隻金祐容甲申四月初四日擊錚閭

五月二十一日營門狀　啓卟

承政院　開坼具御臣趙

前矣到付漢城府關內節見刑曹回　啓

啓下道內聞慶幼學金祐容原情則以爲

矣身以亡妣緬葬事昨年四月分買得一

山麓於閔昇庸先塋局內方其入葬之日

有所謂金性義者募丁遮路拔劒伐喪是

白加乎蓋此山本以申哥山賣於閔哥閔

又責於矣身者也金性義則當初偷葬於
中山京鄉罔囑僅免掘去只保一壙是白
遣自矣身新占處距金性義塚步數濶遠
坐立不見而間有許多古塚是白乎則雖
以等閒空地兩相聽訟不可言禁況與山
主立券賣買則渠何可容反為主肆然禁
端乎金性義之本習悍毒挾冒持勢乘時
鬧將欲全呑閔山局內之計而屢訴本官
竟至落科文案昭然是白乎則思無更施
之策昨年八月以哀辭巧舌措誣事狀乃
敢 上言竟至漢城府関文下来掘去矣
身亡母塚是白乎厄以當場事勢言之其

在臣子道理有難一時推過故卽爲移定
是白乎乃金性義歟　君之罪矣身均骨
之痛幷相難容於天地之間難敢從實具
由不避鈇鉞之誅冒死鳴冤於
法駕之側是白去乎伏乞
天地父母俯垂鑑諒使矣身還葬故地而
金性義之偸葬卽刻掘移且欺君之罪不
可容貸於法綱之中矣嚴刑遠配以振風
化之地伏祝敎事目前金祐容亦依定式
爲先放送爲白在果係是山訟令漢城府
稟處何如
啓依允　漢城府、　啓目　帖連

啓下是白有亦聞慶幼學金祐容段取考
其原情則隻金性義之搆誣鳴金云者雖
甚該然一邊之言難以準信令該道臣別
定查官摘奸形止查實狀 聞何如
光緒十年四月十八日判尹臣洪澈
周主簿臣李海昌同副承旨臣李萬
敎次知 啓依允敎是如乎
判下内辭意奉審施行之地宜當向事關
是白乎等用良謹依關辭以聞慶縣監鄭
寅壽差定查官使之摘奸形止詳查報來
之意發關分付是白加尼即到付該縣監
查報内以爲招待兩隻率往山工尺量形

止自金性義先墳至金祐容母墳移掘處
為九十六尺元無一崗之隔主龍壓臨而
坐立不見是乎乙遣金性義文蹟段二去
庚午年入葬其祖父至甲寅年買得全局
於中匡昭而甲子年閔昇鏞又買此山於
中匡昭欲為入葬為金性義之禁葬以誤
買之意至捧標紙姑借一壙矣至於庚辰
犯斫邱木見徵松價又於丁巳李根遠偷
葬於此山仍卽見督掘移是乎乙遣金祐
容文蹟段癸未四月入葬其母同年五月
買山於閔昇鏞而無受當初買來時中匡
昭手記是乎所買券年條之久近入山主

容之形便於斯可判則掘移金性義之祖
塚還葬祐容之母塚恐難遽然論斷是如
牒呈爲白有卧乎所士居山無步數雖在
法典主龍壓臨明至必爭先買文蹟尤有
可據是白分叱除良金性義昨年冬鳴寃而
漢城府　啓下關旨據金祐容母塚至於
掘移後狀　聞是白乎(下)如(上)令此金祐容又
復鳴寃於已掘之後者未知何據而還葬
其母掘移性義祖墳參考事實恐難遽議
是白等以緣由幷以馳
啓爲白卧乎事是良旀詮次　善啓向敎
是事

光緒十年閏五月 日

漢城府懲治關文

漢城府爲相考事節該聞慶幼學金祐容
與金性義山訟查覆狀辭自本道懲其犯
蹕之罪事奉有回 啓蒙 允是白乎旀
以發關爲去乎到卽同金祐容依律勘罪
之地宜當向事合行移關請
照驗施行須至關者
右慶尚道觀察使

光緒十年六月 日

左尹 庶尹 判官 主簿
右尹 主簿

庚寅五月彼叟又為畢事以推尋前
後浮費之意得漢城府関文到付本
邑故同月二十五日上京入呈漢城
府
事如狀辭則寧有是理到底查實所謂関
子交周工使報来是遣叟民自該邑嚴懲
無據之習宜當向事
六月初四日 叟在官
漢城府関文
漢城府為相考事閔慶幼學金聲在與本
縣居金祐容山訟既蒙擊錚 判下而又
下金祐容之肆然鳴金不知法意懲其犯

踔之罪事 處分亦赦是乭所為金民反
生不測之計誣訴出關假稱買山價及呈
邑呈營與擊錚浮費合為三千兩云而欲
懲於金聲在處者究厥所為誠甚痛駭斷
當依律刑配是矣事涉張大故姑為安徐
是在果並以發關為去乎到關即時同金
祐容即刻捉來嚴懲法外無忌憚之習所
謂關子呈火文周還為上使之地宜當向
合下事上行移關請
照驗施行須至關者
右 關
聞慶縣監

光緒十六年六月　日

提關

漢城府爲相考事本縣幼學金聲在與同
邑居金祐容山訟事至有擊錚旣蒙
允下而又下金祐容之肆然鳴金不知法
意懲其犯　蹕之罪事　處分亦赦是乎
所謂金祐容自　上決處之下敢生禄念
誣訴出關愆懲其山價與浮費於金聲在
者已是法外理外也究厥所爲萬萬可痛
前已發關與同金祐容之僞關即爲支周
上使是遣祐容段懲其無穡之習以杜後
弊之意關辭提飭不啻申明而已過一朔

尚無邑白撈以事體不勝駭歎外邑擧行
豈容若是旋又發關為去乎到關卽時金
祐容之誣訴出關交周工使所謂浮費及
山價段亂永為勿施是遣同祐容嚴懲其
蔑法之罪俾為息訟之意擧行形止亦卽
馳報宜當向事合行移關請
照驗施行須至關者
右 關
閑慶縣監
光緒十六年八月 日
辛卯十二月彼隻呈于繡衣 閤下
則題内抱狀呼訴不可以年久小懈

其或有冤狀而然此訟顛末對質詳
査馳報向事故卽往議送
聞慶加西面大井里居幼學金商錬
謹百拜上書于
善山令監閤下伏以莫嚴者 國典也至
公者訟體也是以齊之以刑則誣言者可
以懲矣察之惟明理直者無不伸矣今此
本邑居金秭容之搆捏生家誣告 法庭
至蒙此訟顛末對質詳査馳報 題敎而
使生之季父嚴枷捉囚則生冤憤所激不
避尊嚴敢將死生之機仰籲于 按法之
下伏乞細細垂 察焉生之先山在於本

邑加西面道菆山〻麓而無弊禁護已至
八十餘年遠久矣去癸未年分本邑居金
祐容素以特富豪强之民勒葬其親於生
之先山單主龍壓臨之地而生之祖與父
呈邑呈營至於擊錚之擧而特蒙掘移後
狀 聞處分而自官掘去矣噫彼祐容不
峻理屈之掘妄生欺天之計又爲擊錚於
幸行之路自
上特令道臣査實以稟次敬是故其時趙
巡相擧實 啓聞則又 下金祐容之肆
然鳴金不知法意令道臣懲其犯 蹕之
罪事嚴下 處分而同祐容逃還京郞不

卽顯捉拿蒙其時本邑　城主曲護之澤
不至重勘則於渠幸莫幸矣庶可懲戢而
不此爲無：趄鬧厥有所以然者矣痛矣
去丙戌年輪行怪祟乘國適患而生之父
祖同時俱逝一室四喪有同滄海生之季
父與生俱以蒙孩未祛之質零丁孤立則
噫彼祐容幸人不幸窺瞰我煢寡陵轢我
孤子累度敕　敎之下又生非理之愬昨年
五月分誣訴漢城府假稱買山之山價與
許多非理之浮費合三千兩懲捧生家之
意該府關文來到本邑故其時生以十三
歲童蒙捉囚本獄　生之季父罔夜上京俱

由呼訴於該府則祐容之挾雜罔淂僞関
之奸狀綻露於　公明之下更至有交周
上使之関文再度不當中嚴鄭重許無所
售則且不顧事體之重大但以僥倖之計
誣訴　按廉之下者非獰頑之習者乎且
以金祐容之狀辭言之生既蒙　允掘去
是乃天掘多備資裝上京周旋掘去渠塚
云者是豈臣民所敢開喙者乎且以此山
一麓言之生之買入文券自在生之禁養
已至八十年之久則亦可謂生之世守一
麓而渠云買之者果何處乎且以浮貫言
之渠之此塚見掘非徒生家而止耳其前

七八處見掘之時每每繼費三千兩則渠
之此塚豈非謀理滋生之資乎生之此言
有欠忠厚而公憤所激所不得然者矣究
厥罪狀合用何辟此則載在法典自有
當用之律故玆敢帖聯漢城府関文俱
由仰訴伏乞 洞燭顛末默回神機使生
之枷因季父得蒙放釋使不至冷獄生病
之地千萬泣祝血祝之至
善山 令監閤下 處分
辛卯十一月 日
旣回賫査則報必歸正向事
十五日

對貧後本邑報狀

爲葉報事本縣加東面旺陵里居班民金
祐容呈議送到付狀内節該去癸未年襯
山緬禮次買得一麓於加西面道峩山盖
此山素以申匡昭山賣於閔昇庸民又買
於閔昇庸山主之次筭賣買若是昭然而
及其入葬之日本面居金聲在素以豪富
之人恣行已慾稱以渠之守護惹起鬧端
至於訟下而其時城主使吏圖形則民之
入葬處距金聲在之先墳爲百餘步亦非

守護內故畢竟落科矣含毒於己懲之不
伸上京周旋民之親山竟至掘移之境世
豈有如許至冤無告之事乎以訟理言之
越人塚陽一崗禁其不當禁之地已是法
外又況買山入山之地非理健訟都奪全
局者乎且以公論言之既奪全局則買山
本主之山價浮貫準數還給法理當然而
不費分錢都奪全局是豈成說以此意仰
訴於漢城府幸蒙明決山價與浮費合三
千兩推給之意至有關敎而同辭在自知
理屈先機逃躱竟未遂推言念至此冤憤
徹天特爲明燭使此抱冤無歸之人得蒙

河海之澤右錢三千兩一〻推給亦云〻
而題音內抱狀呼訴不以年久而小懈其
或有究狀而然歟此訟顚末對質詳査馳
報向事敎是遣同金舜在卽爲捉致與狀
民金祐容對質査問是乎則金舜在所告
內民之曾祖父母墳在於道蔚山麓而去
甲寅年買得金局於申匡昭甲子閔昇庸又買
此山於申匡昭欲爲入葬故民禁斷其葬
至捧誤買標紙姑借一壙是白乎所其後
發未年金祐容入葬其母故果爲起訟不
得卽掘同年八月抱狀上京猥犯擊錚自
漢城府有 稟處之事而發關於本道營

門轉關本邑自本邑出送將吏掘去金塚
是白如乎至於甲申四月金祐容又敢上
京擊錚而自營門因漢城府 回啓關文
以本邑差定查官其時城主招待兩隻卒
往山上尺量形止則自民之先墳至金祐容
母墳掘移處爲主龍壓臨之地也以此查
報于巡營自巡營因此報修 啓後懲其
金祐容犯 蹕之罪事漢城府關文至有下
来於營門之事是白加尼昨年四月金祐
容山價與浮費爲三千兩云而欲爲推尋
呈得漢城府關文到付本邑故民亦即往
訴于漢城府則漢城府關內金聲在與金

祐容山訟既蒙擊錚　判下而所謂金民
反生不測之計誣訴出閔稱以山價及呈
邑呈營與擊錚浮費三千兩欲懲於金聲
在處者誠甚痛駭嚴懲法外無忌憚之習
所謂閔子文周還工使之辭意甚嚴故來
付妥貼矣今又以山價浮費有此擧事特
爲洞燭處分亦是如是乎旀金祐容所告
內民之所達已悉於議送狀辭是白乎矣
第以金聲在之欲奪全局言之說如渠告
而甲寅年買山於申匡昭甲子年捧標於
閔昇庸則申券閔標始於道查時何爲現
納是白加喩此山之本主卽申匡昭也而

閔昇庸之買於申也民之買於閔也次第
有券節除良況又越谷越塚步數濶遠圖
形自在而緣於金聲在之構誣墳已見掘
山又至奪則山價與浮費之推尋豈非當
然底事乎呈議送到付良由以也同錢三
千兩特令推給亦是如是乎所蓋此金民
等以纖瑣山訟敢至於鳴金邀鄉民習極
為無嚴而 判下鄭重道查嚴明山訟一
款令不敢更究是乎乙遣金祐容之山價
與浮費呼訴有難擅議乙仍于依題敎質
查顛末袪以茶報為去乎 史敎是 叅
商處分之地為只為合行牒呈伏請

照驗施行須至牒呈者

右牒呈

右暗行御史

光緒十七年十一月十二日

聞慶縣監書目

本縣加東面旺陵里居班民金祐容呈議

送到付 題音內乙用良擬致金聲在山

訟顛末質查牒報緣由事

光緒十七年十一月十三日行縣監趙着

書目冊題

以山訟而至於犯 蹕鳴寃者撚以

民習已極愚頑而伊來九年之久囹

念終山之戎互相紛紜若不知止此
何健訟之甚也所謂金祐容金聲在
一體嚴懲另飭退訟俾無敢更事紛
紜竟抵重究宜當向事
辛卯十一月十六日

가. 한문 축약본

道蓬山〻訟蒙 九月誌

蓋山訟我國之最大法典也理義乎慣習於何於觀之不
無與榮擴之謂也光緒九年癸未二月上丁文廟大祭也
咀陵居金秉玉及吾王考聯步俱往大祭和成也后一月四
月初彼金秉玉非意來李願敢請一墓地於道蓬山先
瑩局内王考避席而謝絶言但是衣冠之族何也此無
父不我之妄言耶彼只含羞以歸未幾乃勿平募丁掘山
適野而來白晝行事彼只以侯富藉執勢如入無人之境而
弱視蔑視何其甚耶吁而痛哉其時先考適值文廟白
場收稼之任尚未反悅王考弟仲考在堂聞此往上山彼只
六六父子如乞而堅執傍有護塋者幾十名善言而接
摩之當場形勢之不可及仲矣於其間聯骨入地而何乃不

起墳而下山始為連市鄉迎宿許吾王考還家了方通信於
先考一面按情於諸族家又招軍於隣里如猪又收丁五六十名而
人命後山蔵以為生鬪勢而掘許矣夜已深彼黨一不敢影許
此安此耶卒收丁入市執捉動一喪子拏出該録筆敢上山
偉死也事未遂而返之事法宜拘矣命先考呈訴於本邑
城主、、亦是之賣於其人以其題勤葬於吾禁之地、是鼓
歎吹毆禁葬之山主乃為悖頑其重繩久後取罪嚴懲提待
向事呈邑呈營亦不伸吾其時家收金守坤回於京於鄉注
復通信案有非淡矣少人之杖木乱前髑骨露出云、吾此
此先事而以恐之為無可伸之道其年八月十三日 御駕東巡
之下先考抱冤狀鳴冤擊錚當以臣子道理抱添愧惶其
時因副承旨洪入啓、于口係是金京山松事令漢城府稟

處何如 同十七日判書臣洪佐郞臣李漢晩府啓目粘連啓下
令該道臣發關摘發後狀聞何如 八月二十三日判尹臣閔種默、
主簿臣鄭遂朝同副承旨臣洪承憲啓依 允判下 府辭意
奉審施行次發關者 右關 慶尚道觀察使 左尹主簿押
庭尹判官右尹主簿 右關者 自今九月初八日發送九月十七日
到付于嶺營 即時發甘於本邑而已過一朔 寂無登聞 故十
月十三日下去營門 探知稽滯之端 則以是稟達 巡相更發
推甘 十月二十四日到付于本邑 勒令自官也送 刑吏二十六日物前
即刻掘移刑止 修報之意 而形尺量後 刑吏入邑矣 此際家收
之杖 但一尺餘存在 吾罔患也 翌年四月初 噫 彼金秉玉之子
祐容 哀辭誣告 構誣事狀 使我王考 欺君之罪 及物撲擊錚定
配於平安道陽德 而二千里之遠 吾以臣子道理 不敢聞喙 即

發程東大山於庫馬廳皆留連而即刻通信於本家先考聞
報晝夜倍道二日始得達于四百里之外歡欣後更難訴於陵
曺噫彼祐寺之扶離仍訴從露於神明之下即三日後而解配
盤旋數日先考奉付而還鄉後數日先考發程嶺營王考
問其故告曰使祐寺反以報於陽德縣遠謫之意關文在茲也
王考曰人子之道孝豈這事〻毋歸正何毋反報於子人乎此非
美事以力禁之也予乃息否咢一年丙丁之歲家禍孔酷祖母某
仲考相日仍世又未踰月先考下世翌年丁亥夏王考仍世了室
罪畏便同滄海而忍言哉季考年纔二十二歲也弟孝巨創表廬
允石自無經祀而只是稚侄不過四十三歲十歲之歲後書於零
丁孤立於無後援之人可憶彼祐寺幸人不幸妄生非理之怨
庚寅六月日彼寺更起鬧於息訟之后稱以此山自買於閔昇庸

云云而買山價及墓費合三千兩懲棒之意泣訴漢城府并以本
邑城主題叙以吏二名奉官令來到而時乃炎熱苦酷大雨淋漓
登途極艱以奉此際季孝乃舍兄曰爾雖幼稚於祖先事不得不
脫身之道而當務之急曰吾雖恐懼未祛以先事安忍惜身並
命耶代叔父隨事受刑矣功爲周旋主張乎萬泣祝祝季孝含
淚而命輗子使舍兄代理捉送大水漲溢登途甚艱老弱悲泉
以母爲叔之心倍深何如哉舍兄賤前枷囚二朔有餘日也鄉內某某諸
父友長老常時問獄曰爾家之運厄至是其甚形以家傾業物施
而惠及於九十二長老也季孝上京周旋漢城府關文下付本官城
主主掩此膝下無閒而季孝忘夜上京之路逢嘔泄之症幾危
僅甦乃無前進之路貰馬入城再得關文與關文曰各邑準行與
密家巫耶彼此之誣搆做關文周上使查使還民自該邑嚴懲無據

之旨豈有事乎付之日使舍兄蒙放乎翌年辛卯十月日被祐家
誣訴於善山本官兼繡衣御史使李考理囚本獄措手無計於此
際舍兄離禊後一月餘以一再行而歸家故以此右十五歲未結冠者
亦無主張之策又無後援之人思而又思罵乎印捺澳斬趙直丈
鳴九氏家作訴狀歸訴於繡衣巡相並題送家兄回顧查報以乎
歸正向事本邑即報後　御史回題以山訟至於犯蹕鳴寃者擬以
民習已極憨頑而伊來九年之久罔念從凶之計至相移訟甚
不知止此何律訟之甚以邪所謂金祐家金京一體嚴懲另
飭退訟俾無敢更事移訟覓送重究豈有向事因此了息
乎粵一年癸巳春本官邀陸無官赴任彼祐家兄將了息之
訟不如起鬧要得本府監處分之札乎付於其執以爲遠
非情也哪者何如哉此何只太守金貞根名吏也那方之累度

狀帖俱為按察後始得形方之理直者伸理屈者敗天理也國典
也金族窮乏理之訟切不窮貸然彼隻之窘極矣於左於右
無足舉論矣始問李考曰百形文印曰納入分付至嚴誅避
防塞無餘可施而後百形文閱呈自官也給于彼隻畢以更不
起鬧事捧手票着啣年度於李考彼隻之前後文籍焚
上我家狀帖還歸從此息訟凡五十三年于今日也不肖忍殘
齒暝矣終無記史於事狀則使此來裔更不得質疑之棄坂
目之所睹耳之所聞略加隱括以記實焉
檀君紀元四千二百七十八年乙酉秋仲月日泣血
謹誌　不肖孫尚建

나. 한글 원문

도발산송몽 道發山訟蒙

윤신설지 允伸雪誌

천개지벽한, 후로, 만물이, 생기엿다. 그가운
대, 인물이, 어떠함은, 삼강오륜으로, 인도상에
여졀은, 갓추엇다. 부자의친과, 군신의의와, 부
부의별과, 장유의차서와, 붕우에신은이행치못
할, 경우에는, 금수와, 다름이업슬지라, 금수라, 아
닐진대, 오륜을, 이행하여야, 반자위사람이라. 이
듣엇다. 이럼으로, 남군의게, 욕급하면, 신하는, 절
에, 죽고, 조선에, 욕급하면, 자손은, 효도신설하고, 부
군에, 불행하면, 여자는, 열에죽고, 장유와, 붕우간에
는, 존경과, 신의는, 잘우래하난 차치가 하난 스저로, 죽난, 도리

도, 유한거시라. 살후다. 우리나라, 이조오백연에, 산
변이라. 산송이라 하난거슨, 최대한, 법률리라, 의
리가, 존제하면, 관섭에 여롱이라. 일변으로, 생각
하면, 폐막이라. 아니할수가, 육십오년전, 계미,
사월, 초순에, 왕씨을, 산는, 김병옥이라 하는, 분은, 원래,
선산사람으로서, 왕능에 이거하야, 칠백석, 대장자라.
안하에, 조금도, 두려워할자가, 업난지라, 그당돌한문
견으로, 우리집에, 하라배를, 삼방해야, 한헌을, 맛친
후에, 그분에하난말이, 미안합니다, 마는, 노형댁,
선영궁내, 압은 치아녀 한, 모지한잡든, 빌려주시요,

하그날, 왕고께서, 자리는, 죄해안자, 사절하는, 말삼으로
죄차가, 명문후에, 외판지족으로, 엇지, 무부에, 불러
한, 망담을하시요, 그절하나, 그분이, 부서럼을, 먹고,
도라간지, 멋날만에, 모군, 삼백명과, 호상군, 그마개
수백명으로, 만산편야, 당지에, 도착하야, 그에당당한
기세는, 무인지경이라, 볼수잇다. 사람은, 이갓치,
면시한나, 살후다, 그때에, 맛참, 선고께서난, 웃대삼촌을
다리시고, 문회소, 백일장에, 접유사로, 행차하시서, 반환
치못하신지라. 왕고와, 중부가, 집에게시다가, 늑장한
다는, 소문을듣엇고, 맛치, 부자분이, 산상에 올아가니, 직

척에, 육부자가, 교란한, 엽법으로, 위협도, 여야하고, 애걸
하난말로, 거번에, 가서, 엽쓰지아니한, 일광묘지를 빌려
달라고, 아니했습니까, 하고, 그것태, 홍상운은, 조흔말
로, 암쓰치아니하니, 빌려주라고, 권고가 분주하다.
당장, 형세로, 본지경이면, 고혈한, 부자분이, 엇찌, 그
세력을, 함그할까. 어선간에, 수문이, 몰란되고, 그자의,
어떠한, 계책으로, 성분는, 아니하고, 농암장, 여만으로, 나려
가서, 유숙한, 계책이라. 그때에, 왕고께서, 집으로
라오서서, 일방으로, 아버지께, 통신하고, 일변으로, 제쪽
을, 통기하고, 동리, 청구들, 막나하야, 그분들이 밤

이라도, 설분차로, 상산하면, 위협으로, 곤리한, 기책이
라. 밤이 깁허가도, 한사람도, 오지안코, 요요무문이라.
노정, 몃사람들, 그나리고, 시장여관에, 망두해야, 다든
문을, 화쇄한 너, 한상제놈이, 마시잠뒤 나온지라.
적시, 그자는, 견박하야, 산상에, 올라오니, 그자가, 긋
중난지라. 이거시, 위협으로, 한거시아니라. 법정에
정소해야, 판하시라고, 모든장담은, 다, 해산시켜엿
다. 제몃날후에, 왕고께서, 아버지는, 명영해야, 문
경, 본관, 성주의게, 숫장은, 제출하니, 그숫장, 제교
에, 알어시되, 당금지지에, 늑장하는거시, 해탄하고, 금

장하는, 산총은, 공갈하는거도, 더욱, 완패하니, 도형
청양한되에, 양척은, 음빙최대사라, 에가선, 보혹,
하난제수이다. 정엽경영에, 신선한도리가 망
연하다. 그때, 가호, 김수춘이가, 하난만에, 서울
리나, 영문이나, 무은이나, 왕복하는, 통신는, 소인
이, 당당한거시요, 소인의 막때가다. 딴키전에, 죄충을
잘거시니, 서방님은, 수단으로, 주선하십시요, 이거는, 위
선세라. 백이사지하여도, 신선은, 못하구서는, 두
천족지, 못한거서라. 그해, 계미, 팔월십삼일에, 고
종황제께서, 동찬능, 그동하시는 길에 아버지는, 삼십

세성연이라. 왕고의 명영은, 복종하야, 정습정
영한, 장청은, 안고, 손목에는, 명종을, 매고, 오든손에
는, 맛치를 들고, 복을 사셨고, 어로를, 갈처서서, 쟁을
치나, 강장신의 도리는, 향송무치로다. 굿새, 가를, 호
위하는 군졸들은, 창금으로, 이복을 비켜질러, 노변에,
도러내고, 어로를, 개등하였새, 후조에, 간졸들은, 명
영에 복종해야, 추효로 암송하였새, 압송을 강한, 아
버지는 정신을 이러버리시고, 추조에 누섯다. 울만여
눈을 새보니, 오전에 격정한 날로서, 번서 청천에 비러
발가우나, 그이튼날, 동부성지신, 홍모가나좌에, 후

달해야、그럿비에、왕약와 감모산송사는、한성부판윤
으로하야금、처분하라、비답이나리시다、그달십칠일에、
판서신、홍모와、판광신、이모가、한성부、분부를나리시와、
경상도、관찰사로하야금、피척의、두총을굴리한후
장문을하라、팔월이십이일에 판윤신、민종묵、주부
신、정선죠、동부승지신、홍성헌이、죠령으로、판단한사
의를받서리시행하난기、이당한일이라、한성판윤은、관
찰사에명령해야、한성부판문을、서울로부터、구월초
팔일에발송해야구월십칠일에、영문에도부하니、관
찰사는적사、감결영을발하야、문경현감완으로、보낸후

한달이、지내도、적연이 더는수업난지라、사월십삼일에영
문을나려가서、그자채됨을、탐지하고、즉시순상께품
달해야、다시、감결영을、발송하야、사월이십사일에、본업
에、도부하니、그잇튼날、관으로부터、장교를、출송하야、이
십육일、아츰전에、곳、피총을굴리하고、그젓해、그전에、
압곤한、타인분묘、두자는、굴리하엿셰、이제은에
사로、감수군의、막대가、한자밧께、아니나맛다、이것은
참춍도타고、할수이잇다、그이듬해、갑신、사월초에、저
김병옥의、장자감우용이가、교묘한、수단으로、사장은、
쑤겨、윤거、왕고(하라버지)로하여금、금장하지못할때에、금장하야、남

금은、기[illegible]한주로、모라서도리여、격쟁을하여、우리왕고(하라버지)로
하여금평안도、양득현、이천리、원지방으로(우양)정배를하엿다、
당장、신자도리에、감히、개유할도가、업서서、곳발정하야
대[illegible]문박、교마청에、사주인을정해두고、적시본가로、통신하
니、아버지께서、들어시고、나제백리、밤에、백리、이틀만에
사백리、서울를、도착해야、사관을차자、근친한후에、
다시초죠에、호소하니、피척에、협잡하야、[illegible]명
한、천일하에、란로되야、곳삼일후에、왕고께서정배를
풀리셧다、아버지께서、수일반선하시다가、모시고、
집으로도라온지、두날만에、영문으로、발정하니、왕고께

서、구연고를물어시매、저、감우용으로、하여금、평안도야
득현으로、정배를、보낸、의미로、한성부판문을、맛타
온거시잇습니다、왕고께서하난、말이、인자의도리
는、당연한일이나、마、이론귀정은、남거시라、합천、저사
람으로하여금、반보하난거슨、이거시아름답지못한거시라하
시고、금지하야、이산송산은、마추웟다、그후、한해를지
내고、병술년이라、윤행한피수가、우리집에、흉독해
서、그해칠월초순경에、조모와、중분께서、삼사일간에、세
상을버리시고、팔월초에、아버지가하세하시고、그이듬해、정해、
유월달에、왕고께서별세하엿서나、한집안에、빗비손는、

망극하고, 감통한, 마음, 참아말하기, 어렵도다, 인간
의, 변채는, 창해가, 상전이라 파고난, 겨우 이십이년
세라, 졸째에, 노창망한, 상고를, 당하시여서 상장범백
은, 친가에 유무로 경기를 하셧서나, 다만, 산하에, 잇는어린
족하 [illegible] 들은, 십삼세, 십세, 육세, 강보에 면한 [illegible]
[illegible] 뿐이라, 고독하고 혈혈한 단신으로, 후원
할사람, 전혀업다, 이들으로, 저, 송척, 김우용이, 사람
에, 불행한 줄 다행하게 여겨서 만영되니, 비리에 욕
심으로, 경인년, 육월 [illegible]에, 리척이 다시 송사를 기료하야
이 사찬은, [illegible] 성용의게 매수하여서, 하고, 산 잡아, 장비

참하여, 삼천양을, 징봉할뜨지로, 할석부 [illegible] 에
문조해야 [illegible] 봅, 성주가, 장교 이범을, 제교해야, 숙부를
착내하란 명영으로도 참하엿다, 때는 밧찬업여기, 고혹
하고 큰비가, 임니하야 통섭이 극난하다, 이날 숙부께서
삼삼새, 오날, 족하들붙어, 맏상하되, 네가비록, 유
치하나 조선사에는, 부득불, 항신할도리가 업서니 집
의 생각하여라, 내가 이날, 체수되고, 보면, 될로서 주선
할, 사람이 일인도 업다, 형님이 숙부께, 고해가로되,
제가비록, 우매미거하나마는, 위선 사야 엇씨, 찾아본을 애가
께명을, 구하되요, 숙부를 대신하야, 잡혀가서, 일을 다

라, 형님은, 받들지니, 간절히, 주선주장, 하시기, 천만 엎축
하나이다, 숙부께서, 이말을 들어시고, 눈물을, 머금고
표자들, 명하야, 형님 어로, 하여금, 숙부 대되로, 잡혀보내시
다, 이때, 큰물 붇은, 창일하야, 근너기가 심난한데, 유
삼을, 돌리써고 표자에 안자 동암천을 간신이 근너섯다,
그대, 광경은, 드러 말할 찌덴, 홀로, 계신 어머님은, 자애
하신, 마음은, 진정 할 도리, 전혀 업고, 숙부께서, 미거한,
족하를, 잡혀보내시니, 그날, 가경에 경광은 누구라도,
본자시면, 통개이 맥기여, 말할수업께되엿다,
형님은, 이날 교자우에, 유산으로, 보우하고, 구일, 장역

하야, 문경군에, 도착하야, 장방에, 채수되야, 지리
한 새월을, 삼삭이 범한지라, 향내, 모모한 족
부, 형, 부집, 잡노가, 군에, 오셧다가, 상시로 문옥은
하여가로대, 너의집, 운액이, 이갓치 자심 하야, 너의 족
부형이, 계싯든들, 너의 몸에, 이러한, 운액이 다 첫겟
나, 하시고, 참외와, 복숭, 신선한, 물종으로, 주서면서,
이그를 먹고, 잇거라, 너의, 삼촌이, 상경하셧다니,
주선하야, 느를, 석방할 도리가, 잇시리라, 하셧다, 채
수된 제가, 머리를, 비슬도리가, 업서니, 그 형용은, 탄범
처지 방불하다, 이기시 인생 일세에, 할란풍상 [illegible] 이라.

이박께는 말할것도 업다, 상경한 숙부께서, 한성부
판윤 문을, 어더, 본관성주의게, 도부하니, 성주가 판문
을, 무릅 밋태, 엄치하야, 안변한지라, 오홉다, 그때 성주
는, 자에 하신, 자손이 업서 잇든가, 내 자손은, 자에 한, 마음이,
잇서신는, 삼상새, 유치동몽으로, 장방안 내지러한 새
월을, 소비하난 모양이, 무어사 그리시캐, 하신던가, 참
으로, 무지실한, 승줄느라, 숙부께서 다시, 밤을
낫삼아, 상경하시는 길에, 음식을 밧씨 산이 하는 연
고로, 실섭해야, 죽산 님지에서, 졸하고 선생을,
만나시사 거위, 위태한 지경을 늠기시고 전진할,

강역이 업서시사, 세말를 내여다고, 도성에 덕말하야,
제차 판문을 오더시니, 그 판문에 왈, 위업수령에, 그행
이, 엇씨 그리 태만한야, 피척에 무고한 판문은, 효주해서 버
리고, 피척 민는, 음치해셔, 그버르실, 징계하는 것이 당새
라, 판문오부하는 날에 형님이 방석되여, 서야, 익년 산묘,
십일월에, 피척 김우용이, 선산 본관결, 수이에 사세 무
소하야, 숙부로 하여금 본업 옥중에, 채수데다,
조수한 도리가 전혀 업다, 이씨, 형님은, 초례친후
한달이라, 재행하고 집에 도라오니, 숙부는 채수되고
유치한, 일개, 동생 생이라, 십오세미고 한가 판한 장로서

는지라, 생각다 못하야, 그 말를, 돌여다고, 곳어 헌국, 조
사장댁을, 향하야 가섯다, 사장은, 월래 문한이, 유
여하고 전문가한, 숫장을, 지여 시는대, 동지 선생간
진밤에, 해를 보고, 불을 세사, 그 숫장은, 누가 보던지, 우
리집, 경개는, 비참하고, 망극하지 아니할 자가 업서사,
그 숫장을, 안고, 선산 관에 도착하야, 수의 순상새 제
소하니, 거재교에 가로대, 뭉경군에서, 사실한 보초
가 도착되면, 귀정할 새라, 본업의 서보 초가, 선산 관
에, 도부할새, 으사 ㅣ께서 보초를 보시고, 제사를

하섯다, 그 제사의 가로되, 산송으로서, 범남이, 영원
한 그선, 백성에, 우환한, 섭판이요, 아서 훙해가 되도록, 흉
계를 잇지 안코, 서로 분운하기, 엇친 출한아 지못하고, 그
여, 이다지 심한야, 소위, 김우용, 김묘를, 일체업정
하야, 송사를 물여, 하여금 다시, 분운하지 못하기, 한다
이 당새라, 일로 인하야, 숙부께서 방석되엿다,
이듬해 개사, 춘에 본관을, 갈려가고, 경판이, 부
임하섯다, 저 김우용이, 송사를 다시 기료하
야, 본관 성주의 딸에 편지를 어더서, 그 성주의게,
붓쳣다, 그 편지에 하엿시대, 아부지께서, 이 돈,

시초이유 바다주시면, 서류은 어듸고 동헌,
피책이, 되겟습니다고, 하엿드라, 어떤사람이,
그딸의, 졍지는 불고하댜, 그러나, 이셩주께는 장
동은 김졍견씨라, 조반에, 훈조대고 병리애라,
그의딸의편지를, 불고하고 양방의다연, 소송하든장
졉을한, 찰하고, 양방은 초대하야 왈, 이치가, 바른자
는, 신천을하고, 이치에, 불한자는, 패손이라, 이거시,
천리요, 국법이라, 김우용의 비리한 송사는 전
쌍코, 용서할수 업서나, 퇴척에, 가산진물은, 송
사로, 인년해애 업셧다, 어좌어우에 의논할 껏업
서나, 곳숙부는, 불여 가로대, 백양돈을지 갈내로,
드려오란, 분부가, 지엄하드라, 숙부께서 다시,
여쭈대 돈백양은, 어데, 씨실 소용이 잇나이까, 관에서
하날말이, 저사람을 주려한다, 그개대하서는, 한
품도, 일이업섭니다, 셩주하난말이, 팔령을, 그역
하면, 가형을, 할거시니, 속히 나빕하여라, 방셕할 돌리가,
전혀업서, 백냥돈을, 주선하야, 납상하니, 성주가, 그
돈을, 퇴쳑, 김우용에게, 출급하고, 이송사는 다시 기료 아니
찬단, 수표를, 써온려라, 퇴척이, 못하겟다고, 방셕하
니, 셩주가, 잘보하사, 수표를, 바다, 숙부게, 주선후에, 감

우용의, 전후문적은, 불에, 소화하고, 우리집, 장첩은,
돈녀주셧다, 식송년재, 오십삼년, 오는날이라,
불초손, 나도, 천한나이, 칠십이 불원이라, 이러한 역
사를, 기재하야, 전수하지못하면, 다시, 오는후에도, 하여금
질문할 곳지, 업는고로, 내가, 눈으로, 본바와, 귀로, 듯은
바에, 의해서 간략히, 이사실을, 기록한 거시다,

당군기원, 사천이백칠십삼년, 정해, 춘정월에,
불초손, (상근)은 혈루를 머금고, 기록하여다,

(끝)

다. 한글 정리본

道發山山訟蒙 (도발산산송몽)

伸雪誌 (신설지)

道發山山訟蒙 (도발산산송몽)

伸雪誌 (신설지)

하늘이 열리고 땅이 생긴후로 만물이 생기였으며 그 가운데 사람이 으뜸됨은 삼강오륜(父子有親 君臣有義 夫婦有別 長幼有序 明友有信)이었어 사람이 살아가는 예절을 갖추 었음인데 이를 이행치 못하면 새와 짐승에 다름이 없도다.

금수가 아니라면 오륜(五倫)을 이행하여야 가위 사람이라 할것이니라 이에 임금(나라)에게 욕됨이 있으면 절개를 지켜 목숨을 바치고 선조에 욕됨이 돌아오면 자손은 효(孝)로써 정성을 다하고 남편이 불명하면 여자는 열여가되고 어른과 어린이와 붕우사이에는 존경과 신의를 지키려는 뜻으로 죽는 도리도 있는것이 만물의 영장이라 일커하는 사람의 행실인 것이다.

슬프다 우리나라 이조오백년에 산변이라 산송(山訟)이라 하는것은 최대로 큰 법률이라 이는 의리가 있으면 좋고 고운 풍습이 되고 잘못하면 폐습이라 아니할까 지금부터 구십구년전(1882년)계미사월 초순경에 왕능(王陵)에 사는 김병옥(본관은 안동김씨)이라 하는 분은 원래 선산 사람으로 왕능에 옮겨와 칠백석 대부자로써 누구하나 두려워할자가 없는 사람으로 그 당돌하고 당좌한 보습으로 우리 조부(性義)께 찾아와서 인사를 마

-1-

친후 하는말이 미안합니다마는 "노형댁 선령하에 묘지 한좌를 빌려주시요"하므로 조부께서 자리를 피해 앉아 사절하는 말씀으로 피차간 명문후예로 의관을 중히 여기는 처지로 어찌 무뢰한과 같은 망담을 하시오 하고 거절하니 그 분이 부끄럽게 여기고 도라간지 몇날만에 상두군 삼백명과 호상꾼 차마객 수백명으로 만산평야 당지에 도착하여 그 당당한 기세는 무인지경을 가는듯 하였다. 어떻게 우리집안을 이같이 멸시하는가 슬프다. 그때에 마침 선고(深在)께서는 끝에 삼촌을 다리시고 문회소(門会所) 백일장에 접유사(接有詞)로 가시어 돌아오시지 못하신때라 조부와 중부께서 집에 계시다가 장사한다는 소문을 들어시고 부자분이 산상에 올라가시니 저쪽에서는 육부자가 교활한 말로 위협도하고 애걸하는 말로 지난번 댁에가서 가깝지 (압근치)아니한 묘지한 좌를 빌려 달라고 하지 않았읍니까 하고 또 호상꾼들은 가깝지 아니한 곳으로 한좌 빌려주라고 권고가 분주하다. 당장 형세로 불지경이면 외로운 부자분이 었찌 그 세력을 당할수 있으며 항거할수 있었겠는가?

창황중에 관이 묻히고 그 자의 어떤 계책인지는 모르나 성분은 안하고 농암장 여관으로 내려가서 유숙할

-2-

계획이었다. 그때에 조부께서 집으로 돌아오셔서 일방으로 부주께 알리고 일변으로 여러 친척에게 알리고 동리 친구와 부리는 하인들을 모와 밤에라도 저자들이 성분차 산에 오면 위협으로 물리칠 계획을 세웠으나 밤이 깊어도 한사람도 나타나지 않고 아무기척이 없어 하인 몇 사람을 데리고 시장 여관에가서 잠긴문을 열고 들어가니 한 상재놈이 마침 뛰어 나오므로 그놈을 결박하여 산에 올라오니 그 자는 거짓 죽는지라 이렇게 완력으로 할것이 아니라 법정에 송사하는 것이 도리라고 생각하여 모든 사람을 해산시켰다. 몇칠후에 조부께서 부주께 명하여 문경 본관 성주(현문경 군수)에 소송을 제출하였다. 그 내용인 즉 제교에 이르기를 금하는 남의 땅에 장사하는 것은 좋지 않는 일이고 장사를 못하게 하는 산주를 공갈하는 것도 해결 해주시옵소서 하오나 해결해 주지 않았다. 이렇게 하여 신원할 도리가 없었다. 그때 집에서 부리는 하인 "김수군"이가 서울이나 영문(営門)이나 고을이나 왕복하는 통신은 소인이 담당할 것이며 소인의 지팡이가 다닳기 전에 묘를 파게 할것이니 서방님께서는 수단으로 주선해 보십시요 이것은 선조를 위하는일 백번 죽어도 신원을 못하고서는 머리를

-3-

하늘에 두고 발을 땅에 디딜수 없을 것이다. 그해 계미 팔월십삼일에 고종황제께서 동칠능에 거동하시는 길이라 아버지께서는 삼십세 성년이라 할아버지의 령을 받아 문맥이 정연한 긴편지 (상소문)를 안고 한손에는 명종을 들어메고 한손에는 망치를 들고 도복을 사서 입고 임금이 가시는길을 막고 서서 징을 치니 당장은 신하된자의 도리로는 황송무지였다. 그때 임금의 가마(어가)를 호위하는 군졸들은 창칼로 옷을 비껴찔러 로변에 들어 내고 임금이 가는길을 열어 놓았다 그리고 군졸들은 명령에 복종하여 형조에 압송하였다.

압송을 당한 아버지께서는 정신을 잃어버리시고 취조하는 마당에 누었다가 얼마후에 눈을 떠보니 어전에 격정을 끼친 나로서 벌써 청천에 버려 졌구나 그 이튿날 동부승지인 홍모가 나라에 품달하니 왕께서 김모의 산송권은 한성부 판윤으로 하여금 처리하라는 비답이 나리셨다.

그달 십칠일에 판서 홍모와 좌랑 이모가 한성부에 분부를 나리시어 경상도 관찰사(경상남북도 통합지사자격)로 하여금 피해자 측의 내용을 알아 장문하라 하였다 팔월이십이일에 판윤 민종묵 주부 정선조 동부승지

-4-

(지금 대통령 비서격) 홍성헌이 나라의 명령으로 판단한것을 시행하는것이 당연하므로 한성판윤은 관찰사에 명령하여 한성부관문(공문)을 서울로 부터 구월팔일에 발송하여 구월십칠일에 영문에 도착하니 관찰사는 즉시 감령을 발하여 문경현감 앞으로 보낸후 한달이 지나도 소식을 들을수 없는지라 시월십삼일에 영문에 내려가서 그 늦음을 탐지하고 즉시 순상(승상)께 품 하야 다시 감결령을 발송하여 사월이십사일에 본읍에 도착하니 그 이튿날 관으로 부터 장교입회하에 이십육일전에 무덤을 파고 그전에 가까운 타인 분묘 두좌도 파내었다 이 즈음에 집에 하인 김수군의 막대가 한자밖에 남지 않았다. 이것은 참으로 충성스러운 하인이라고 칭하지 않을 수 없다.

그 이듬해 갑신 사월초순에 저 김병옥의 맏아들 김우용이가 교묘한 수단과 방법으로 사장을 쏘겨 울거하여 할아버지로 하여금 금장하지 못할때에 금장하여 임금을 기만한 죄명을 씌워서 평안도 양득현 이천리 먼 지방으로 귀양을 가게 하였다. 당장에 신하된 도리로 감히 그렇게 시행치 않을수 없어서 곧바로 길을떠나 동대문밖 고마청에 주인을 정해두고 즉시 분가에 통신

-5-

하니 아버지께서 들어시고 낮에 백리 밤에 백리 이틀만에 사백리 길을걸어 서울에 도착하여 사관을 찾아 가까이 한후 다시 추주에 호소하니 피혹에서 엽잡하야 무고한 사실이 백일하에 탄로되어 곧 삼일후에 할아버지께서는 귀양령에서 풀리셔서 아버지께서 수일후 뫼시고 집에 돌아오신지 두달만에 영문으로 오라는 연락이 있어 그 까닭을 물어니 저 김우용으로 하여금 평안도 양득현에 귀양을 보낼 뜻으로 한성부 관문을 거짓 상고하였으니 그 죄크오니 어찌하실텁니까 할아버지께서 하신 말씀이 이 사람의 도리로는 죄없는 자에게 죄주고자 했던사람이 죄받음이 당연한 일이나 이제 결말이 났으니 저 사람에게 보복하는것은 아름답지 못한것이니 금지케하여 산송은 끝이 났다.

그후 한해를 지내고 병술년이다. 이해는 돌림병 (전염병)이 창궐하여 더욱 우리집에 심해 칠월초순에 조모와 증부께서 삼사일간에 작고하시고 팔월초에 아버지께서 하세하시고 그 이듬해 정해유월에 조부께서 별세하시니 한집안에 네곳의 빈소는 망극하고 비통한 마음 말로다 형용키 어렵도다 인간의 변해가는 모습 벽해가 상전이라 그때 끝에 삼촌께서 겨우 이십이세라 졸지에

창망한 상고를 당하시어 장사지내는 범절은 친가에 도움으로 맞췄으나 다만 슬하에 있는 어린 족하들은 십삼세 십세 육세로 강보에서 갓면한 어린것 둘이라 고독하고 외로운 혈혈단신으로 후원하는 사람전연 없고 사람이 불행한것을 다행으로 여겨 그전에 송사에서 폐했던 김우용이란 놈이 경인년 유월에 다시 송사를 기도하여 이 산은 민성용에게 매수 하였다고 산값과 장비(이장하는 비용)합하여 삼천양을 준것으로 한성부에 무고하여 송사하니 본읍 성주가 장교 이명을 시켜 숙부님을 착내 하라는 명령으로 도착하였다. 때는 마침 큰비가 내려 통섭이 극히 어려웠다 이날 숙부께서 십삼세 나는 족하(商璉)를 불러 말씀하되 네가 비록 어리나 조상의 일에는 부득불 몸을 조아릴수 없어니 깊이 생각하여라 내가 이길로 가서 채포되고 보면 뒤에서 주선할 사람이 한사람도 없으니 말이다.

이때 형님께서 숙부께 말씀하시기를 "제가 비록어리고 어리석어나 위선하여 어찌 참아 몸을 아껴 명을 구하리오 숙부를 대신하여 잡혀가서 일을 따라 형벌을 받을것이니 간절히 주선하시고 주장하시기 천만 읍축하옵니다."

숙부께서 이말씀을 들어시고 간장의 저려오는 슬픔과 분통의 눈물을 먹음고 교자를 명하여 형님으로 하여금 숙부를 대신하여 잡혀 보내신다 큰물은 내에 가득하여 건너기가 어려운대 유삼을 돌려쓰고 교자에 앉아 농암천을 간신히 건너셨다. 그때 광경을 들어 말할진대 홀로계신 어머님은 자애로우신 마음을 진정할 도리 전혀 없고 조상의 일이고 삼촌을 대신하는 일이라 속으로는 단장의 슬픔이 있으나 밖으로는 숙연이 참으시고 숙부께서는 미거한 족하를 잡혀 보내시니 그날 가정에 경관은 목불인견이란 문자로도 표현이 부족하구나

형님은 이날 가마위에 유삼으로 비를 피하고 구일저녁 문경현에 도착하여 감방에 갇혀 지리한 세월이 삼삭(세번 초하루)를 지냈다.

향내에 모모한 조부, 부주의 친구 노인이 현에 오셨다가 상시로 옥에 위문하시며 말씀하시기를 너의 집 액운이 이같이 심하뇨 너의 조부형이 계셨던들 너의 몸에 이 같은 액운이 닥쳤겠나 하시고 참외와 복숭아 등 신선한 음식을 넣어 주시면서 이것을 먹고 잘있으면 너의 삼촌이 서울에 갔어니 주선하여 너를 석방할 도리가 있을 것이다. 하셨다.

갇혀있는 죄수 몸이라 머리를 빗을 도리도 없어니 그 형용은 탈벙거지에 방불했고 이것이 일생일세에 활난풍상이란 말인가 옥밖에서 옥안을 들려다보는 이의 가슴을 무엇으로 형용한단 말인가

상경한 숙부께서 한성부 관문을 얻어 본관 성주에게 돌아오니 성주가 관문을 무릎밑에 말아넣고 버렸는지라 슬프다 그때 성주는 사랑하는 손자도 없었든가 내자손 사랑하는 마음이 있었으면 십삼세의 어린아이를 감옥에 가두어두고 지루한 세월을 소비하는 모양이 무엇이 그리도 좋든가 참으로 무지막지한 소치로다.

숙부께서 다시 밤을 낮삼아 상경하시던 길에 음식을 받지 않아 몸을 상하여 죽산 등지에서 굿토를 하고 선사를 만나 위태한 지경에 다달아 넘어지고 앞으로 나아갈 힘이 없어시자 세마를 빌려타고 도성에 다달아 제차 관문을 얻어오니 그 관문에 왈 업무수행에 엇찌 그리 태만하냐 저쪽에서 무고한 관문은 없애버리고 저쪽을 응징해서 그 버릇을 징계하는 것이 당연하도다. 관문이 당도하는날 형님이 석방되었다.

다음해 신묘 십일월에 다시 김우용이 선산 본관(군수)겸 수어사께 무고하야 숙부로 하여금 본읍 옥중에 갇히게 되니 주선한 도리 전혀 없었다

이때 형님은 초례(결혼)후 한달이라 제행후 집에 돌아오니 숙부는 갇히고 어린 동생 뿐이라 십오세의 형님께서는 혼자로서 또한 주장할 계책이 전혀없고 뒤에서 원조할 사람조차 없는지라 생각다 못하여 타고온 말을 돌려타고 헌국조(趙)사장댁을 향하여 말을 달렸다 사장어른께서는 원래 글이 능하고 견문이 있는 집안이라 소장을 지으시는대 동지섯달 긴긴밤에 해를 보고 붙을껐다 그 소장은 누가 보던지 우리집 경관은 비참하고 망극타 아니할자 없었다.

그솟장을 안고 선산관가에 도착하여 수위 순상께 재소하니 그 재교에 문경에서 사실한 보초가 도착되면 바르게 할것이라 본읍보초가 선산관가에 도부할새 어사께서 보초를 보시고 송사를 가리셨다 그에 이르되 산송으로서 여런번 되풀이 됨은 백성의 좋치 않은 섭관이요 아홉해가 되도록 흉계를 잊지 않고 서로 분해하기 끝일줄 모르고 송사가 이다지 심하야 김우용 김모를 를 일체 엄하게 징벌하야 송사를 물어 다시 써올리지 못하게 하는것이 합당하다 이로 인하여 숙부께서 석방되셨다.

-10-

이듬해 계미춘에 본관은 갈려하고 새로 부임한 현관과 김우용이 짜고 다시 송사를 기도하야 본관 성주의 딸의 편지를 얻어서 그 성주에게 부쳤다 그 내용인즉 아버지(성주)께서 이 돈 삼천양을 받아 주시면 식량을 얻어 겨울을 지낼 계책이 되였다고 하였드라 어떤 사람이 그 딸의 정지(情紙)를 돌아보지 아니하랴 그러나 이성주는 장동 김정견씨라 조선에 훈족(공은 세운 씨족)으로 사리에 밝아 그의 딸의 편지를 불고하고 양방에서 계속해서 낸 송사를 읽어보고 잘살핀후 양방을 초대하여 말하기를 이치가 바른자는 신원하고 이치에 맞지 않는자는 패송하니 이것이 하늘의 이치요 국법이라 김우용의 송사는 결단코 용서할 수 없으나 저쪽에 가산이 송사로 인하여 탕진하였으니 이것저것의 논할것은 없으나 숙부를 불러 말하기를 돈 백양을 직일내로 드려오라는 분부가 나렸다 숙부께서 다시 여쭈되 돈 백양은 어디에 쓰실것입니까 관에서 하는말이 저 사람을 주려한다 하여 그기 대해서는 한푼도 줄수 없다고 할때 성주하는 말이 관의 명령을 어기면 형을 가할것이니 속히 납입하여라 다른 도리가

-11-

없어 백양을 주선하여 바치니 성주가 그돈을 저쪽 김우용에게 주고 이 송사를 다시 기도하지 않는다는 각서를 써 올리라 저쪽에서 못하겠다고 하니 성주가 대노하여 그자의 각서를 받아 숙부께 주신후에 김우용의 전후 문서를 불에 태우고 우리집 장첩(사연이 담긴 편지)은 돌려 주셨다 아무잘못없이 몹쓸사람에게 끌리어 송사편지 일세기가 되어가는 오늘 불초손([illegible])도 천한 나이 칠순을 넘어니 이러한 오가의 역사를 기재하여 뒤에 알리지 못하면 다시는 들을곳도 없는고로 내가 눈으로 본바와 귀로 들은 바에의해 간략히 이 사실을 기록하여 후손에게 전한다.

정해 출정월에(1947년)

분초손

상근은 피눈물을 흘리며

기록하였다.

1981. 10. 10

불초손

병철은 알기쉽게 번의했읍니다.

-12-

乞下亭原韻

有事楸原恨不窮 伸寃無地訴蒼穹 洪陵雨露

恩何重 紀念亭高 乞下中

數椽亭宇捺孤城 須遂明詔 乞以名 歌瑟奏東箭

野闡鳴鐘震北 一區平訴天可下 非凡孝懸扁將來

是表誠戒甬扆[孫]司我 葺無忝乃祖古家聲

不肖孫 商璉 商建

華山重疊四圍城 創起先亭 乞下名 天水何年經

御界 琴書多日樂 昇平故家 儘覺遺風 款重裕 益深

繼志誠丕紹元來由正理 承承勿替大方聲

族從 商律

感激天 恩望北城 依于 乞下揭亭名 從康靜對

山重護倚楸 横看水遠平 先世遺謨多種德 來昆述

事最添誠 登斯鄉 得如斯樂 欣賀彬彬玉振聲

族侄 壽永

等出甄 恩遠不窮 先原痛恨極蒼穹 營亭綿力 切何

告聖世洪 恩見此中

曾孫 國永

亭顏峭闢 百濟城判下蒙 恩 乞揭名 歲薦肅

靈陟降 雪伸幽枉 理公平 情牽助力 看先誼 訃拙收

功愧自誠 建國營裔 同一世 皆然心 祝勿墮聲

玄孫 柄斗

百年種德築如城 來後先先 乞以名 遯跡尚存山

淨彩 蒙泉不舍 鏡圓平 楣楹揭板 人稱孝 輦轂鳴金

執匪誠可飛彫梁 將雨霽喃喃 鶯客賀同聲

姜尚熙

登亭追慕感無窮 乃祖彰行痛徹穹 律不公私天理

直伸寃 聖德下漂中

曾孫 根永

血訴當年恨不窮 昭昭明鑑在蒼穹 恩深 乞下

將何謝 紀念亭高百世中

乞下天 恩重若城 為亭今可是扁名 谷鍾萬世鳴

幽寂歌琴千秋頌 太平華板有光先祖孝 雕樑生色

後孫誠如儼 幸在同榮地 柄悅痴情献一聲

孫從漢

一亭新起背山城 扁額生輝 乞下名 先子莫追存

紀念前王不忘答昇平琴書淡泊千秋樂棟宇芬芳
百世誠萬戶鍾鳴歌瑟上多年惟大是家聲
孫容漢

千里吽闕恨未窮孝心終感彼蒼穹試看今日名亭
意亦出前王不忘中
峰巒疊々繞如城削立磨天不可名老木參差村落
迥長江回抱野田平安芬如見英靈在堂構堪憐後
裔誠詩禮百年能繼述至今無忝古家聲
申賦均

有事先原恨欲窮擎鉢當日泣蒼穹至彼 允俞亭
斗立古松流水四山中
蕭灑新亭隣市城風煙從此可題名四山環立屛窮
疊一水彎清鏡面平財耦下金貽後範嵋金上徹泣
先誠相傳繼述無非孝永世流芳舊日聲
閔禹植

亭名 允下是無窮盡棟珠欄向碧穹處世經綸知
有序天 恩只在孝執中
地迥天高鍾谷誠超拔 允下榭亭名四山擁抱施
旋屹一水清流去々平當世叙完人主惠積年卜築
子孫誠為先最是應先務鄉里頻聞廣譽聲
洪最植

欲雪先冤恨不窮衝膓瀝血極蒼穹孝當竭力蒙
恩重可賀茲亭遠慕中
普々是役積如誠難謝泆 恩赦不名西折孼壺能

護衛東流一派野分平繼武遺風先祖蹟供切金世
後孫誠從橫大道兼開市指點行人嘖々聲
金震英

冒先嵩廢恨無窮欲說幽懷泣訴穹天以至公同一
視非々是々理由中
孝心不以服朔窮同祖來仍一聽穹楊亭祖考穎亭
族今日經營古蹟中
曾孫晋永

水回山匝是佳城割畔楸齋亭以名鳳毛池上絲綸
美足鹿田中町疃平八家同井咸趍事五家分門各
憚誠樂衆謙私求得便吾林自此有傳聲
申鍾熙

通生於變々生窮究竟何人不懷穹綸美相傳仍起
樹鳳毛丹穴此山中道岸山明不夜城今君經匠古
稱名始交生雖先膏結利見尙中訟理平一生此日
欽娛意五世來雲繼述誠石闇活水噴珠出卧聽臨流
濯筆聲
鄭秉成

蒙 允先原是殊誠千秋難忘揭亭名華山北鎭相
連屹瀨水東流一樣平至今草木皆生色咸稱雲孫
各盡誠為質餘人能繼述無窮不墜此家聲
朴華植

天恩至重自皇誠示以不忘亭以名華嶽護仁恬後
屹瀨流隨智毓前平孫曾今日能成志父祖當年已
盡誠扁額高懸如日月一鄉大衆舊家聲
柳海奭

事盡勢窮恨不窮陳情無路訴蒼穹神明々鑑仁人孝 允下亭成默佑中

毋依亭檻望京城感格千秋 允下名華山元氣閒
簾積灝水無源繞砌平先祖周旋遺蔭德後孫齊會
盡心誠暇可登臨消遣趣靜聽釋子讀書聲

金命性

灝江迴處華山穹屹々棲台立半空感泣 天恩題
允下君家繼述在斯中
允下亭新名遠市城感深 聖德揭㫌名華山繞後群
峰屹灝水當前一鑑平新蓊老樹無非孝怪石奇花
總出誠但願從今千百世繩々繼々振家聲

金淵默

誰道人間恨不窮一心報本仰蒼穹憚誠竭劾何偉
允下亭高 聖化中

慕先裕後意如城道發山高 允下名四壁無書消
世累一區泉石際時乎霜浸宿草增餘感年老白楊
薦此誠周因殷禮殷因夏世々清軒大振聲

李康鎬

甄亭高出對孤城判下家鄉果敢名近市浮煙家計
潤窮原古栢墓遂平酬恩反哺鳥慈孝追慕難忘獺
祭誠天可無私偏不照至公 聖德聽無聲
壓辱先山恨抱窮萬端血訴仰蒼穹諭綸優渥惶惟
感少雪幽冤下 批中

曾孫 憲永

久有通生變有窮昭乎一理仰蒼穹子鶴和鳴聲聞野
誠之不掩定之中

記昔綸言向帝城在茲 允出在茲名齊糖儲明庋
帳備燕毛叙次篆上平馨潔萱時胡取臭進觀歷日
亦思誠一林多小相求地誰得瓊琚報厥聲

申鍾熙

世傳綸美擬無窮國破家存奈彼穹藏之巾衍還爲
悚 允下痛楣娟渴中
水似可誇山似城端宜今可表亭名韓路鳴金童已
下斬印渴木準方平謀始于終君子事制增其舊後
人誠芬兄相好成而落可補斯干正樂聲

申仁均

誠孝無窮事有窮肖孫終感彼蒼穹一亭猶帶日升平
儼屹立煙霞雨露中

峰巒疊々四圍城從此雲林倍有名樸地閭閻相遠
近桃江原野始寬平吳霧陵降今如在賢裔搆堂乃
見誠詩禮百年猶不替賀君無忝古家聲

林錫九

水曲山回境未窮層欄鳥革揭蒼穹鳴鍾歌瑟兼前
後逸樂分明在此中
迴臨百歲古山城 允下新亭最著名伏讀頒波同
詠子比華嶽準初平先阡雨露應多感高閣軒窓
盡表誠裕後當年兼種德雲孫世々繼家聲

朴魯燦

纍足鳴冤恨不窮終有至孝感蒼穹雲仍肯構追先
志爲頌翬飛一整中

千里闉闠注帝城王言志喜此亭名喬木成行村太
一江回抱野稍平也識英靈類陟降方有肖裔竭心
誠誦詩詠禮於斯足為賀君家不墜聲
洪秉玉
青華山色繞州城作者謂誰 允下名鳴鍾歌瑟三
街列遠島寒氷四野平當年營也承知孝不可成之
女感誠聞喜舉賢同祝賀至今餘在古家聲
南圭元
亭外溪山目欲窮危欄高倚望虛穹周覩南北東西
界四境無非畫幅中
開州嶺外芬初城 允下高亭喚有名額水東回群
潤合華山西立嘆雲平先天雨露多 恩澤古巃松

楸亦孝誠近市幽閒天許地當軒不入塵氛聲
金教貞
名區繞郭西北窮亭角翼然抵瀾穹百餘歲牧泉公
業究新擊鐘鳴世中
古為華岳左為城地得其亭亭得名新天佛業百年
績大野風光十里平佳幅詩情賓客賀銘文紀念主
人誠世傳允下承承繼萬古依存誦讀聲
成瑢煥
路轉峰回景不窮翼然亭角抵蒼穹泉公 遺績承承
繼以 允洪恩露此中
歌瑟里前西繞城喬木高出此亭名源深龍沼長江
逝市隔狗岑大野平依 允恩蒙聞慶鳴擊鐘究新

順天誠清華山秉多靈異軒外鍾鳴谷應聲
成永植
覽讀亭楣思亂窮將來人合在蒼穹當年帝駕東巡
日日恩雨仍沾孝感中
洞府環圍鐵甕城此中亭子遠播名推悦翁數華山
碧鉤迴瀰歸類泗水年特保一額光帝澤四總高瀾洛
孫誠存前文有跡松翠將來笙簧不絶聲
金教亨
有是泉翁孝不窮掃除雲霧見蒼穹傍非東閣名亭
起敬仰年來感此中
望美人兮憶帝城如天 允下額題名羅列舉臺閣
面立交來鸞市渡頭平松楸百歲遺餘感霜露多年

14

報本誠檻外長江源有所浩然回顧不忘聲
金燁
誠是純勤志不窮亭高百尺抑蒼穹上有楸原依
允捨承知來自孝心中
鳴鍾歌瑟西北城新築高亭獨擅名揷後層岑千丈
屹當前大野一望平經年粧點依 丹詔不可成工
書亦誠也談晴軒長在柴奇花前茂異禽聲
南啓仁
非斧誠力忠非窮肯構新亭出半穹卯木千年傳舊
在孫枝子業前庭中
天 恩降出漢陽城依 允當年亭以名擁立軒歌
千嶂屹流環內外一江平詩從傳後孫知法意在遊

先却盡誠地勝樓明趂俗廿年〻在有讀書聲
南利元
山疊水回景不窮翼然亭子立蒼穹題扁 允下天
恩重也從由来孝感中
結構新亭傍古城滿前佳景總難名路長門外長江
碧雲捲軒郊野色平晚卜底修追遠德今来後始聯
孫餞應知不世遺芳蹟藉〻鄉隣有誦聲
南海元
青華一麓景無窮特為先堂問太穹迴被仁天時雨
化亭名(顯)高揭道山中
翼然亭宇接山城眼界風光不紀名泉石恠輝荒野
闢松蘿趣俗一区平感天蒙命在知孝擇地承先是

舊城別賀嵩庄開宴處同祈新翠乾鍾聲
南廷國
昭〻天理正憐窮類 允名亭此可穹非為繁華非
為碁千秋景仰不忘中
表隱構亭隔市城今聞鄉國 允依名薦通遠踰千
峰屹軒壓長江一鏡平明月清風今有篆古人去處
遺蹤誠根深恩不堂前樹中業迎春又放聲
安承翰
主屹山亭面海城新亭 允下搖高名雅流噴瀑江
回瀾天馬嘶風路轉平先蔭傳来承孝感皇 恩罔
極報忠誠許多麗景如斯足遠懷千秋藉〻聲
成禹植

一雪冲心義不窮祈寃風夜感蒼穹軒聽敎仍就為
狀誠孝爲家口頌中
孝意高於面海城何乞 允下揭芳名錄此於無
我景歌和東風送太平多士題詩深義理肖孫營美
薦心誠閑區物色從前信桃李泉更有聲
田在睦
登臨亭芳無限窮此何誠力感蒼穹自来擊錚鳴寃
日月水徒藏更在中
嵬然亭子傍山城光有華光遠有名檻對漱江全可
灌村藏新翠茶常年又浴始勢始生色較波天 恩
卓異誠為祖經綸此是大何人不頌此歲聲
金鳳浩

靜祈其時恨不窮萬端血泣仰蒼穹闢門待命惟惶
恐特典分明下教中
金成九
積年寃恨啓皇城蒙 允名亭允以名卜吉礎龜長
隱伏守閑園鶴揭昇平世情誰侮安貧樂天道無憐
追遠誠父祖肯堂孫補去百秋如一頌家聲
積善之家慶不窮寃呈批下感蒼穹生平欲報前
王德允下亭成此巷中
任世準
翼然新築四園城百歲流芳 允下名積翠華岑排
立(溪)建阡沃野肥前平繞室生光膏主樂滿堂輸福子
孫誠存心恭(惟)能終始 聖德如天不墜聲

受侮當年恨不窮一聲無余泣蒼穹思亭起否由誠
亭爲賀弘模執此中
族從弟 鍾勲
一亭傳承亘不窮終成杰構聳蒼穹願名忠義多興
感天語丁寧下此中
松杉積翠護根城中有萬亭已擅名主屹歸雲頂上
迺龍岩衛市眼除平聊陳六偉除魔障究徹九霄感
亭誠況又楣扁稱 乃下美墻如起谷鍾聲
柳甲馨
幹蓋誠深事不窮有亭楸下翼蒼穹落成今日人人
賀遠近無非感歎中
靈區和氣滿春城 乃下亭輝特有名虹棟動彩千

林媚畫閣翼出四界平美墻百世絲綸重肯構當年
右裔誠淒淥 王史猶難道慷慨遺傳舊閨聲
柳承祚
特蒙 恩澤舊皇城政合斯亭 乃下各山連鍾谷
峰峰屹水繞龍岩野野平人皆爭利多養尊天無無
私感至誠孝子賢孫千百世繼承祖業勿休聲
權寧鎮
新亭建築傍山城追仰千秋 乃揭名三傑芳宅龍
中給十里烟波刻界平天 恩添重伸究孫忘事完
成顯至誠一園花樹春風暖 爲賀君家湛樂聲
誰卞人間勢難窮
鄭明和
尊君下聽亦蒼穹亘千萬世難忘

地亭雖常存紀念中
此山受乃顯皇城山可爲亭 乃可名杉松舊基天
恩重泉石新立地勢平經始經終兄弟力肯堂肯構
子孫誠誠願向爲據君父德仁門前後繼家聲
申鉉相
積歲營亭接古城江山得主世知名斧堂卜古晴嶂
護畫棟如飛望野平料匠準功謹頌祝後孫貽模薦
心誠偉歎竭力伸究地紀念維新舊閨聲
旋侄 憲永
世德 皇恩亘不窮思亭高築接蒼穹滿山草木皆
生色涵養仁天雨露中
牧聞亭築古山城永石居出倍擅名花鳥爲隣同笑

語烟霞作百任高平皇 恩百代難忘義世德千秋
永慕誠有客登臨鵬詠足着君不墜古家聲
李丙稷
忍百堂名世不窮繼繩緒業滿蒼穹又開 乃下亭
新築萬古江山紀念中
翼出寧宇接山城乃揭清軒閨有名檻外江流千里
老生前野色一區平興論合忿欣歸正天理無私感
至誠多士告林功德頌而今長在古家聲
權在益
爲光裕後訴無窮新築亭楠遠出穹一曲煙霞知在
此峯山嶺水背臨中
前發後鍾又治賤室中道發家遂名江鷗点点情閒

寂園鹿鳴々夢太平究解蒼天應有感好占靈地亦
由誠滿目晴光此許在千秋傳得古家聲
金鎭夏
芳勝桃泉流不窮奉先忠孝出於聲疇昔遺跡何處
問山明水麗紫迴中
翼然亭榭顯孤城無愧千秋 九以名華山暎笛牛
歸載瀨水明沙鷺下平聖帝東巡依舊勅賢孫繼志
致存誠而無可稱敦睦誼寒泉從頌古家聲
族從 金洸默
人有實行久不窮泉翁誠孝感蒼穹生於百載能承
海欽仰高風歎慕中
九下社亭對古城皇 恩難忘錫嘉名通簾秀色群

峰屹層水晴光大野平甑莫過岷裕後箕人難及矣
慕先誠歌瑟左東鍾在北時鬥警報保家聲
曺承煥
渴望先山春度窮幸添 恩而一蒼穹雲仍繼述家
聲美 九以名亭紀念中
九下亭高一片城千秋不泯是芳名盤桓龍勢是區
闌注文高難嘆堅平和嶺同符多士志竣工微表後
孫誠淳風恩而鳴於世爰及桃泉又有聲
金潤紀
玲瓏瑞色繞山城翼彼高亭 九下名遊當清嵐眉
際落建漢勉路渡頭平不務恩刻天在眷積累心切
意表誠文酒盈虛今復續登臨次第芬芳 恩聲

幸接芳隣起此亭　다행이 좋은 이웃 접해 이정자 세우니
五槐亭畔士林淸　오괴정반에 사림들이 맑으니라
軒頭爽氣風生樹　헌함머리 상쾌한 기운 바람이 나무에 나며
簾外明光月滿汀　발밖에 밝은 빛 달은 물가에 가득하다
古調須將琴自動　옛곡조 가졌으니 거문고 스스로 움직이고
新詩倦能酒微醒　新詩짓늘이 와하니 술이 미미하게 깨이는구나
於今幸有逢麻益　이제 다행이 벗 유익함이 있나니
漸入工程暫莫停　점점 공부에 들어 잠시도 멈추지 않으리

○枕泉堂 金性義의 遺蹟碑

▲籠岩面 鍾谷2里

府君의 貫順天諱性義字君執號枕泉堂이시다. 우리 順金은 新羅宗姓으로 諱摠官引駕別監封平陽君이 始祖이시고 李朝初入朝諱承霍號月潭佐命功臣左議政平陽府院君諡襄景公府君이 十五代祖이시며 中世에 諱樂春字泰和號忍百堂이 九代祖신대 退陶門人으로서 現在 濂陽書院에 配享되셨다. 五代祖諱敵萬께서 始居大井하셨고 高祖諱日運曾祖諱東鉉祖諱澤壽考諱大祚妣平山申氏漪之女文僖公槩의 後裔다. 府君九歲時에 家勢가 不幸하여 先妣孺人이 棄世하시여서 副母의 鞠育으로 成長하셨다. 配奉化琴氏處士楨洙之女인데 育三子一女하니 長澯在仲學在季聲在初諱詇在이시고 女는 延安李漢永에게로 出嫁하셨다. 澯在生商璉商建하고 學在生商德女는 聞韶金命周와 仁川蔡鴻弼에게 出嫁하셨다. 聲在生商契商恩商九이시다. 府君께서는 淸廉潔白하시고 孝誠이 至極하시여 崇祖思想이 透徹하셨다. 癸未一八八三年四月上丁에 旺陵에 사는 巨富金某란 者가 府君을 來訪하여 道發山先塋局內에 一壙地를 敢請하는바 府君께서는 斷乎히 拒絶하셨다. 同年四月九日 그들은 多卒募軍하여 府君祖考墳墓主龍側近에 强制勒葬하므로 府君께서는

仲子와 같이 全力을 나하여 禁葬한 즉 그들은 腕力으로 行悖를 부려 父子분은 온 몸에 傷處를 입고 衆寡不敵으로 禁葬치 못하였다. 그러나 府君께서는 權力과 金力을 背景으로 眞理와 正義를 저버리는 者는 期必코 自滅할 것이다라는 信念을 가지고 同年 八月十五日 高宗皇帝東九陵幸行을 들으시고 長男에게 命하시여 擊錚伸寃上訴文을 奏達하라하시며 當該日 御駕陵行路邊에 埋伏하였다가 嚴命을 行하셨더니 御駕護衛軍卒들에게 路上에서 甚한 刑罰을 當하시고 刑曹로 押送되셨다. 그 이튿날 同副承旨洪承憲氏가 上訴文을 稟達하니 王께서 金性義山訟件은 漢城府로 移牒處理하랍시는 分付를 내리시었다. 判尹臣閔鍾默同副承旨臣洪承憲은 下敎가 이같을진대 王旨를 헤아려 施行함이 마땅하니 關文內容을 參照施行하기바란다는 通牒을 慶尙道觀察使에게 내렸다. 이를 接受한 觀察使는 卽時 甘結을 聞慶縣監에게 내려 本邑加恩面金性義祖父母墳墓側近金某의 勒葬塚을 卽時 파낸後 元形대로 還元하고 移堀結果를 遲滯말고 報告하라는 命을 내렸다. 縣監은 甘結대로 執行한 後 結果報告를 올려 事件이 一段落되었다. 그 後 金某子가 翌年四月四日 다시 擊錚上訴를 하였는데 狀啓內容인 卽 買山事實과 勒葬諸般事實을 捏造하여 府君을 欺君之罪로 謀陷하여 誣告上訴함에 따라 府君께 平安道陽德縣으로 流配令이 내려 卽時發程 서울 東大門外庫馬廳旅館에 잠시 留하시자 長男께서 急遽히 刑曹에 나가시어 그간 經緯를 呼訴하시니 誣告事實이 明白히 드러나 三日만에 流配가 풀려서 곧 還鄕하시었다. 이때 漢城府에서는 允許를 받들어 懲治하라는 關文을 慶尙道觀察使에게 再次내려 金某子를 犯蹕之罪에 따라 勘罪施行하기바란다는 通牒이 내렸다. 그 後 六年이 지난 庚寅五月二十五日一八九〇年金某子가 守禦使의 딸과 짜고 吾家四殯의 不運을 틈타서 諸事端證據를 捏造하여 浮費三千兩을 請求함과 同時에 寃情의 再審을 上訴함으로 當局에서 將校二名을 派遣하여 從曾祖考靑波公께 捉來命令이 내렸다. 이때 從祖考께서 十三歲되는 長姪不肖祖考에게 눈물을 삼키시며 하신 말씀이 내가 逮捕되면 事件收拾할 사람이 없다 하시자 答하시기를 제가 비록 어리고 어리석지만 爲先事이온대 어찌 몸을 아끼겠습니까. 叔父를 代身해서 刑을 받겠아오니 百方周旋하시와 餘恨없이 하시옵소서.

이 말씀을 들으신 靑波公께서는 肝臟이 찢어지는 忿痛을 느끼시며 長姪을 轎子에 태워 聞慶縣으로 보내니 卽時 下獄되었다. 靑波公께서는 晝宵不拘하시고 上京하시어 關文을 받아 縣監께 傳하였더니 默殺함에 再次上京催促關文을 받아 提出하자 收監된 三個月만에 祖考는 釋放되셨다. 翌年十月金某子가 善山縣監兼守禦使에게 再三誣告하여 靑波公께서 本邑監房에 收監되시니 後見人이 全無하였다. 十四歲인 祖考께서 尙州長川으로 娶行初禮後本家歸還하니 靑波公께서 收監된지라 遑急히 타고온 말을 되돌려 漁軒趙査丈鳴九氏宅을 訪問事實대로 말씀올려 訴狀을 相議作成하여 가지고 善山縣監에게 提訴하니 縣監께서는 旣히 對質實査한대로 報畢旣正될 것이라 斷正하고 同月十五日對質한 報狀을 承政院에 올리니 旣히 允許를 받들어 施行한 것이온대 再論한다는 것은 甚히 無嚴하다고 命이 내렸으니 再訴치 못하게 嚴히 處理하라는 暗行御使名義通牒이 내렸다. 從曾祖考靑波公께서는 卽時釋放되셨고 滿八年間의 山訟은 惶恐하옵게도 王命에 依하여 우리 側의 完全勝訴로 一八九一年 辛卯十一月 十二日字로 끝을 맺었다. 一九九二年 壬申十月 日 吾家의 歷史를 後孫들에게 傳하고자 訟事가 끝난 一世紀餘만에 玄孫柄斗는 從曾祖考靑波公遺誌와 從祖考百恥堂公伸雪誌를 보고 八個星霜이나 逆境속에서도 슬기와 끈기로 克服하신 道發山勝訴事記를 삼가이 碑에 새겨 由緖깊은 道發山先塋局內에 세워 놓으니 後孫들은 깊이 銘心하여 先塋守護에 한치도 疏忽함이 없기바란다. 끝으로 允下亭刱建도 대략 記述한다. 西紀一九四七年丙戌八月一日은 先曾祖考府君回辰日이라 祭祀를 마친後 先王考께서 刱建을 發議同年八月三日起工同年十一月初旬竣工亭名은 鳴冤天聽하여 幸蒙允下故로 名之曰允下亭이라 하였고 位置는 道發山先塋局內高祖考府君께서 擊錚伸冤한 遺躅地에 建立하였다. 竣工後年久歲深하여 累次補修하였으나 恒常滲漏汚塗를 免치 못하여 西紀 一九八六年七月二十七日追慕重修役事를 일으켜 莫大한 重修費를 投入同年九月十六日 竣工하여 現在에 이르다.

壬申 一九九二年 十月 日

玄孫 柄斗泣血 謹撰

安東 金啓漢 謹書

2018

문경시 비지정문화재 전수조사

(호계면, 산북면, 동로면, 마성면, 농암면, 점촌동, 소실)

농암 종곡리 윤하정(籠岩 鍾谷里 允下亭)

연번 : 농암면 19

문화재개요

소 유 자	순천김씨 대정파 종중	-
관 리 자	김재희	010-8979-6620
소 재 지	경상북도 문경시 농암면 종곡2길 26-18 (종곡리 316)	
건립시기	1946년 건립	
구 성	정자	
면 적	24.2㎡	건축물대장: 없음 / -

입지 및 건축	종곡2리 마을 가장 깊속한 곳에 동향으로 자리 잡고 있는 순천김씨(順天金氏) 정자로 정면 3칸, 측면 1칸 규모의 팔작기와집이다. 평면은 대청을 중심으로 좌우에 온돌방 1칸씩을 연접시킨 후 전면에는 반 칸 규모의 퇴칸을 둔 중당협실형(中堂挾室形)이며, 대청의 전면에는 4분합문을 설치하여 마루방을 이루게 하였다. 전면 기둥의 하부에는 하층주를 세워 퇴칸은 누마루를 이루게 하였으며 퇴칸의 주위에는 계자각(鷄子脚)을 세운 헌함(軒檻)을 둘렀다.
연 혁 (인터뷰내용)	괴은(槐隱) 김성의(金性義)를 기리기 위해 후손인 김상건(金商健)과 김상련(金商連)이 1946년에 건립한 순천김씨(順天金氏) 정자이다. 원래는 주위에 방형의 블록 담장을 두르고 우측 담장 사이에는 일각문을 세웠으나 2017년에 담장을 철거하고 주변을 정비하였다.

	분류	규모	기단 및 초석	평면형태	구조 및 양식	지붕형태	보존상태
건조물개요	윤하정	3×1.5칸	콘크리트, 가공석	一자형	5량 구조, 소로수장집	팔작지붕, 겹처마	양호
	-						
	-						
	-						

기타시설물	기타	정자 우측면 비석
	-	
	-	
	-	
건조물 관리현황	윤하정	지속적으로 관리하고 있는 것으로 나타나며 특이사항 없음
	-	
	-	
소방방재시설	소 화 기	없음 / 소 화 전: 없음
	조사자의견	목조건물이며 일곽 내에 소방시설이 없어 설치가 필요함
보수정비요소	마루 청판 파손, 일부 회벽 탈락 및 창호 한지 파손 등이 관찰됨	

관련자료			
관련자료	비석		枕泉堂順天金公諱性義遺蹟碑
			을 稟達하라하시매當該日 御駕陵行路邊에埋伏하였다가嚴命을行하셨더니 御駕護 衛軍卒들에게路上에서甚한刑罰을當하시고刑曹로押送되셨 다그이튿날同副承旨洪承憲氏가上疏文을稟達하니 王께서金性義山訟件은漢城府移 牒處吏하랍시는分付를내리시었다判尹臣閔鍾默同副承旨 臣洪承憲은下敎가이같을진데 王旨를해아려苑行함이마땅하니關文內容을參照施行 하기바란다는 通牒을慶尙道觀察使에게내렸다이를接受한觀 察使는卽時甘結을聞慶縣監에게내려本邑加恩面金性義祖父母墳墓側近金某의勒葬 塚을卽時파낸 後元形대로還元하고移堀結果를遲滯말고報告하 라는命을내렸다縣監은甘結대로執行한後結果報告를올려事件이一段落되었다그後 金某子가翌年四月四日다시擊錚上疏를하였는데狀啓內容인卽 買山事實과勒葬等諸般事實을捏造하여府君을欺君之罰로謀陷하여誣告上訴함에따 라府君께平安道陽德縣으로流配令이내려卽時發程서울東大門 外庫馬聽旅館에잠시留하시자長男께서急遽히刑曹에나가시어그간經緯를呼訴하시 니誣告事實이 明白히드러나三日만에流配가풀려서곳還鄕하시 였다이때漢城府에서는 允許를받들어懲治하라는關文을慶尙道觀察使에게再次내려 金某子를犯蹕之罰에따라勘罰施行하기바란다는通牒이내렸 다그後六年이지난庚寅五月二十五日一八九0金某子가守禦使의딸과짜고五家四殯 의不運을틈타서 諸事端證據를捏造하여浮費三千兩을請求함과 同時에寃情의再審을上訴함으로當局에서將校二名을派遣하여從曾祖考靑坡公께捉 來命令이내렸다이때從曾祖考게서十三歲되는長姪(不肖祖考)에 게눈물을삼키시며하신말씀내가逮捕되면事件收拾할사람이없다사히자答하시기를 제가비록어리고어리석지만爲先事이온데어찌몸을아끼겠읍니 까叔父를代身해서刑을받겠아오니百方周旋하시와餘恨없이하시옵소서이말씀을드 르신靑坡公께서 肝臟이찢어지는忿痛을느끼시며長姪을轎子 에태워聞慶縣으로보내니卽時下獄되셨다靑坡公께서는晝宵不拘하시고上京하시여 關文을받아縣監께傳하였더니默殺함에再次上京催促關文을받 아提出하자收監된三個月만에祖考는釋放되셨다翌年十月金某子가善山縣監兼守禦 使에게再三誣告하여靑坡公께서本邑監房에收監되시니後見人 이全無하였다十四歲인祖考께서尙州長川으로聚行初禮後本家歸還하니靑坡公께서 收監된지라遑急히타고오신말을되돌려溟軒趙査丈鳴九民宅을 訪問事實대로말씀올려訴狀을相議作成하여갖이고善山縣監에게提訴하니縣監께서 는旣히對質實査한대로報畢旣正될것이라斷定하고同月十五日 對質한報狀을承政院에올리니旣히 允許를받들어施行한것이온데再論한다는것은甚 히無嚴하다고 命이내렸으니再訴치못하게嚴히處理하라는暗 行御史名義通牒이내렸다從曾祖考靑坡公께서는卽刻釋放되셨고滿八年間의山訟은 惶恐하옵게도 王命에依하여우리側完全勝訴로一八九一辛卯 十一月十六日字로끝을맺었다一九九二壬申十月 日吾家의歷史를後孫들에게傳하고 자訟事가끝난一世紀餘만에玄孫柄斗는從曾祖考靑坡公遺誌

府君의貫은順天諱性義字君執號枕泉이시다우리順金은新羅宗姓으로諱摠官引駕別
監封平陽君이始祖이시고李朝初大祖諱承霆號月潭佐命功臣
左議政平陽府院君謚襄景이府君의十五代祖이시며中世에諱樂春序泰和號忍百堂이
九代祖신데退陶門人으로서現在瀟陽書院에配享되셨다五代祖
諱敵萬께서始居大井하셨고高祖諱日運曾祖諱東鉉祖諱濘壽考諱大範妣平山申氏漪
之女文信公槩의後裔다府君九歲時에家勢가不幸하여先妣孺人
이棄世하시어서副母의鞠育으로成長하셨다配奉化琴氏處士楨洙之女인데育三子一
女하니長滐在仲學在季聲在初諱鋏在이시고女는延安李漢永에
게로出嫁하셨다滐在生商璡商建하고學在生商德女는聞韶金命周와仁川蔡鴻弼에게
出嫁하셨다.聲在生商契商恩商九이시다府君께서는淸廉潔白하
시고孝誠이至極하시며崇祖思想이透徹하셨다癸未一八八三四月上丁에旺陵에사는
巨當金某란者가府君을來訪하여道發山先塋房內에一壙地를敢
請하는바府君께서는斷乎히拒絶하셨다同年四月九日그들은多率募軍하여府君祖考
墳墓王龍側近에强制勒葬하므로府君께서仲子와같이全力을다
하여某葬한즉그들은腕力으로行悖를부려父子분은온몸에傷處를입고衆寡不足으로
禁葬치못하였다그러나府君게서는金力과權力을背景으로眞理
와正義를저버리는者는期必코自滅할것이다信念을가지시고同年八月十三日高宗皇
帝東九陵幸行을들으시고長男에게命하시어擊錚伸冤上訴文

액

와從祖考百恥堂公伸雪誌를보고八個星霜이나迸境속에서도슬기와끈기로克服하신
道發山勝訴事記를삼가이碑에새겨由緖깊은道發山先塋局內에
세워놓으니後孫들은깊이銘心하여先塋守護에한치도疏忽함이없기바란다끝으로允
下亭刱建도대략記述한다西紀一九四七年丙戌八月一日은先曾
王考府君回辰日이라祭祀를맞인後先王考께서刱建을發議同年八月三日起工同年十
一月初旬竣說亭名은鳴寃天廳하여幸蒙允下故로名之曰允下亭
이라하였고 位置는 道發山先塋局內高祖考府君께서擊錚伸寃한 遺躅地에 建立하였
다. 竣說後年久歲深하여 累次補修하였으나 恒常滲漏汚塗를 免치못
하여 西紀一九八六年七月二十七日追慕重修役事를이르켜莫大한 重修費를投入同年
九月十六日竣工하여 現在에이르다
壬申一九九二年十月 日
　　玄孫　柄斗泣血謹撰
　　安東金啓漢　　謹書

<table>
<tr>
<td rowspan="3">관련자료</td>
<td rowspan="3">편 액</td>
<td></td>
<td>有事楸原恨不窮伸冤喜地
訴蒼穹　洪陵雨露　恩何
重記念亭高　允下中
數椽亭宇接孤城須遂明徵
允以名歌瑟泰東前野闢鳴
鍾震北一區平所天月下非
凡孝盈扁時来是表誠戒爾
孱孫月我葺參忝乃祖古家
聲　　　　　　不肖孫
　　丙戌至月　日商璉謹
　　　　　　　商建稿</td>
</tr>
<tr>
<td></td>
<td>有事楸原恨不家伸
冤貫地所養穹
溝陵雨露 恩何
重紀念事高 允
下中數椽事宇接孤
城須遂時徽允以名
歌瑟奏東前野闢鳴
鍾震北一區衆所天
日下兆凡孝盈扁時
是表誠戒爾展孫同
我葺無参乃祖古家
聲
丙戌正月日
不肖孫
商璉
商建 謹稿</td>
</tr>
<tr>
<td></td>
<td>允下亭記
竊嘗觀世之名亭者靡然是役於景物 震耀其題品上下而直欲媚人耳目此
皆構虛而架空而已曷若據義永賁不 失命名之意哉余寓寵岩之越明年金
斯文商建氏齎蒙　允誌一統責余亭 記而語之曰縣治西五十里有所謂道
發山盖青華奇堀之勢結於北而橫出 一支西折爲辰向原者是我高王考衣
履之藏也往在　高宗癸未被勢家所 勒葵義不可謂羞忍辱也王考枕泉公
抱鍱公門終無所舊乃籲冤於駐蹕之 下賓蒙判下喩　允而惑決爲當是時
也孱孫感戴之心宜有志喜事賓関明 我　聖朝孝理之條而其後六十餘年
之間家經系海世値■獍靡遑致力於 追先之地幸玆國運泰回雖舊而維新
則心當千載一淸之會也可不思所以 營置垣屋於楸柏之原愛居愛處歌詠
於斯以寓其前　王不忘之義乎乃與 闔門殘裔詢謀全同結構得三架九楹
名之曰允下亭此起亭之顚末也扁楣 之賓旨也願吾子之有以商之余起而
得曰有是成誠之不可揜也以匹夫幽 柱竟達天聽乃能鮮其衿而伸其志于以
煌煌亭額輝暎山門環邱寵草樹雲煙 尙被盛世風化縱云天錫凡昭無徵不
燭然苟非賢孫之腔裡沸血透贊金石 者烏能致動世偉積又非徒來述事之
勸拳拳乎堂構之業者其所樹立扣彼 其卓卓爾哉顗不佞亦舊國遺黎也匪
風下泉之感自有彝牲所發則今於玆 亭之役不敢非其人而終辭者遂據賓
記其事以塞慈孫之請而歸之云爾
　檀紀四二七九年次丙戌仲冬下澣
　　　　　　沙梁崔斗永謹稿
　　　　　　　孫　商契謹書</td>
</tr>
</table>

<table>
<tr>
<td rowspan="2">관련자료</td>
<td rowspan="2">편액</td>
<td></td>
<td>允下亭記
亭是亭也世意而起亭亭是仍也無據
而命名名是野矣亭在治之西三十里
有靑華山山麓北三重峰曰道茂山其
下因地勢而成村村之西■武許　高
王考萬歲幽堂是也吾大父枕泉公平
居用切我圍廉平正直儒行椎望不但
鄕里宗鄙日之洵切楸原感慕之誠月
朔不廢■拜肖掃之歎意凡　高宗黑
羊之歲変出天水終乃鳴寶於　御駕
東巡之下天意参私猥以蒙啓依　允
孝埋之逄事女伸冤與誠孝之蔭不無
意厚名亭之目宜於允厚顧幾個零替
展孫慕先述志靡日不巳江山幻面代
道日非不遑綿力今代翔鮮建國經始
之■紀綱 復明與士大夫興情公眼於
是以俱新爲齋之建始矣盖三架九楹
小規模創制事白乙背辛左右溫室中
接大堂三重四階松檜梗枏之材簇簇
焉密立焉俯以觀井閭舘廨稠密仰以
拱百濟古諜峻徫沃野平蔘植付豊殷
與黎民無憂一業請流官割地式八于
集海其以決浩我詰然之性道發源於
斯歌瑟聞於斯直可謂古君子寬軸之
所也吾舍兄七代宗冑靑鴇歲流大月
日使此積柔未遑之誠圖議創建使弟
商建命記史於亭之倩景焉商建性極
愚拙小學第見矣安敢擧筆於是役耶
紹述祖式亦無間焉故略綽顚末始右
云爾
檀紀四二七九年丙戌十月　日</td>
</tr>
<tr>
<td></td>
<td>允下亭實記
於乎斯允下亭即　先生考府君
枕泉公遺躅之所也楸原天水之
日伸冤無地　王考公命先考鳴
冤於　天聽　天必　允下故因
以名之曰允下亭也孝孫尙璉何
敢贅說綱擧終始略表小記後世
子孫與我同志竭力誠心嗣而葺
之庶幾斯亭之不朽也
　檀君紀元四千二百七十九年
　丙戌重陽月戊申日
　　　　不肖孫 商璉泣血書</td>
</tr>
</table>

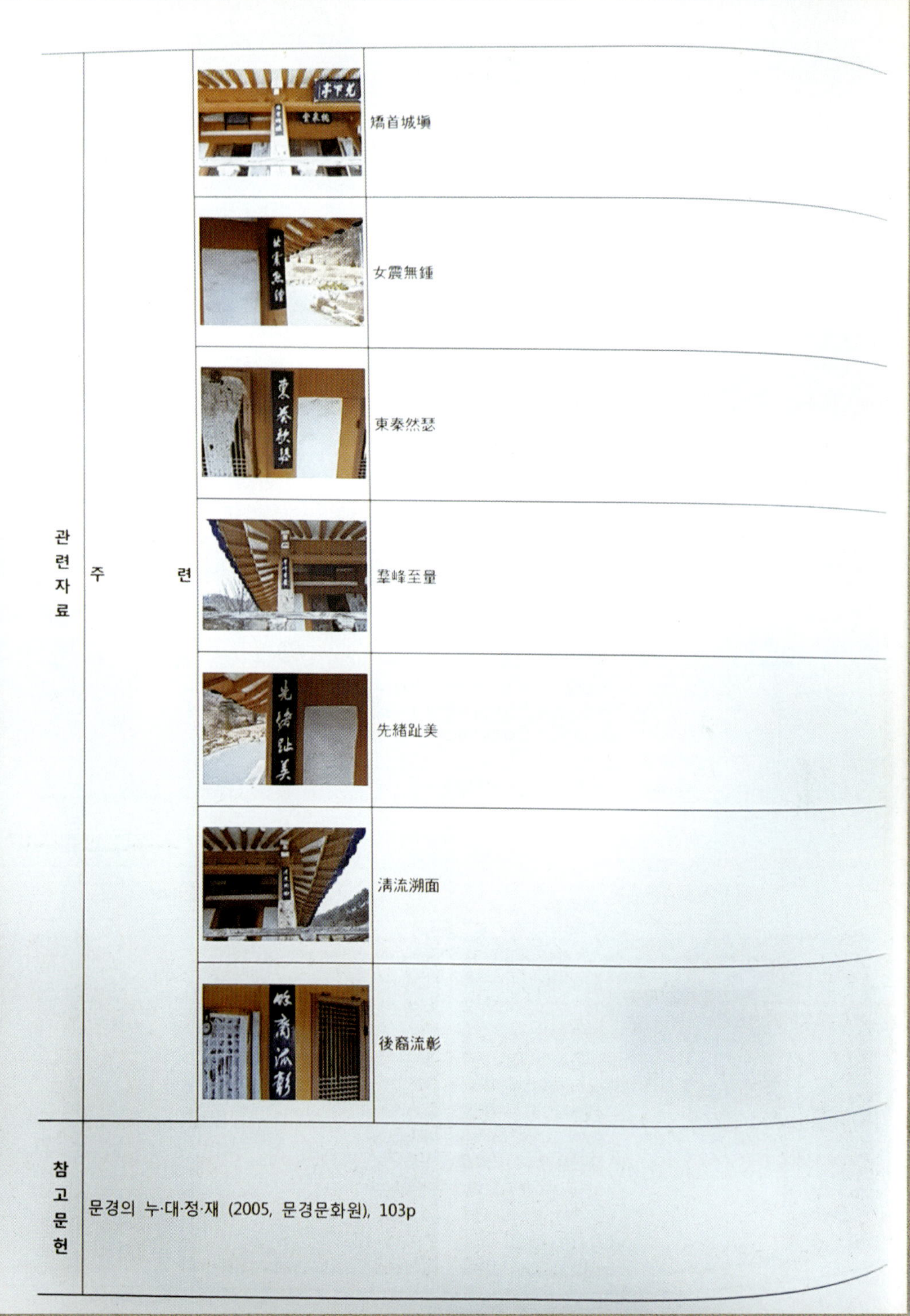

관련자료	주련	
		矯首城塡
		女震無鍾
		東秦然瑟
		峯峰至量
		先緖趾美
		淸流溯面
		後裔流彰
참고문헌	문경의 누·대·정·재 (2005, 문경문화원), 103p	

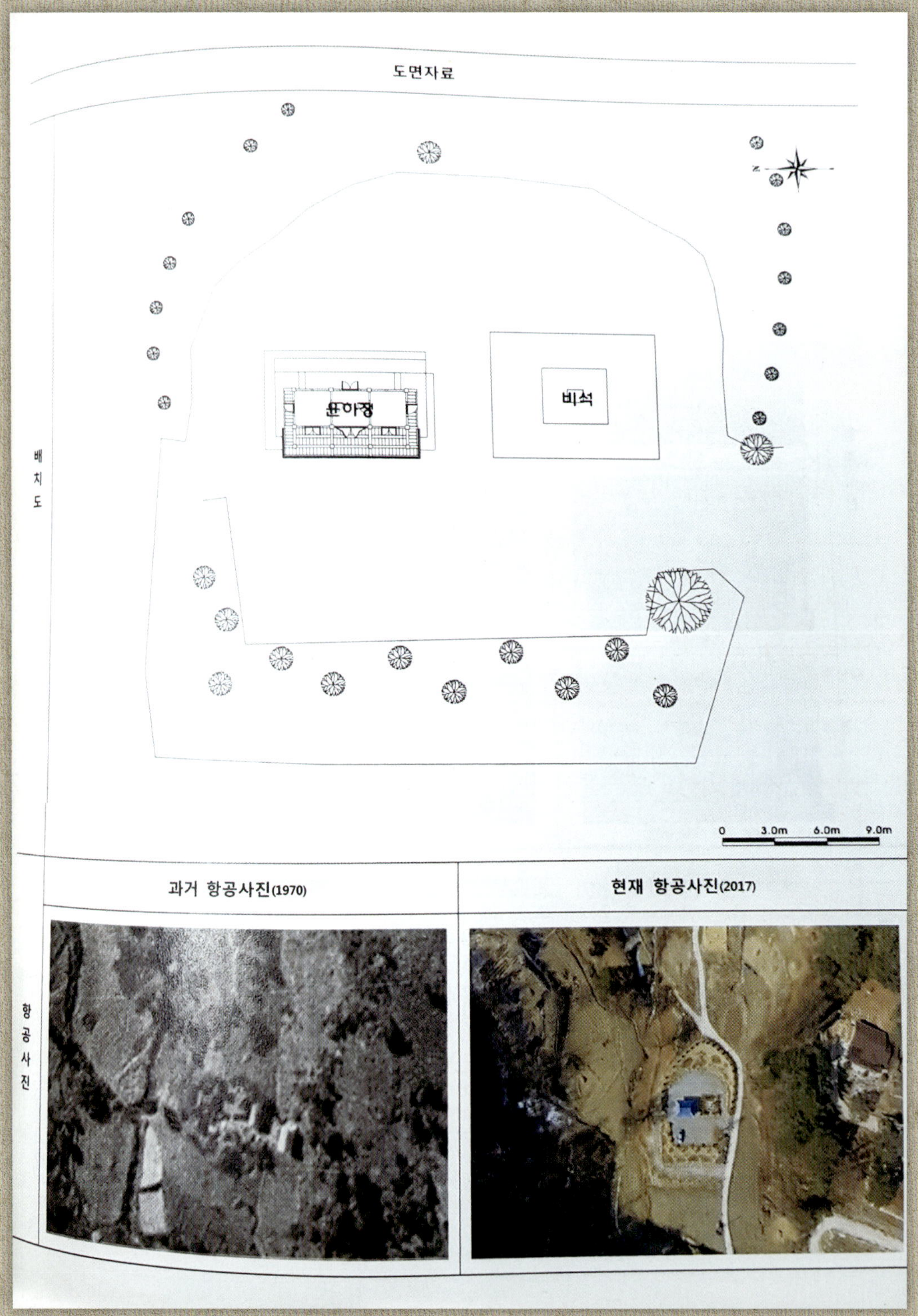

도면자료
배치도
윤하정
비석
0 3.0m 6.0m 9.0m
과거 항공사진(1970)
현재 항공사진(2017)
항공사진

사진자료

현황사진	 정면	 배면	 좌측면
	 우측면	 상부 가구	 툇칸 상부 가구
	 대청 내부	 좌측방 내부	 기단 상부 마감 균열
	 마루 청판 이탈 현황	 처마 치받이흙 탈락	 비석

지정가치	건축사적가치	
	조사자의견	종곡리 윤하정은 1946년에 건립되었으며 정면 3칸, 측면 1칸의 중당협실형 정자이다. 가구 부재에는 이상이 없으나 수장재의 이탈 및 훼손이 나타나고 있으며 단청이 박락되고 있다. 현판과 주련이 잘 남아있으며, 문중에서 관심을 가지고 꾸준히 관리하여 보존 상태는 양호한 편이지만 문화재로서의 가치는 다소 미흡한 것으로 사료된다.

윤하정 전경(보수전)